Franz Siewert

Elbe-Moldau-Donau-Kanal als Transitstrasse des west-östlichen Handels

mit besonderer Rücksicht auf die Interessen des reichsdeutschen Elbgebietes und

den Handel der Elbseehäfen Hamburg und Lübeck

Franz Siewert

Elbe-Moldau-Donau-Kanal als Transitstrasse des west-östlichen Handels
mit besonderer Rücksicht auf die Interessen des reichsdeutschen Elbgebietes und den Handel
der Elbseehäfen Hamburg und Lübeck

ISBN/EAN: 9783743436251

Hergestellt in Europa, USA, Kanada, Australien, Japan

Cover: Foto ©Suzi / pixelio.de

Weitere Bücher finden Sie auf **www.hansebooks.com**

Der

Elbe-Moldau-Donau-Kanal

als

Transitstrasse des west-östlichen Handels

mit besonderer Rücksicht auf

die Interessen des reichsdeutschen Elbgebietes und den Handel
der Elbseehäfen Hamburg und Lübeck.

Im Auftrage des deutsch-österreichisch-ungarischen Verbandes
für Binnenschiffahrt verfasst

von

DR. FRANZ SIEWERT,

Secretär der Handelskammer zu Lübeck.

BERLIN 1899.
Siemenroth & Troschel.
W. Lützowstrasse 106.

Vorwort.

Die nachstehenden Studien sind die Erweiterung eines Referates, das ich als Syndikus der Handelskammer zu Halberstadt auf dem ersten Verbandstage des deutsch-österreichisch-ungarischen Verbandes für Binnenschiffahrt in Dresden zu halten hatte, sodass sie, angeregt von der Erwägung wichtiger Interessen, die sich vorzugsweise im mittleren Elbgebiete mit dem Plane des Baues eines Elbe-Moldau-Donau-Kanals verbinden, eine Nacharbeit meines bisherigen Amtes sind.

Da es an einer speciellen statistischen Erforschungsarbeit fehlte, die die Beurtheilung des Wirkungsgebietes des Elbe-Moldau-Donau-Kanals hätte vorbereiten können, soll und kann die vorliegende Arbeit nichts anderes sein als ein erster Versuch der Darstellung seines vermuthlichen Einflusses auf Handel, Industrie und Schifffahrt des reichsdeutschen Elbgebietes. Die deutsche Staatenverwaltung ist ohne Einfluss auf das Schicksal des grossen Vorwurfes der österreichischen Verkehrspolitik. Indessen bei Würdigung des innigen Zusammenhanges, der zwischen der Elbe und den ihren Verkehr in sie überleitenden grossen Depots des Böhmer und Wiener Beckens besteht, ist die Frage und Tragweite der Wirkungen, die sich aus der Vereinigung der Donau mit der Elbe ergeben werden, von wesentlichem Interesse für das Wirthschaftsleben der deutschen Elbuferstaaten. Dass bei dem Versuche einer solchen Darstellung auch die Leistungen des Wasserweges für Handel und Industrie der Habsburgischen Kronländer und der unteren Donaustaaten eine Feststellung erfahren mussten, ergab sich aus der Natur der Aufgabe und der gebotenen Methode ihrer Behandlung.

Bei der Fülle des zu verarbeitenden Materials, der Vielseitigkeit der zu betrachtenden Verhältnisse wird es entschuldbar sein, wenn nicht alle Theile der Arbeit frei von Unklarheiten, Lücken und selbst von Fehlern sind. Aber trotz solcher möglichen Schwächen wird sich dem wohlwollenden Urtheile das eigentliche Ziel der Untersuchungen klar genug ergeben: dass sie einerseits zu einer gerechten Beurtheilung der von der Kanaltrasse für manche Industriezweige des oberen und mittleren Elbgebietes zu befürchtenden Nachtheile Anlass geben, andererseits aber auch die Erkenntniss der auf ihrer Basis erhöhten vermittelnden Bedeutung des Donaustromgebietes für den deutschen Handel mit Oesterreich-Ungarn und den Pontusländern fördern helfen sollen.

IV

Von Vergleichen mit dem Donau-Oderkanale und dem Donau-Main-
kanale ist mit voller Absicht abgesehen worden, da sich der Werth
unserer Wasserstrasse, wie er für sich besteht, deutlich und kräftig genug
im Bilde der Darstellung zeichnet.

Es ist mir schliesslich eine angenehme Pflicht, mit Dank der gefälligen Unterstützung zu gedenken, die ich durch den früheren wissenschaftlichen Hilfsarbeiter im Secretariate der Halberstädter Handelskammer, ihren jetzigen Syndikus, Herrn Dr. Freiherrn von Boenigk,
den zeitigen wissenschaftlichen Hilfsarbeiter Herrn Dr. Schneider, und
hierorts durch den wissenschaftlichen Hilfsarbeiter im Secretariate der
Lübecker Handelskammer Herrn Dr. W. Kundt erfuhr. Gleichen ver-
bindlichen Dank habe ich allen Anderen auszusprechen, deren Berathung
ich mich zu erfreuen hatte.

Lübeck, November 1898. **Dr. Siewert.**

Inhaltsverzeichniss.

Aus dem technischen Entwurfe
des Elbe-Moldau-Donau-Kanals.

Die Wasserstrasse soll von der Donau nächst Wien bei Kronenburg abzweigen und als schiffbarer Kanal bis Budweis an der Moldau geführt werden. Von Budweis ist die Moldau und von Melnik angefangen auch die Elbe soweit zu kanalisieren, dass von Budweis bis Aussig stets eine Minimal-Wassertiefe von 2,1 m vorhanden sein soll. Bekanntlich wird das Elbe-Moldau-Donau-Kanalprojekt im letztgenannten Theile bereits zur Zeit gelöst, indem mit der Kanalisirung der Moldau und Elbe von Melnik bis Aussig = 128 km begonnen worden ist.

Die grundsätzlichen Bestimmungen, die das Centralkomité für die Verfassung eines Vorprojectes und eines Generalprojectes für eine schiffbare Wasserstrasse von der Donau zur Elbe aufstellte, machten die folgenden Maasse zur Vorschrift:

Die Wasserstrasse ist zweischiffig für Schiffe von 61,5 Meter grösster Länge und von 8,0 Meter grösster Breite, von 1,75 Meter grösster Tauchtiefe und 3,6 grösster Erhebung über dem Wasserspiegel herzustellen.

Der Canal zwischen der Donau und Moldau hat folgende normale Ausmaasse zu erhalten:

A) in der currenten Strecke: Breite des Canals im Wasserspiegel 30,0 Meter, Breite des Canals in der Sohle 18,0 Meter, normale Wassertiefe 2,1 Meter.

Eine Erweiterung der Breite in Bögen hat um das Dreifache der Bogenhöhe bei einer Länge der Fahrzeuge von 64 Metern einzutreten.

Krümmungsradius im Allgemeinen nicht unter 500 Metern, Minimalradius 250 Meter, Breite der Leinpfade mindestens einseitig 2 Meter, Wendeplätze nach Erforderniss mit einem Schleusendurchmeser von 70,0 Metern, Ladestellen mindestens lang 67,0 Meter, breit 9,0 Meter, lichte Höhe der Brücken über Mittelwasser 4,0 Meter, lichte Weite der Brücken 21,0 Meter, eine Verbreiterung derselben in Krümmungen wie in der currenten Strecke.

B) bei Schleusen: Breite der einschiffigen Schleuse 8,6 Meter, nutzbare Länge 67,0 Meter, Drempeltiefe 2,5 Meter, Stauhöhe mindestens 4,0 Meter.

Auf der Basis dieser Bedingungen eines Constructionsplanes sind dem österreichischen Handelsministerium die Pläne des Elbe-Moldau-Donaukanales eingereicht worden.

Der II. Verbandstag des deutsch-österreichisch-ungarischen Binnen-schiffahrtsverbandes in Nürnberg (1898) überwies die Entscheidung über die für die deutsch-österreichisch-ungarischen Verbindungs-Canäle endgültig zu empfehlenden einheitlichen Abmessungen einem Sonder-Ausschusse zur Berathung, deren Ergebniss jüngst im Heft XXXIII der Verbandsschriften bei Schluss der Drucklegung dieser Schrift veröffentlicht worden ist. Dieses Ergebniss entspricht denjenigen Anforderungen hinsichtlich der Tiefe des Fahrwassers und der Dimensionen der Schleusen, zu deren Forderung auch die Ermittelungen dieser Schrift im Abschnitt IV S. 165—168 gelangt sind. Von dem Ausschusse sind nämlich die folgenden Abmessungen als erforderlich bezeichnet worden, die nachstehend in einen Vergleich mit den Abmessungen der neuen bezw. projectirten norddeutschen Kanäle gebracht worden sind:

	Die vom Ausschusse des II. Verbandstages empfohlenen Normal-Abmessungen für die deutsch-öster.-ungarischen Verbindungskanäle. m.	Voraussichtliche Abmessungen der zukünftigen Gross-schiffahrts-Canäle in Norddeutschl. (Mittellandkanal, Dortmund-Rheinkanal. Kanal Berlin-Stettin, Klodnitz-Canal). m.	Elbe-Trave-Canal. m.
1. Normale Wassertiefe			
a) in zweischiffiger freier Strecke		2,1	
b) in einschiffigen Strecken, in Aquädukten und Souterrains	2,5	2,5	2,0
2. Normalbreite			
a) an der Sohle in zweischiffiger gerader Strecke		18,0	
b) an der Sohle in einschiffigen geraden Strecken	18,0	10,0	22,0
c) in Aquädukten und Souterrains		10,0	
3. Normalhöhe unter Brücken			
a) lichte freie Höhe	4,0	4,0	
b) in langen geraden Strecken ist entsprechend der herrschenden Windrichtung die lichte freie Höhe zu vergrössern . .	4,5	—	4,5
4. Treidelwege			
Breite	—	3,0	2 — 3,5 (ostl. westl.)
5. Normalschleuse			
a) Drempeltiefe	3,0	2,5	2,5
b) lichte Weite zwischen den Thoren	8,6	8,6	12,0
c) nutzbare Länge	67,0	67,0	80,0
d) Eintauchtiefe des beladenen Schiffes	2,2	—	1,7

Mit der Annahme dieser von dem Sonder-Ausschusse des Verbandes geforderten Dimensionen würde das noch im Schoosse der österreichischen Regierung liegende Projekt gegen den Entwurf des Jahres 1896 eine wesentliche Verbesserung erfahren, wenn hierdurch auch die Abmessungen des Elbe-Trave-Canals nicht erreicht würden. Der Elbe-Trave-Kanal, der in gleicher Weise den anderen norddeutschen Kanälen überlegen ist, bedarf dieser Ueberlegenheit seiner Abmessungen, da er den Zweck hat, dem Lübeckischen Handel auf der Elbe die Concurrenz mit Hamburg zu ermöglichen.

Freilich soll nicht übersehen werden, dass der von Leop. Faragó-Budapest kgl. ung. technischem Rathe des Landes-Wasserbau- und Ameliorations-Amtes, gestellten Forderung der verbandsseitig anzuerkennenden grösseren Maasse, die an Stelle des 600 t-Schiffes auf den Wasserstrassen den Verkehr des 650 t-Schiffes ermöglichen würden, der praktisch sehr richtige Gedanke zu Grunde liegt: dass je umfänglicher die grosse Donauschiffahrt in den Donau-Moldau-Elbekanal hinübergeführt würde, um so concurrenzfähiger dieser selbst seinen Betrieb im grossen Transitverkehr würde gestalten können. Alle Untersuchungen der nachfolgenden Abschnitte sprechen zu Gunsten dieses Grundsatzes. Dennoch scheint auch dem Verfasser, dass die Gründung des Kanals auf den Verkehr des 600 t-Schiffes immerhin schon ein grosser Gewinn sein würde. Im Uebrigen ist auf die Darlegungen im Abschnitt IV zu verweisen.

I.

Die Handelsbeziehungen
der nordwest-europäischen Staaten zu Oesterreich-
Ungarn und den Donauländern.

Bei der Feststellung der Nutzwirkungen, die sich für Handel, Industrie und Schiffahrt der Elbe-, Moldau- und Donauländer aus einer Vereinigung der Elbe mit der Donaustrasse ergeben sollen, ist von der wirthschaftsgeographischen Stellung auszugehen, in der sich Deutschland zu Oesterreich-Ungarn befindet. Auf den ersten Blick ist diese Stellung eine bedeutsame. Deutschland hat eine Landgrenze von etwa 5 200 Kilometer; davon entfallen nahezu 2 300 Kilometer auf die österreichisch-ungarische Grenze. Dieser starke Flächenzusammenhang der beiden Länder, ferner der Umstand, dass in der südlichen Hälfte Deutschlands, wie in der nördlichen Reichshälfte Oesterreich-Ungarns der Schwerpunkt der wirthschaftlichen Entwickelung liegt, demzufolge auch in den beiden Reichshälften das grösste Bedürfniss für eine gegenseitige commercielle Berührung besteht, wirken mit dem ferneren Umstande, dass Oesterreich-Ungarn's Seeemporien Triest und Fiume durch breite und hohe Gebirgsrücken von ihrem Hinterlande getrennt sind, zu einem zwiefachen Thatbestande zusammen. Einmal weist der deutsche Aussenhandel mit keinem Lande der Welt so grosse Ziffern in der Einfuhr und Ausfuhr auf wie im Verkehr mit Oesterreich-Ungarn, und zweitens unterhält das deutsche Reich, was für die vorliegende Frage von Wichtigkeit ist, mit keinem anderen Nachbarreiche einen so ausgedehnten Transithandel. Der bedeutende Durchgangsverkehr von rund 15 Millionen M.-Ctrn. im Ein- und Ausgange von und nach Oesterreich ist es, in dem sich der besondere wirthschaftliche Zusammenhang der beiden Reiche ausdrückt. Es kommt hinzu, dass unter den Kronländern der östereichisch-ungarischen Monarchie das sich mit den Hauptgebieten seines Ackerbaues, seiner Waldwirthschaft und seiner Industrie um die Donau lagernde Ungarn einer besonders lebhaften Entwickelung entgegengeht und dass die Vereinigung der Donau mit der Elbe zu einer einheitlichen Wasserstrasse endlich die Wirkung haben wird, dass die bisher von der anglo-französischen Concurrenz beherrschten unteren Donaustaaten Serbien, Bulgarien und Rumänien in eine angenäherte Stellung zu Deutschland treten werden. In der von der letzteren Wirkung zu erwartenden starken Belebung des deutschen Handels mit den Pontusländern wird eine Nutzleistung unserer Kanalstrasse hervortreten, die bisher in den Betrachtungen über ihre Aufgaben eine genügende Würdigung nicht gefunden hat.[1]

Der lebhafte Seeschiffahrtsverkehr, welcher sich gegenwärtig von England, Hamburg, Bremen, Rotterdam und Antwerpen aus nach den Schwarzmeergestaden bewegt, ist ein Produkt der neuzeitlichen Verkehrsentwickelung. Das Schwarze Meer war bis zur Mitte unseres Jahrhunderts wirthschaftlich ein mare clausum. Russland hatte sich 1812 durch den Vertrag von Bukarest in den Besitz der Kilia-Mündung[2] gesetzt, war 1826 in Folge des Friedens zu Akjerman bis zur Sulina-Mündung und durch den Frieden zu Adrianopel 1829 bis zur St. Georgsmündung vorgerückt und benutzte die so gewonnene Herrschaft über das Donaudelta, um den Donau-Seeverkehr zu ersticken und Südrussland mit seinem Hauptstapelplatze Odessa von dem ihm durch die Entwickelung der Hinterländer des Donauausganges drohenden Mitbewerbe zu befreien. Bis zum Krimkriege hatten die heutigen Schwarzmeerhäfen Braila, Galatz, Constantza, Burgas, Varna eine kaum genannte Bedeutung. Bis zu dieser Zeit war deshalb die Donau die alte wichtige Handelsstrasse, die sie alle Zeit hindurch gewesen, die den Handel der nördlichen Balkangebiete einheitlich zusammenfasste, um ihn Wien, dem alten Centrum des Donauhandels, zuzuführen, wo er sich mit vielgestaltigen Beziehungen nach Dresden, Leipzig, Magdeburg, Breslau und Berlin fortsetzte. Diese überlieferte Sachlage änderte sich infolge der durch den Krimkrieg herbeigeführten wirthschaftlichen Neugestaltungen im Südosten. Neben der Vormacht des österreichischen Ueberlandhandels etablirten England und Frankreich in den Pontushäfen eine concurrirende Seeschiffahrt, welche in die inzwischen zu einem freien „europäischen Strom" gemachte Donau eindrang und dem Handel Rumäniens und Bulgariens neue, dem Westen abgewandte Ziele gab. Rumänien erlebte 1866 seine politische und wirthschaftliche Wiedergeburt, während Serbien und Bulgarien ihren politischen Taufschein erst zwölf Jahre später durch den Berliner Vertrag erhielten.

Rumänien war somit das erste der Donaufürstenthümer, welches unter einer weitsichtigen Regierung seine Stellung als junger aufstrebender Kulturstaat begründete. Durch die Mobilisirung des Grundbesitzes und Hebung des Bauernstandes wurden dem Handel die reichen Hilfsquellen seiner nach Gestalt und Zusammensetzung gleich vortheilhaft begünstigten Bodenoberfläche erschlossen. Mit der Ausbreitung des Schulwesens und der Volksbildung, der Einführung und Befestigung der Goldwährung, der

---

[1] Vergl. Moritz Ströll, die Handelspolitik der Balkanstaaten Rumänien, Serbien und Bulgarien. Berichte und Gutachten des Vereins für Socialpolitik.

[2] Von den drei Armen der Donau ist der Kilia-Arm der mächtigste, da durch ihn $\frac{17}{27}$ der Donauwassermenge ausmünden. Trotzdem besitzt der nur $\frac{2}{27}$ des Donauwassers entführende, regulirte Sulina-Arm alle Eigenschaften eines für die grössten Seeschiffe practicabeln Wasserweges.

Entwickelung der staatlichen Monopolindustrien und Domänenerträgnisse bis zu staunenswerther Höhe verband sich eine zielbewussto und weitblickende Finanz- und Verkehrspolitik. Hauptsächlich der letzteren verdankte das junge rumänische Wirthschaftslebens die freie Entfaltung seiner Kräfte. Die Geschichte des rumänischen Eisenbahnbaues ist bekannt. Als Fürst Carl die Regierung übernahm, gab es nur die einzige kleine im Jahre 1856 mit englischem Kapital gebaute Eisenbahn Constantza-Czernavoda, welche die Seeküste mit dem Stromknie der Donau verband und dem Warenzuge auf der Donau nach Constantza den kürzesten Weg zur Küste erschloss. Aber schon im Jahre 1874 waren 1200 km im Betriebe. Heute umfasst das rumänische Eisenbahnnetz 2930 km[1]). Von Anbeginn an trat im rumänischen Eisenbahnbau die Tendenz der Erschliessung des Landinnern zur Seeküste auf, und diesem seinem Grundgedanken entsprechend wurde der neue Handel Rumäniens hauptsächlich Seehandel. Für die Triebkräfte, welche auf diese Entwickelung hinarbeiteten, ist der starke Antheil, den England und Frankreich an dem rumänischen Aussenhandel seit den 60er Jahren gewonnen haben, charakteristisch. Obwohl Oesterreich-Ungarn, begünstigt von seiner Donauschiffahrt, zunächst den ersten Rang im Import und Export Rumäniens behauptete, entwickelten sich doch die Handelsbeziehungen der beiden west-europäischen Länder so lebhaft, dass der Handel auf dem Seewege um Gibraltar schon in den 70er Jahren den gesammten Verkehr über die Westgrenze des Landes beträchtlich überflügelte. An der Einfuhr Rumäniens[2]), die sprungweise

von 28 000 000 Frcs. im Jahre 1850
auf 62 000 000 „   „   „   1860
„   71 000 000 „   „   „   1870
„ 255 000 000 „   „   „   1880
„ 362 000 000 „   „   „   1890
„ 422 000 000 „   „   „   1894
„ 305 000 000 „   „   „   1895
„ 333 000 000 „   „   „   1896

anwuchs, war Oesterreich noch im Jahre 1878 mit 180 Mill. Frcs. betheiligt. Im Jahre 1886 war diese Einfuhr bis auf 153 Mill. Frcs. zurückgegangen. Für das Jahr 1885 betrug sie 120 Mill. und für das Jahr 1895 nur noch 86 Mill. Frcs. Dagegen vergrösserten die westlichen Staaten ihre Umsätze beträchtlich. Grossbritanniens Ausfuhr nach Rumänien werthete

1871 auf 15 000 000 Frcs.
1880 „   53 000 000 „
1893 „   78 000 000 „
1894 „   84 000 000 „
1896 „   73 000 000 „

---

[1]) Nach dem Stande im Jahre 1895.

[2]) Ministère des Finances, Commerce Extérieur de la Roumanie. Jahrgänge 1890—1896.

1*

Erst in den letzten Jahren hat Oesterreich - Ungarns Ausfuhr zu Ungunsten des englischen Handels wieder einen Fortschritt aufzuweisen. Die Einfuhr von Grossbritanien, Deutschland, Frankreich und Belgien zusammen beträgt gegenwärtig 180 Millionen Frcs., das ist mehr als die Hälfte des ganzen rumänischen Imports. Dabei ist es für die angesehene Stellung, die sich in letzter Zeit Deutschland im rumänischen Aussenhandel errungen hat, überaus bezeichnend, dass sein Export unmittelbar neben dem von Grossbritanien, also schon an zweiter Stelle steht; er betrug:

1886:	73	Mill. Frcs.	24,74%
1887:	90	„ „	28,62%
1888:	83	„ „	26,81%
1889:	108	„ „	29,42%
1890:	109	„ „	30,10%
1891:	140	„ „	31,97%
1892:	114	„ „	29,86%
1893:	118	„ „	27,83%
1894:	117	„ „	27,71%
1895:	81	„ „	26,56%
1896:	96	„ „	28,31%

Im rumänischen Ausfuhrhandel ist die Rangordnung der Empfänger rumänischer Produkte eine andere; die Ausfuhr vertheilte sich mit 265 Mill. Frcs. im Jahre 1895 auf:

Oesterreich-Ungarn	mit	42,0	Mill. Frcs.		15,87%
Belgien	„	75,6	„	„	28,52%
England	„	75,4	„	„	28,43%
Frankreich	„	5,6	„	„	2,15%
Deutschland	„	26,2	„	„	9,87%
Italien	„	10,6	„	„	4,01%
Holland	„	4,2	„	„	1,58%
Russland	„	9,2	„	„	3,49%
Türkei	„	10,3	„	„	3,87%
Norwegen-Schweden	—				—
Dänemark	—				—
Andere Länder	„	5,7	„	„	2,21%

Deutschlands Platz ist somit der vierte. Immerhin ist zu berücksichtigen, dass ein Theil des rumänischen Exportes nach Oesterreich-Ungarn deutsche Bestimmung hat, und dass ebenso nahmhafte Bruchtheile der Ausfuhr nach Belgien deutscher Transit sind.

Die gegenwärtig ca. 700000 t umfassende Einfuhr und ca. 2700000 t umfassende Ausfuhr Rumäniens würden allerdings ihre erheblichen Mengenziffern nicht erreicht haben, wenn sich Rumänien nicht zu einer bevorzugten Versorgungsstätte des europäischen Getreidehandels emporgeschwungen und mit dem ständigen Angebote einer grossen raumfüllenden Rückfracht den Zufuhren westlicher Rimessen, hauptsächlich den Produkten der Montan- und Eisenindustrie, den Steinkohlen, landwirthschaftlichen Maschinen, Eisen- und Stahlwaaren, Textilstoffen etc. besonders wohlfeile

Frachtbedingungen geboten hätte. Es ist für die Entwickelungsgeschichte
des rumänischen Seehandels jedenfalls bezeichnend, dass die Verladungen
von den grossen Seestapelplätzen der unteren Donau nach den westeuropäischen Häfen London, Antwerpen und Hamburg bis zu den Geringstsätzen von 7 und 8 Mk. die Tonne bedungen wurden, was bei der See-
entfernung von 6892 km Hamburg—Sulina einem Satze von 0,11
Pfennigen per tkm. gleichkommt. Wie sehr hierdurch die Seeküste Rumäniens die Basis seines ganzen Handels geworden ist, das spricht aus
den grossen Umsätzen, den die folgenden mit dem Donausammelverkehr
auf's Engste verbundenen Zolldouane aufweisen[1]):

	Ausfuhr.	1895		Einfuhr.	
Braila	551,260 t	27,01	pCt.	178,833 t	28,98 pCt.
Galatz	215,311 „	10,55	„	167,874 „	27,20 „
Giurgevo . . .	154,387 „	7,57	„	33,914 „	5,49 „
Corabia	133,352 „	6,53	„	13,852 „	2,24 „
Calafat	122,195 „	5,99	„	4,799 „	0,78 „
Turnu Magureli	141,056 „	6,91	„	1,757 „	0,29 „
Constantza . . .	78,544 „	3,85	„	27,435 „	4,45 „
	1396,105 t	68,41	pCt.	428,464 t	69,43 pCt.

Während Galatz das Centrum des Einfuhrhandels an der unteren
Donau für die seewärtig eingeführten Waren ist, ist das oberhalb der
letzten Strombeuge der Donau belegene Braila Rumäniens erster Aus-
fuhrhafen; sein Handel bewegt in der Ein- und Ausfuhr seewärts 2,4
Millionen tons, entspricht also dem äusseren Umfange des Seeverkehrs
Bremens oder Stettins. Braila ist der letzte für grosse Seeschiffe erreich-
bare Donauhafen, so dass die oberhalb belegenen Donauhäfen darauf
angewiesen sind, ihre Produkte in den Ausfuhrhandel Braila's oder
Galatz's zu liefern, sofern die Bahnen sie nicht übernehmen und sie dem
im Bau begriffenen, hart an der Meeresküste belegenen Seehafen Constantza
zuführen. Constantza, der einzige von der Kontrole der europäischen
Mächte freie Hafen, ist der Endpunkt der erwähnten Donaubahn,[2]) die in
Cernavoda an der Donau beginnt, wo sich mit ihr der dem Constantzer Handel
die Fruchtebene der grossen Walachei erschliessende wichtige Bahnflügel
Fetesti-Bukarest vereinigt. Der noch nicht fertige Seehafen hat, wie aus
der obigen Zusammenstellung ersichtlich ist, die kleinsten Ziffern der am
Aussenhandel hauptbetheiligten Douane; nichts destoweniger setzen die
Rumänen auf ihre Lieblingsschöpfung grosse Hoffnungen, denn mit

---

[1]) Commerce extérieur de la Roumanie en 1895, Bucarest 1896.

[2]) Beim Bau dieser 1856 einschliesslich zu commerciellen Zwecken angelegten
Bahn ging man so sparsam zu Werke, dass sie heute nicht mehr den Anforderungen
der Sicherheit und des Handels genügen kann. Die Kammern bewilligten daher
unlängst den vom Minister der öffentlichen Arbeiten geforderten Betrag von 8 Mill.
Frcs. zur Reconstruirung der Eisenbahn.

Constantza wollen sie den Markt von Constantinopel erobern, der gegenwärtig überwiegend von Russland versorgt wird.[1]

Der politische und wirtschaftliche Werdegang der beiden anderen Nationalstaaten wurde ein ähnlicher. Das Fürstenthum Bulgarien galt bis zu seiner Unabhängigkeitserklärung als eine der europäischen Civilisation abgekehrte Welt. Sobald sich jedoch seine Bevölkerung der türkischen Fesseln ledig sah (1878), und die dringendsten landwirthschaftlich-socialen Reformen Platz griffen, ein neues Eigenthumsrecht auch hier den türkischen Frohndienst ablöste, eine geregelte Finanzwirthschaft und eine national geleitete Wirthschaftspolitik einsetzte, beschritt Bulgarien aller Hindernisse ungeachtet kaltblütig den Weg eines jungen aufstrebenden, seines frischen Volksthums wohlbewussten Kulturstaates, dessen Zukunft zweifellos eine bedeutsame Rolle in der Welt der Balkanstaaten sein wird.

Nordbulgarien fällt wie Rumänien in terrassenartigen Ebenen zur Donau ab, der es gleich der Walachei die wichtigsten Bedingungen seiner Volkswirthschaft, vor allem die einer ergiebigen Feldcultur verdankt, auf deren Erträgen der Wohlstand des Landes beruht. Die wirthschaftliche Begabung der Bulgaren hat allerdings auch in der industriellen Arbeit, in der Keramik, Kunstweberei, in der Schmiedekunst und der Behandlung des Leders manche Gebiete einer erfolgreichen Bethätigung des Gewerbfleisses aufgesucht, und in einer Anzahl von Städten blüht deshalb eine geachtete gewerbliche Kleinarbeit, die mit Gewinn für den ausländischen Markt arbeitet. Indessen so sehr die bulgarische Regierung bemüht ist, mit direkten prohibitiven Massnahmen, der Hebung der technischen Lehranstalten, Vermehrung der niederen Fachschulen, Einrichtung lokaler Ausstellungen etc. die nationalen Gewerbe zu grösserer Leistungsfäkigkeit zu entwickeln, so haben alle diese Bestrebungen der Regierung und der Sobranje doch noch keinen sichtbaren Ausdruck in der Handelsbilanz des Landes finden können.[2] Das bulgarische Gewerbe ist vorherrschend Kleingewerbe, denn das Grosskapital zieht es vor, sich der Verarbeitung der Holzreichthümer und agricolen Produkte, der Brauerei, Spirituserzeugung, Stärkefabrikation, Müllerei, Wollspinnerei, Seifenfabrikation und ähnlichen

---

[1] Alexander Dorn, Die Seehäfen des Weltverkehrs, S. 144.

[2] Das zur Pflege des bulgarischen Industriewesens geschaffene „Gesetz für die Hebung der nationalen Industrie" hat jüngst eine Erweiterung erfahren, der zufolge der Ministerrath ermächtigt sein solle, einen Rayon für die Errichtung von Zündhölzchenfabriken und Zuckerfabriken zu concessioniren; für den Anbau von Zuckerrüben und den Export von Spiritus sollen Prämien gewährt werden; die im Art. 3 des Gesetzes unter g und d angeführten Begünstigungen sollen auch für die nationalen Tischler- und Schlosserwerkstätten in Kraft treten; die Weinkeltereien sollen fernerhin Fassdauben und leere Fässer zollfrei einführen. — Ähnliche „Industriegesetze" sind in Rumänien und Serbien erlassen worden (1887 und 1874).

einfachen Veredelungen zuzuwenden. Darum ist und bleibt das wirthschaftliche Hauptresultat des Landes der Getreidebau und das Korn der
wichtigste Frachtgegenstand auf der Donau und im Seewege. Von der
Gesammtausfuhr Bulgariens im Betrage von 5538000 M.-Ctr. i. W. von
rund 78 Mill. Frcs. im Jahre 1895 entfielen 5140000 M.-Ctr. i. W. von
60 Mill. Frcs. auf Cerealien und Mühlenfabrikate, während daneben nur
noch die folgenden Ausfuhr-Kategorien eine grössere Bedeutung aufweisen:[1])

Consumtibilien, hauptsächlich Brennholz
und Holzkohle . . . . 53694 M.-Ctr., i. W. von   900000 Frcs.
Mineralöle etc. . . . .   4600 M.-Ctr., i. W. von   14000 Frcs.
Erden, Steine, Glas und Fabrikate daraus 103595 M.-Ctr., i. W. von 63000 Frcs.
Unbearbeitete und bearbeitete Stoffe von
Holz, Skulpturen und Flechtarbeiten
(hauptsächlich Parquethölzer) . . . 94864 M.-Ctr., i. W. von   684271 Frcs.
Webestoffe und Webearbeiten, hauptsäch-
lich Leinenstoffe und Leinengarne,
Seidencocons, Posament- und Bauern-
stoffe genannt „schayak" . . . . .   7135 M.-Ctr., i. W. von 2960575 Frcs.

Der fremden Einfuhr steht somit das grosse Gebiet des täglichen
Bedarfes, des Luxus und des gewerblichen Nutzzweckes offen. Die wichtigsten Gegenstände der Einfuhr sind die folgenden:

Cerealien und Fabrikate landwirthschaft-
lichen Ursprungs, darunter Hafer,
Reis und Farine . . . . 64652 M.-Ctr., i. W. von 1535418 Frcs.
Colonialwaaren, hauptsächlich Zucker,
Syrup, Kaffee, Gewürze etc. . . . . 90591 M.-Ctr., i. W. von 4507766 Frcs.
Weine . . . . 13999 M.-Ctr., i. W. von 387458 Frcs.
Consumtibilien, Steinkohle, Holzkohle etc. 245198 M.-Ctr., i. W. von 578364 Frcs.
Mineralöle . . . . 124915 M.-Ctr., i. W. von 2118987 Frcs.
Erden, Steine, Glas und Fabrikate daraus
(Schiefersteine, Schleifsteine, Kalk-
steine etc.) . . . . 226744 M.-Ctr., i. W. von 2528404 Frcs.
Metalle und metallische Fabrikate der
Eisen-, Kupfer- u. Zink- etc. Industrie 293222 M.-Ctr., i. W. von 7805118 Frcs.
Unbearbeitete und bearbeitete Stoffe von
Holz, Skulpturen und Flechtarbeiten 517921 M.-Ctr., i. W. von 4248042 Frcs.
Webestoffe und Webearbeiten (aus Baum-
wolle, Seide und Leinen) . . . . . 80041 M.-Ctr., i. W. v. 22552359 Frcs.
Maschinen und Instrumente . . . . 22336 M.-Ctr., i. W. von 3961220 Frcs.
Andere nicht klassificirte Gegenstände . 275630 M.-Ctr., i. W. von 2587136 Frcs.
Summa 1955249 M.-Ctr., i. W. v. 52810272 Frcs.
bei einer Totaleinfuhr von 2134814 M.-Ctr., i. W. v. 69020925 Frcs.

Ueberwiegend setzt sich hiernach die Einfuhr aus Gegenständen
abendländischer Intelligenz und Kunstfertigkeit, aus Baumwollen-, Seiden-
und Leinenfabrikaten, Maschinen und anderen Apparaten, sowie aus
Colonialprodukten zusammen.

---

[1]) Statistique du commerce de la principauté de Bulgarie avec les pays
étrangers etc. Publié par le bureau de statistique. Sophia 1896.

Der bulgarische Aussenhandel zeigt im Vergleiche zu früheren Jahren eine erhebliche Vermehrung seiner Ziffern. Es liegt jedoch auf der Hand, dass er seinen jetzigen hohen Stand nicht erreicht haben würde, wenn nicht ein bedeutender Aufschwung der Urproduction und die dadurch vermehrte Zahlungskraft eine wechselseitige Belebung des Import- und Exporthandels herbeigeführt hätte, die sich in den folgenden Ziffern ausdrückt:

	Einfuhr:	Ausfuhr:
1879—1884:	56 003 000 Frcs.	40 140 000 Frcs.
1885—1890:	78 136 600 „	70 137 000 „
1890—1895:	83 554 000 „	97 541 000 „
1896:	76 530 000 „	108 740 000 „

Unter den auf dem bulgarischen Markte concurrirenden Staaten hat Oesterreich-Ungarn seinen Vorrang besser als in Rumänien zu erhalten gewusst; nur in den Bezügen bulgarischer Produkte hat es England und Deutschland die erste Stelle überlassen.

Es entfielen von		Bulgariens Export Frcs.	º/₀	Bulgariens Import Frcs.	º/₀
auf Oesterreich-Ungarn	1895:	3 223 000	4,15	21 766 000	31,59
	1896:	2 721 000		22 394 000	
„ England	1895:	14 198 000	18,27	15 266 000	22,12
	1896:	32 832 000		18 209 000	
„ Belgien	1895:	5 324 000	6,85	1 607 000	2,33
	1896:	8 516 000		2 226 000	
„ Deutschland	1895:	13 428 000	17,28	8 759 000	12,69
	1896:	20 455 000		8 590 000	
„ die Türkei	1895:	22 506 000	28,97	8 819 000	12,78
	1896:	22 087 000		9 924 000	
Frankreich	1895:	13 026 000	16,77	3 005 000	4,35
	1896:	13 984 000		3 358 000	
„ Holland	1895:	293 000	8,38	41 000	0,06
	1896:				
„ Schweden-Norwegen	1895:	—	—	68 000	0,10
	1896:	3 000	0,003	42 000	0,18

Der deutsche Handel setzt in Bulgarien 22 Mill. Frcs. um, er hat seine Stellung ausserordentlich befestigt, steht bereits an dritter Stelle und hat Anwartschaft darauf, sein Thätigkeitsgebiet auch ferner zu vergrössern.

*

Die seit den 60er Jahren sich vollziehende Erschliessung der unteren Donaustaaten durch die westländische Seeschiffahrt hat die alten Wege, auf denen der Handelsverkehr sich früher überwiegend bewegt hatte, allerdings nicht verschüttet; im Gegentheil haben die beiden letzten Jahrzehnte die Schienenwege vermehrt, und somit auch den rollenden Verkehr zwischen Nord- und Südwest- und Südost-Europa vergrössert. Der transversale Schienenzug, der Rumänien von Verciorova bis Braila durchquert, zweigt heute drei Arme nach dem Norden ab, die sämmtlich

die transsilvanischen Alpen überschreitend, in die ungarische Tiefebene
hineinführen, von denen der westlichste mit der Fortsetzung über Temesvar,
Szegedin und Budapest geleitet, dem Transithandel vom Westen nach
Südosteuropa eine wichtige Strasse bietet. Daneben verbindet die Eisenbahnlinie Budapest-Semlin den Westen mit den 1888 eröffneten türkischen
Bahnen Semlin—Saloniki und Nisch—Sofia—Constantinopel; die letztere
den Südosten von Bulgarien durchschneidende Orientbahn sichert mit
ihrer Abzweigung nach Dedeaghatsch für südliche Donauprovenienzen gegen
den Seeweg von Burgas oder Constantza durch den Bosporus den Vortheil
einer Abkürzung von etwa 300 bezw. 500 km. Endlich schliesst sich an Constantinopel die mit deutschem Capital und von deutschen Ingenieuren er-
baute, über Ismid und Eschkischehr nach Angora und nach Konia führende
anatolische Eisenbahn an,[1] die das gut organisirte Theilstück der grossen
zukünftigen Weltlinie Westeuropa—Pest—Belgrad—Constantinopel
—Bagdad darstellt.

Indessen so consequent wie die Verkehrspolitik der unteren Donaustaaten darauf Bedacht genommen hat, dem Handel das freie Meer zu
erschliessen, hätte es doch wohl grösserer Anstrengungen des Orient-Vorlandes
bedurft, wenn dieses gegenüber dem maritimen Drange der unteren Donauländer für die Benutzung seiner Festlandtouren einen grösseren Anreiz
wollte wirksam werden lassen. Vor allem hätte es dazu der früheren
Beseitigung der Schiffahrtshindernisse auf der oberen und mittleren Donau,

---

[1] Das Netz der orientalischen Bahnen stammt bekanntlich von Baron Hirsch.
Es ist seiner Zeit in höchst bedenklicher Weise gebaut worden, mit Steigungs-
sätzen und Krümmungen, die selbst dem schnellsten Zuge auf der Linie, dem
Orient-Express, keine grössere Fahrtgeschwindigkeit als 45 km pro Stunde und
eine Reisegeschwindigkeit von weniger als 40 km, dem Conventionalzuge gar nur
eine solche von 35 km pro Stunde gestatten, vom dritten Zuge, dem sogenannten
Adrianopeler Train nicht zu reden, der es nur auf eine Reisegeschwindigkeit von
23 km pro Stunde bringt. Ferner ist die ganze Bahn eingleisig, selbst die stark
besetzte Konstantinopeler Vorortslinie. Die Stationen sind weit ab von den Orten;
Adrianopel beispielsweise liegt eine volle Gehstunde von seinem Bahnhofe. Die
Lokomotiven sind wenig leistungsfähig. Auf der Anatolischen Bahn hingegen
herrscht ein anderer Geist. Bau- und Betriebsverhältnisse sollen durchaus normal
sein. So klar die Eigenthumsverhältnisse der Anatolischen Bahn sind — Aktien-
gesellschaft von 60 Millionen Francs Nominal und 30³/₄ Millionen Francs Effectiv-
kapital — ebenso unklar sind die der Orientalischen Bahnen, deren finanzieller
Schwerpunkt zwar in der Betriebsgesellschaft der orientalischen Bahnen in Wien
liegt, (Kapital 50 Mill. Francs mit 80procentiger Einzahlung, die wiederum sich
zu zwei Drittel im Eigenthum der Bank für Orientalische Eisenbahnen in Zürich
befinden), deren wahre Besitzer aber die Türkei bezw. deren Gläubiger (Türken-
loose) sind.

Die Orientalischen Bahnen sind garantielos und garantirten lediglich der Türkei,
oder jetzt ihren Gläubigern, dass die europäischen Linien mindestens 1500 Frcs.
pro km und Jahr, also etwa 1400000 Frcs. erbringen, während die Anatolischen
Bahnen sich bedeutender Brutto-Einnahmegarantien erfreuen.

deren topographische Detailfiguration auf den ersten Blick die Neigung
des Stromes zur Bildung von Sandbänken, Inseln und Abzweigungen erkennen lässt,[1] ferner des Ausbaues ihrer Häfen,[2] zeitgemässer Stromum-
schlagseinrichtungen und vor allem auch einer weitsichtigeren Eisenbahntarif-
und Binnenwasserverkehrspolitik der deutschen Staaten-Regierungen bedurft.
Ohne die Unterstützung von letzterer Seite mussten die im Interesse der Hebung
des Festland-Transits unternommenen Anstrengungen Oesterreich-Ungarns
ein verkehrspolitischer Torso bleiben.   Mit den Schiffahrtshindernissen am
Eisernen Thore, das den Donauverkehr acht Monate des Jahres blockirt
hielt, werden jetzt allerdings die bis dahin üblichen kostspieligen Um-
ladungen ausgeschaltet.   Zu gleicher Zeit sind die Regulirungsbauten an
der Donau auf der Strecke Theben—Radváng fertig geworden.   Es lässt sich
ferner auch nicht leugnen, dass die neueren Eisenbahnverbandstarife im deutsch-
österreichischen und Balkan-Verkehr den Schienenweg verbilligt und unseren
Bahnen im Osten und Süden des Reiches, sowie den Umschlagsplätzen
an der Elbe (Moldau) und Oder einen grösseren Verkehr zugeführt haben.

---

[1] Der ungarische Staat hat vom Jahre 1867 angefangen bis zum Schlusse
des Jahres 1896 auf die Wasserstrassen unter dem Titel von Investionen etwa 76
Mill. Gulden, unter dem Titel der Manipulation und Erhaltung ungefähr 9 400 000
Gulden verausgabt, in welche Summen jedoch die Kosten der Regulirung des
Eisernen Thores und der damit zusammenhängenden Arbeiten an der unteren
Donau mit 18 600 000 Gulden nicht mit einbegriffen sind.   Der Regulirung der
Donau und ihrer Nebenflüsse lag jedoch bisher der Plan einer zusammenfassenden
und einheitlichen Durchführung nicht zu Grunde, sodass z. B. an der oberen Theiss,
an der Maros und zum Theil an der Drau die Schiffbarkeit nicht die wünschens-
werthe Steigerung erfahren hat.   Solche und weitere Erwägungen brachten das
G.-A. XLVIII 1895 zustande, welches vom Jahre 1896 angefangen auf einen Zeitraum von 12 Jahren einen Beitrag von 51 Millionen Gulden für die auf der
mittleren Donau und auf anderen wichtigeren Flüssen des Landes in erster Reihe
nothwendigen, auf Grund einheitlicher Pläne durchzuführenden Regulirungsarbeiten
gesichert hat.   Näheres über die derzeitige und angestrebte Schiffbarkeit der
Hauptströme Oesterreich-Ungarns und ihrer Nebenflüsse ist den Verbandsschriften
des D.-Ö.-U. Verbandes für Binnenschiffahrt, Nr. XVI, XXV u. folgenden, sowie
den amtlichen und privaten Publikationen, die den internationalen Binnen-
schiffahrtscongressen in Paris und in Haag vorlagen, zu entnehmen.

[2] Die ungarische Staatsbahnverwaltung hat jetzt in Pressburg in Würdi-
gung der commerciellen Bedeutung dieser Stadt als Knotenpunkt mehrerer grosser
Bahnlinien, der linksdonauuferseitigen Hauptlinie Marchegg—Budapest—Orsova—
Verciorova nach Ost und West, der combinirten Hauptlinie Pozsony (Pressburg)
—Galgóoz—Lipótvár (Leopoldstadt)—Zsolna (Sillein)—Cszácza, sowie der nach
Fiume und der nach Norden zum Anschluss an die Kaiser Ferdinands-Nordbahn
führenden Bahnen einen lange erstrebten Donauumschlagsplatz mit den er-
forderlichen Magazinen etc. einrichten lassen.   Diese Einrichtungen in Pressburg ge-
hören zu dem System, mit dem die ungarische Regierung bemüht ist, den durch das
Atlantische und das Mittelländische Meer geleiteten Waarenverkehr Mitteleuropas
mit der Türkei und den nördlichen Balkanländern auf den Donaustrom abzuleiten.
    Der G.-A. XLVIII 1895 hat dafür gesorgt, dass auch die nothwendigsten
Winterhäfen der Schiffahrt zur Verfügung gestellt werden.

Als bezeichnend dafür mögen die an sich noch immer sehr beträchtlichen Durchfuhren rumänischen Getreides angesehen werden, die trotz der nach See zu weit geöffneten Thore des Balkans in den letzten Jahren 6 bis 800000 M.-Ctr. betrugen.[1]) Indessen man ist mit allen diesen Erleichterungen ziemlich spät gekommen.   In Bulgarien wird wie in Rumänien der Ausbau des Bahnnetzes[2]) in seiner ganzen Linienführung lediglich aus dem Gesichtspunkte einer möglichst innigen Verbindung des Inlandes mit der Küste durchgeführt.   Bulgarien ist zwar eine Donaumündung versagt geblieben; dafür hat aber die Eisenbahn Ruscuk—Varna mit ihrer neuesten Abkürzung Kaspitschau—Varna die Wirkung einer zweiten Donaumündungsstrecke übernommen.   Die neue Transversalbahn Sofia—Kaspitschau soll den Verkehr der östlichsten Landschaften Bulgariens der Küste zuführen, und in der als erste das bulgarische Balkanscheidegebirge überschreitenden Eisenbahn Tirnovo—Zagora soll auch der ostrumelische Seehafen Burgas eine seinem Handel das mittlere Ostrumelien erschliessende Hinterlandbahn als Basis für eine neue grössere Verkehrsbildung erhalten, wie sie der Seehafen Varna in jenen Zuleitungsbahnen Nordbulgariens besitzt.[3])   Selbst Serbien hat den Zugang zum Meere gefunden, indem es mit der Einführung der 1884 eröffneten Bahnlinie Belgrad bis Nis in die macedonische Eisenbahn Mitrowitz—Saloniki den macedonischen Nationalhafen Saloniki zu seinem Seeplatze gemacht hat und neuerdings mit dem Bau der Bahnlinie Belgrad—Valjero—Bosnische Grenze das serbische Bahnnetz mit dem bosnischen verknüpft, wodurch der serbischen Ausfuhr der Weg über Sarajevo an das adriatische Meer nach Ragusa oder einem anderen Punkte der dalmatinischen Küste erschlossen wird.   Die Eisenbahn Belgrad—Nis—Saloniki ist das Rückgrat des serbisch-macedonischen Handels geworden und zugleich der Weg, auf dem jetzt in Konkurrenz mit der österreichischen Suprematie Deutschland und die westlichen Staaten auf dem serbischen Markte vordringen.[4])

Die deutsche Eisenbahnstatistik lässt den österreichisch-ungarischen Verkehr von dem Transit der Balkanstaaten ungetrennt, sodass ihre Ausweise leider nicht den Antheil feststellen, der unseren Eisenbahnen vom Balkane her zugeführt wird.   Wenn auch dieser Antheil in

---

[1]) Statistische Uebersichten betreffend den auswärtigen Handel des österreichisch-ungarischen Zollgebiets. Zusammengestellt vom statistischen Departement im k. k. Handelsministerium.

[2]) Die Länge der bulgarischen Staatseisenbahnen betrug 1896: 529 km. Die Länge der Betriebskilometer überhaupt betrug 1896: 840 km. Im Bau befanden sich 1896: 232 km.

[3]) Bezeichnend für die Aussichten, die sich hieraus für Burgas ergeben haben, ist der Umstand, dass die Betriebsgesellschaften der orientalischen Eisenbahnen hervorheben, dass im Güter-Verkehr mit Konstantinopel zwei Artikel vorherrschen: Getreide und Melonen und dass der wachsende Mitbewerb von Burgas nicht ohne Rückwirkung auf den Getreideverkehr der Bahnen und ihren Reinertrag geblieben ist.

[4]) Moritz Ströll, a. a. O.

den letzten Jahrzehnten eine Vergrösserung erfahren haben wird, so
geht doch aus der Feststellung seines Umfanges hervor, in wie grossem
Masse die Seeschiffahrt durch das Schwarze und Ägäische Meer im Vergleiche zum gesammten Festlandverkehr gewonnen hat.[1]) Mangels direkter Nachweise mag hierfür die eine Thatsache sprechen, dass der
aus- und eingehende Seeverkehr von Galatz, Braila und Constantza, von
Varna, Burgas und Balcik fast 85 % des Total-Imports und Exports
der beiden Donaustaaten ausmacht.   Allerdings ist hiergegen einzuwenden,
dass in den Ziffern des Seeverkehrs von Galatz, Braila und Constantza
der österreichisch-ungarische und serbische Verkehr donauwärts enthalten
ist.   Diesen Einwand gleicht jedoch die Thatsache aus, dass der durch
die Orientbahn mit Ostrumelien verbundene türkische Hafen Dedeaghatsch
am ägäischen Meere einen lebhaften Transit für Bulgarien besorgt, und
der über Saloniki geführte Handel mit Serbien ebenfalls ausserhalb dieser
Ziffern steht.

Die Donau mündet somit heute physikalisch und wirthschaftlich in
das Schwarze Meer und ihr hochgesteigertes Ausströmungsvermögen ist
überwiegend ein Gewinn der in ihren Stromarmen belegenen Seehäfen
geworden.

Auf diese Sachlage wird nun zweifellos ihre den west-östlichen
Handel überleitende Vereinigung mit der Elbe einen weitreichenden Einfluss gewinnen.   Unsere Kanalstrasse wird für die Donau die Bedeutung
einer zweiten westlichen Mündung erhalten.   Wie der Rhein und die
Elbe ins Weltmeer gehen, wird die Nordsee auch der Donau erschlossen
werden und Budapest wird der centrale Sammelplatz für die erweiterte pro-
ductive und vertheilende Thätigkeit des ganzen Donaustromgebietes
werden.   Die Seestrasse durch das Mittelmeer wird einem verkürzten
Binnenwassertransporte vom Schwarzen Meer bis zur Elbe gegenüber ihre
alte Ueberlegenheit nicht aufrecht zu erhalten vermögen, sodass ein Zu-
rückströmen des heute in den Pontus strebenden Verkehrs mit Sicherheit für
alle solche Waaren zu erwarten ist, die nicht im untersten Stromgebiete
ihren Productionsursprung haben oder hier ihren Absatz finden sollen.
In den Donauseehäfen auferlegen die Bahnvorfracht und der Umschlag
den meisten der die See gewinnenden Güter einen Zuschlag von 10 Mark

---

[1]) Es betrug 1896 die Seeeinfuhr und
-Ausfuhr

von Galatz } Sulina 3,308,000 t
„ Braila
„ Constantza   213,000 „
„ Varna   176,000 „
„ Burgas   171,000 „
„ Balcik   74,000 „

Zusammen: 3.942,000 t

Es betrug 1896 die Gesammteinfuhr
und -Ausfuhr

von Rumänien 3300000 t
„ Bulgarien 1066000 „
„ Serbien   278000 „
Zusammen: 4644000 t

Mithin war die Seeeinfuhr und -Aus-
fuhr der sechs grössten Häfen   %
der Gesammteinfuhr und -Ausfuhr der
drei Länder.

und mehr per Tonne. Die Vermeidung dieser Zuschläge wird für zahlreiche westliche und mittlere Provenienzen zu Gunsten ihrer Verfrachtung im Binnenwasserwege entscheiden. In zweiter Linie werden sich der Kanalstrasse solche Güter zuwenden, die als Landeserzeugnisse stromoberhalb von Orsova in Verkehr gebracht oder hier dem Verbrauche zugeführt werden, weil abgesehen von der Vermeidung jener Vorfrachtspesen in Braila oder Constantza zur Ablenkung aller solchen stromoberen Ein- und Ausfuhren donauwärts die erheblich kürzere Transportstrecke Vortheile genug verspricht. Auf letzteren Wirkungsbereich der Kanalstrasse entfallen theilweise die westlichsten Districte Bulgariens und Rumäniens, vollständig Serbien, dessen Aussenhandel sich von Saloniki trennen und seine neuen Grundlagen in den eigenen serbischen Donauhäfen[1]) finden wird, sowie endlich auch die nordöstlichen Gebiete Ungarns.

---

[1]) Da in Orsova ein Umschlagsplatz des Eisenbahn- und Donauschiffsverkehrs eingerichtet wird, so wird die im Bau befindliche von Nis durch das Timokthal nach Kladova geführte Eisenbahn die Rolle eines Zubringers für den Verkehr des östlichen Serbiens zur Donau übernehmen. Die ungarische Regierung ist mit der Bauausführung der neuen Hafenanlagen in Orsova, mit der Errichtung von Magazinen, Zollamtsgebäuden etc. beschäftigt. (Vergl. S. 10. Anm. 2. Dass hier von Pressburg Gesagte trifft auch auf Orsova zu.)

II.
Die Stellung
der Eisenbahnen und Schiffahrt im Handelsverkehr
zwischen Nordwest- und Süd-Europa.

I. Die Verkehrsbeziehungen Deutschlands zu Oesterreich-Ungarn und den unteren Donauländern.

I. Die Vermittlerrolle der Elbe.

Es erklärt sich hinreichend aus dem regen ökonomischen Leben der Uferländer beider Stromsysteme, dass die Donau sowohl wie die Elbe trotz der vollen Isolirung ihrer Verkehrskräfte in ihrem fast 1 000 000 □km bedeckenden Umlande die Träger eines gegen früher sehr gesteigerten Austauschverkehrs geworden sind. Auch ohne den Zusammenhang mit der Donau bewegt die Elbe einen grossen Theil des deutsch-österreichischen Special- und Transithandels. Bei Schandau wechselt berg- und thalabwärts ein Verkehr von 32 Mill. M.-Ctr., und mehr als 50 Mill. M.-Ctr. beträgt die von Hamburg der Elbe entnommene und ihr zugeführte Gütermenge[1].) Beide Ziffern fassen eine Entwickelung zusammen, wie sie ähnlich nur noch der Rheinstrom mit einem Verkehr von über 80 Mill. M.-Ctrn. strom- auf- und abwärts bei Emmerich (Reichsgrenze) aufzuweisen hat. Im Mündungsbereich der Elbe war das Bild der Schiffahrt früher ein anderes. Wenngleich zu allen Zeiten ein Lebenselement des Hamburgischen Handels, so war doch noch in den Jahren 1865-70 der Elbschiffahrts- verkehr nicht erheblich grösser als in der Zeit von zwanzig Jahren vorher. Erst als Hamburg seine kommerziellen Beziehungen in das Innere Deutsch- lands und nach Oesterreich-Ungarn hinein beträchtlich erweitert hatte, wurde hierdurch auch der Elbschiffahrt eine reichere Nahrung zugeführt, indem der Hamburgische Elbhandel einen Aufschwung nahm, wie er sich in den folgenden Ziffern ausdrückt:

In Hamburg zu Thal angekommene Güter:		In Hamburg zu Berg abgegangene Güter:	
1876—80	5 700 000 M.-Ctr.	5 617 000	M.-Ctr.
1881—85	10 755 000 „ - „	10 725 000	„ - „
1886—90	14 878 000 „ - „	13 592 000	„ - „
1891—95	17 946 000 „ - „	20 132 000	„ - „
1896	20 709 000 „ - „	29 694 000	„ - „

1896 zusammen: 50 400 000 M.-Ctr.

_____

[1]) Tabellarische Uebersichten von Hamburgs Handel und Schiffahrt, Jahr- gänge 1850—1896.

Bei Schandau ist die Entwickelung eine sehr ähnliche. Hier waren die Ziffern in den 50er und 60er Jahren so bescheiden, dass sie kaum den zehnten Theil ihres heutigen Standes bezeichnen.[1])

In Zukunft hat die reichsdeutsche Elbschiffahrt von zwei Seiten einen neuen Kräftezuwachs zu erwarten. Einmal steht die Eröffnung des Elbe-Trave-Kanals bevor, der den reichen nordischen Handel Lübecks der Elbe zuführen wird. Zweitens wird nach der zu erhoffenden Bauausführung des Mittellandkanals ein grosser Theil des Industrie-Exportes Rheinland-Westfalens, der gegenwärtig Antwerpen und Rotterdam als Ausfuhrhäfen benutzt, seinen Ausgang durch den Mittellandkanal, die Elbe und den Elbe-Moldau-Kanal nach den mittleren und unteren Donaugebieten suchen, während sich andererseits die Gegenströmung des Exportes von Böhmen, Oesterreich und der unteren Donau auf demselben Wege nach dem deutschen Westen bewegen wird.

Hamburg und Lübeck betreiben in systematischer Pflege des Land- und Seeverkehrs in ihrem Handel die Vermittelung unter einer Menge getrennter Zoll- und Wirthschaftsgebiete und sind hierdurch die Pforten eines aus den verschiedensten Richtungen seewärts zusammenströmenden Waarenverkehrs geworden. Da andererseits auch die böhmische Elbe vom Süden einen Frachtverkehr aus weiten Entfernungen einheitlich zusammenfasst, so wird hierdurch die Annahme nahe gelegt, dass der zwischen beiden Schnittpunkten sich bewegende Stromschiffahrtsverkehr im beträchtlichen Umfange dem Transithandel dienen muss. Thatsächlich erfüllt die Elbe diese Bestimmung insoweit, dass die zu Berg bei Schandau in das böhmische Elbgebiet eintretenden Güter:

Rohe Baumwolle . .	208570 M.-Ctr.	Theer, Pech, Harze		
Roh- und Brucheisen		aller Art	130440 M.-Ctr.	
meist englisches .	503780 „ - „	Taback	18870 „ - „	
Reis	144960 „ - „	Fische (Häringe) . .	14660 „ - „	
Chilisalpeter und an-		Oelsaat	117130 „ - „	
dere Düngmittel .	375930 „ - „	Fette Oele und Fette	226360 „ - „	
Petroleum	87920 „ - „	Kaffee und Cacao .	11840 „ - „	
Farbholz	24780 „ - „	Erze	314460 „ - „	

überwiegend Hamburgischer, also transozeanischer oder nord- und westeuropäischer Herkunft sind, wie andererseits die aus der böhmischen Elbe in das reichsdeutsche Elbgebiet nach Hamburg zu Thal ziehenden Güter ihrer Natur und ihrem Ursprung nach eine mit jener Herkunft durchaus correspondirende Endbestimmung erkennen lassen. Diese Stellung der

---

[1]) Statistik des deutschen Reiches, die Binnenschiffahrt. Jahrgänge 1890—96.

[2]) Es verkehrten bei Schandau:

	zu Berg M.-Ctr.	zu Thal M.-Ctr.	zusammen:
1855:	175,000	2,836,000	3,011,000 M.-Ctr.
1865:	197,000	3,814,000	4,011,000 „ - „
1875:	303,000	7,431,000	7,734,000 „ - „
1896:	3,542,000	28.952.000	32,494,000 „ - „

Elbe als die geographische Mittellinie im centraleuropäischen Güterumlauf ist vom Standpunkt unserer Untersuchungen umso beachtenswerther, als, wie noch später zu zeigen sein wird, die skandinavischen Reiche, England die Niederlande und Belgien darauf angewiesen sind, für ihren Handel mit Oesterreich und den Donauländern Deutschland als Uebergangsland zu benutzen.

Die deutsche Binnenschifffahrt spielt im Uebrigen im deutsch-österreichischen Special- und Transithandel eine untergeordnete Rolle. Der Oder fehlt ein eigener Strom-Grenzverkehr, wenngleich ihr durch die mährischen und ungarischen Bahnen ein starker Güterstrom von Oesterreich-Ungarn und der unteren Donau her zugeführt wird, der sich in Breslau und Kosel zum Umschlage oderwärts nach Stettin oder zur Elbe lagert. Der Antheil der bayrischen Donau ist seither über einen Thal- und Bergverkehr von 1,5 Mill. M.-Ctrn. nicht hinausgekommen. Allerdings ist nicht zu übersehen, dass, wenn der Donau-Main-Kanal gebaut werden würde, von diesem ein starker Eingriff in den Wirkungsbereich der Elbe-Moldau-Donaustrasse zu erwarten sein wird.[2]) Die Transportmittel-Vermehrung entwickelt wie ihre Vervollkommung die Tendenz territorialer Arbeitstheilung, und wie der Main-Donau-Kanal, so wird auch der Oder-Donau-Kanal ablenkend wirken. Indessen, zunächst ist jener doch wohl das der Verwirklichung fernstliegende der drei Donau-Kanalprojekte und gegen die Oder wird die Elbe immer den grossen Vorzug behaupten, dass sie der Hauptsammelkanal der Verkehrsthätigkeit Deutschlands und Böhmens ist, dass sie diese ihre Aufgabe durch den Elbe-Moldau-Kanal nach Süden weit entwickeln wird, und dass die Donauschiffahrt in Hamburg und in Zukunft in Lübeck zwei höher qualificirte Frachtenmärkte mit grösserer Auswahl von Rückfrachtgütern als Endpunkt vor sich hat, als sie solche im Endpunkte Stettin zu erwarten hat.

II. Die Stellung der Eisenbahnen.

Zugleich mit der Elbe und ihren Transportleistungen ist aus dem Gesichtspunkt der uns beschäftigenden Frage, welchen Nutzen Handel und Industrie von Deutschland aus der Vereinigung der Elbe mit der Donau

---

[1]) Nach der amtlichen österreichischen Statistik betrug die Ausfuhr Oesterreich-Ungarns nach Deutschland 1895: 110 Mill. M.-Ctr., die Einfuhr Oesterreich-Ungarns aus Deutschland 1895: 60 Mill. M.-Ctr., nach der amtlichen deutschen Statistik betrug die österreichisch-ungarische Ausfuhr 116 Mill. M.-Ctr. und die Einfuhr aus Deutschland 68 Mill. M.-Ctr.

[2]) Bei der Feststellung des Nutzens des Donau-Main-Kanals, der solchen u. A. ebenfalls in der Sammlung der zur Zeit über fremde Häfen geleiteten Verkehre erweisen wird, ist der Transit Italiens, der Schweiz und Südwest-Frankreichs zu berücksichtigen, der dem Elbe-Moldau-Donau-Kanal entgehen wird.

zu erwarten haben, die Stellung der Eisenbahnen zu berücksichtigen. Von ganz Norddeutschland her bewegt sich ein zusammenhängender Eisenbahn-Güterverkehr nach Böhmen, Ober- und Nieder-Oesterreich, nach Ungarn, Galizien und den unteren Donaugebieten. Und umgekehrt ist die Bewegung auf den Bahnen von Süden nach Deutschland hinein dieselbe wichtige. Der Gesammtumfang dieses Eisenbahnverkehrs[1]) beträgt nach dem Durchschnitte der letzten drei Jahre 127 Mill. M.-Ctr. oder 12,7 Mill. Tons, zusammen mit der Durchfuhr aus dritten Ländern nach dem Balkan und umgekehrt[2]) rund 13 Mill. Tons, sodass sich der Verkehr der Elbstrasse zu diesem rollenden Verkehr wie 1 : 4,3 verhält. Wenngleich also in dieser Ziffer der Antheil unseres Güterverkehrs mit Serbien, Bulgarien, Rumänien und deren südöstlichen Nachbargebieten mit enthalten ist, so kennzeichnen diese Ziffern zum grösseren Theile doch den Specialverkehr Oesterreich-Ungarns mit den deutschen Staaten.

Dass die Eisenbahnen neben der Elbe und im Wege durch Süddeutschland neben dem Rhein das Material zu einem so lebhaften überleitenden Verkehr vorfinden, erklärt sich eben wesentlich daraus, dass die Schiffahrtsleistungen der Moldau und Donau seither nicht genügend entwickelt sind, und dass das Bindeglied zwischen beiden fehlt.

Die deutsche Eisenbahngüterstatistik[3]) überzieht bekanntlich das deutsche Reich mit einem Netze von 36 Verkehrsbezirken und lässt hierbei nicht nur genau erkennen, welchen Antheil die einzelnen Verkehrsbezirke an dem direkten Waarenwechsel von und nach dem Auslande haben, sondern mit ihrer Hülfe lässt sich auch genau berechnen, wie sich der Verkehr nach den verschiedenen Güterarten hinsichtlich des Empfanges und des Versands zusammensetzt. Diese Statistik gewährt somit einen werthvollen Einblick in die geographische Sammlung und Vertheilung des ganzen rollenden Verkehrs, der sich für die Jahre 1893—95 wie folgt[4]) berechnet:

Empfang M.-Ctr.		Durch-schnittl. M.-Ctr.	Von der Ge-sammtsumme %	Versand M.-Ctr.		Durch-schnittl. M.-Ctr.	Von der Gesammt-summe %
von Böhmen:	1893: 60 039 000 1894: 55 412 000 1895: 61 485 000	58 945 000	80,36	nach Böhmen:	1893: 15 763 000 1894: 16 882 000 1895: 17 901 000	16 849 000	31,66
von Oester-reich:	1893: 6 758 000 1894: 5 942 000 1895: 5 977 000	6 226 000	8,48	nach Oester-reich:	1893: 23 717 000 1894: 25 560 000 1895: 30 353 000	26 546 000	49,88

---

[1]) Die nachstehenden eisenbahnstatistischen Ermittelungen stützen sich auf die Jahrespublikationen des Königlich Preussischen Ministeriums der öffentlichen Arbeiten. betitelt: „Statistik der Güterbewegung auf den deutschen Eisenbahnen nach Verkehrsbezirken geordnet.“

[2]) Siehe S. 27.

[3]) Anm. 1.

[4]) Ohne Durchfuhr auf den Bahnen von Ausland zu Ausland, also ohne die Anschlüsse vom Balkan. Siehe S. 27.

	Empfang M.-Ctr.	Durch-schnittl. M.-Ctr.	von der Ge-sammtsumme %		Versand M.-Ctr.	Durch-schnitl. M.-Ctr.	Von der Gesammt-summe %
von 1893: 4149000				nach 1893: 4607000			
Un- 1894: 3660000	} 3739000	5,10		Un- 1894: 5430000	} 5660000	10,63	
garn: 1895: 3408000				garn: 1895: 6943000			
von 1893: 3828000				nach 1893: 3639000			
Ga- 1894: 4578000	} 4442000	6,06		Ga- 1894: 4316000	} 4167000	7,83	
lizien: 1895: 4971000				lizien: 1895: 4546000			

Summa 73352000 M.-Ctr. 100,—⁰/₀.   Summa 53222000 M.-Ctr. 100,—⁰/₀

Auf die einzelnen Landestheile zurückgeführt, vertheilt sich der vorstehende Ein- und Ausfuhrverkehr nach dem Stande der Jahre 1894 und 1895 wie folgt:

	Verkehrsbezirk			Versand M.-Ctr.	⁰/₀ des Ge-sammtbetr.	Empfang M.-Ctr.	⁰/₀ des Ge-sammtbetr.
1	Ost- und Westpreussen .	Ost- und West-	1894	51,861	0,09	57,420	0,08
2	Ost- und westpreussische Häfen	preussen . .	1895	62,310	0,11	101,810	0,14
3	Pommern	Pommern . .	1894	848,420	1,68	302,970	0,43
4	Die pommerschen Häfen .		1895	1,100,000	1,84	249,590	0,33
5	Grosshzgt. Mecklenburg .	Mecklbg., die Häfen Rostock,					
6	Die Häfen von Rostock, Warnemünde, Wismar, Lübeck, Travemünde, Kiel, Flensburg . . .	Warnem., Wis-mar, Lübeck, Travem., Kiel, Flensb. Schles-	1894	25,140	0,05	40,510	0,06
7	Schleswig-Holstein, Für-stenthum Lübeck	wig-Holst.Lüb.	1895	24,240	0,05	40,220	0,05
8	Elbhäfen: Hamburg, Al-tona, Glückstadt, Har-burg, Stade, Cuxhafen .	Elbhäfen . .	1894	566,150	1,07	600,710	0,86
			1895	567,370	0,95	661,200	10,87
9	Weserhäfen: Bremen, Ve-gesack, Geestemünde, Bremerhaf., Nordenham, Brake, Elsfleth . . .	Weserhäfen .	1894	463,350	0,88	72,660	0,14
			1895	490,980	0,82	87,770	0,12
10	Emshäfen, Emden, Leer und Papenburg . . .	Emshäfen . .	1894	130		300	
			1895	350		1,060	
11	Hannover, Kr. Rinteln, Herzogt. Braunschweig u. Herzogt. Oldenburg	Hannover, Braunschweig	1894	95,390	0,15	267,150	0,38
			1895	93,640	0,16	264,240	0,35
12	Provinz Posen	Posen . .	1894	511,490	0,97	117,410	0,17
13	Regbz. Oppeln		1895	93.010	0,15	68.250	0,09
14	Stadt Breslau	Schlesien . .	1894	44.312.020	84.18	8.387,170	12,05
15	Regbz. Breslau u. Liegnitz		1895	50,798,850	85,02	9.252,250	12,23
16	Stadt Berlin	Brandenburg .	1894	212,690	0,40	3,658,100	5,25
17	Provinz Brandenburg . .		1895	216,813	0,36	3,820,260	5,06
18	Regbez. Magdeburg, Her-zogthum Anhalt . . .	Sachsen . .	1894	645.500	1,23	4,160,070	5,98
19	Regbz. Merseburg und Erfurt, Kr.Schmalkalden und die Thüringischen Staaten		1895	754,770	1,26	4,411,700	5,81
20	Königreich Sachsen . .	Kgr. Sachsen .	1894	1.320,420	2,51	29,943,570	42,08
			1895	1,442,970	2,41	32,974,000	43,57
21	Prov. Hessen-Nassau, Kr. Wetzlar, Prov. Oberhess.	Hessen-Nassau	1894	115.190	0,22	308,470	0,44
			1895	132,320	0,22	286,690	0,39
		Latus	1894	49,167,751		47,916,510	
			1895	55,777,623		52,219,040	

Verkehrsbezirk			Versand M. = Ctr.	% des Gesamtbetr.	Empfang M. = Ctr.	% des Gesamtbetr.
	Transport	1894	49,167,751		47,916,510	
		1895	55,777,623		52,219,040	
22	Das Ruhrrevier (Westfalen)	Westfalen . .	1894	1,360,110	2,58	251,610	0,36
23	Das Ruhrrevier (Rheinprovinz)		1895	1,660,320	2,78	281,060	0,37
24	Prov.Westfalen,Fürstenth. Lippe - Detmold und Waldeck						
25	Rheinprovinz rechts des Rheines						
26	Rheinprovinz links des Rheines	Rheinprovinz .	1894	287,420	0,54	211,850	0,34
27	Das Saarrevier von Neunkirchen		1895	343,920	0,58	223,270	0,29
28	Die Rheinhafenstationen Duisburg, Hochfeld, Ruhrort						
29	Lothringen						
30	Elsass						
31	Die bayerische Pfalz . .	Süddeutschl. . .	1894	303,880	0,57	675,330	0,97
32	Das Grossherzgth. Hessen		1895	343,500	0,58	497,390	0,65
33	Das Grossherzgth. Baden						
34	Mannheim und Ludwigshafen						
35	Königr. Württemberg, Hohenzollernsche Lande .	Königr. Württemberg.	1894	64,880	0,12	667,940	0,96
			1895	80,830	0,12	722,120	0,95
36	Königr. Bayern	Königr. Bayern	1894	1,453,200	2.76	19,859,510	28,54
			1895	1,537,810	2.5	21,718,960	28.73
	Summa	1894	52,637,241		69,582,750	
	Summa	1895	59,744,033		75,691,840	

Bei dieser Zusammenstellung springt zweierlei in die Augen, einmal dass von dem Versand nach Oesterreich und den Donauländern ca. 51 Mill. M.-Ctr. oder rund $85^0/_0$ allein auf die Provinz Schlesien entfallen, was hauptsächlich auf die Ausfuhr von Produkten der schlesischen Montanindustrie zurückzuführen ist, und dass zweitens an der Einfuhr aus Oesterreich-Ungarn das Königreich Sachsen mit rund 33 Mill. M.-Ctrn. — grösstentheils böhmischer Braunkohle — oder mit $43,6^0/_0$ des Gesammteinganges betheiligt ist, mit anderen Worten, dass die schlesische Steinkohle und böhmische Braunkohle zu $76^0/_0$ Trägerinnen des gesammten sich zwischen Deutschland und Oesterreich-Ungarn vollziehenden Eisenbahn-Güterverkehrs sind.

Nichtsdestoweniger bleiben die Ziffern des übrigen Waarenverkehrs an sich sehr beträchtlich.

Ansehnlich ist vor allem die den bayrischen Bahnen zufallende Verkehrsbewegung. Der aus rund 21,7 Mill. M.-Ctrn. bestehende Empfang Bayerns setzt sich aus regelmässigen Bezügen von böhmischer Braunkohle und Steinkohle, Getreide und Mehl aus Oesterreich-Ungarn, Rumänien und Serbien, Malz aus Oesterreich-Ungarn, getrockneten Pflaumen aus Bos-

2*

nien und Serbien, harten Hölzern und Fassdauben aus Slavonien etc. zusammen, während unter den über die Grenze versandten Gegenwerthen hauptsächlich

Bier:	66,000	M.-Ctr.
Cement:	1,400,000	„ - „
Düngemittel:	48,000	„ - „
Eisen, Stahl, Schienen: .	72.000	„ - „
Steine	300,000	„ - „

hervortreten. Das übrige Süddeutschland, Baden, Württemberg und die Hohenzollern'schen Lande, das Grossherzogthum Hessen und die bayrische Pfalz, sowie die Reichslande treten in diesem Verkehre in Folge des in Frankfurt a. M. bewirkten Main- und Rhein-Umschlages ersichtlich zurück.

Auffällig mag der geringe Verkehr Rheinlands und Westfalens mit nur 2 Mill. M.-Ctrn. erscheinen. Indessen er ist ein Beweis dafür, dass sich beide Provinzen in ihren Versendungen und Bezügen im grossen Umfange der Rheinhäfen und Antwerpens, also des Seeweges um Spanien bedienen.

Aber selbst die entfernten östlichen Provinzen unterhalten einen regelmässigen Güterverkehr mit Böhmen-Oesterreich. Von den östlichen Häfen, vorzugsweise von den im Flachshandel thätigen Königsberg und Memel werden jährlich 25—30000 M.-Ctr. russischen Flachs's und Hanf's nach Böhmen versandt.

Umfangreicher gestalten sich die Bahnverladungen Pommerns und der pommerschen Häfen. Im Verkehr mit ihnen geht neben der Schiffahrt auf der Oder ein direkter Bahnversand und -Empfang von 1300000 Mill. M.-Ctrn. einher, nämlich

	Versand. M.-Ctr.	Empfang. M.-Ctr.
von bezw. nach Böhmen	70,360	28,160
„ „ „ Oesterreich	32,670	71,740
„ „ Ungarn	91,140	114,290
„ „ „ Galizien	905.920	35,400
zusammen	1,100.000	Summa 249,590

Diese Ziffern illustriren die bemerkenswerthe Stellung, welche im Waarenhandel Norddeutschlands mit Oesterreich-Ungarn die Oder-Route neben der Elbe-Route einnimmt, denn während von dem vorstehenden pommerschen Verkehr die Stadt Stettin und ihre kleinen Nachbarhäfen einen Empfang und Versandt von 1,100,000 M.-Ctrn. auf sich vereinigen, weisen die Elbhäfen Hamburg, Altona, Glückstadt, Harburg, Stade und Cuxhafen zusammen keinen erheblich grösseren Verkehr, nämlich einen Empfang und Versand von 1,200,000 M.-Ctrn. auf. Dieses Verhältniss ist aus dem Gesichtspunkt des gleichen Zieles der beiden ihre wirthschaftliche Berechtigung von einer und derselben Grundlage herleitenden Donau-Oder- und Donau-Elbe-Wasserstrassen ebenso bemerkenswerth, wie im Hinblick auf die zwischen

den beiden leitenden Häfen bestehende Rivalität, indem beide als Scheitelpunkte
der Elbe-Route und Oder-Route gleichmässig den Verkehr Oesterreich-
Ungarns und der Donauländer an ihren Einfluss zu fesseln wünschen.
Stettin hatte früher in dieser Richtung verhältnissmässig grössere
Erfolge aufzuweisen. Gestützt auf die seinem Handel förderliche Tarifpolitik seiner Hinterlandbahnen war Stettin im Durchgangsverkehr vom
europäischen Südosten nach dem Westen eine frequentirte Zwischenstation
geworden, deren Schiffahrtslinien die Verfrachtungen auf den festländischen
Schienenwegen nach England, den Niederlanden, Belgien und Frankreich
fortsetzten. Im Jahre 1857 gingen mehr als drei Viertheile der ganzen
Stettiner Seeeinfuhr nach Oesterreich und im Jahre 1858 dreimal soviel
als im Vorjahre,[1]) obwohl Oesterreich von den durch sein Gebiet ziehenden
Waaren Durchgangszölle erhob, während Hamburg auf der Elbe — bis
zum Jahre 1858 — nur den gewöhnlichen Elbzoll zu zahlen hatte.[2])
Noch im Jahre 1867 sprach der Jahresbericht der Vorsteher der Kauf-
mannschaft Stettins der Direktion der Oesterreichischen Kaiser Ferdinand-
Nordbahn für ihre „einsichtige und energische Leitung“ des Transitverkehrs
den Dank der Kaufmannschaft aus[3]) und noch im Jahre 1868 constatirte
derselbe Bericht, dass Ungarn mit seinen Nebenländern erneut seine
ausserordentliche Exportfähigkeit bewährt und speziell dem Stettiner
Markte nahezu 50% seiner sämmtlichen Zufuhren, nämlich 348000
Wispel Getreide im Werthe von 23 1/2 Millionen Thaler geliefert habe.[4])
Aus seiner bevorzugten Position, in der es ihm in den 60er und 70er
Jahren gelang, von Böhmen, Mähren, Galizien, von Ungarn und Rumänien,
selbst bis von Kiew her grosse Getreidemassen zur Spedition nach England und sogar die Versorgung von Triest und Fiume mit Colonial- und
anderen überseeischen Produkten an sich zu bringen, wurde Stettin jedoch
durch den fortschreitenden Ausbau der west-östlichen Eisenbahnen, sowie
durch die übermächtige Konkurrenz der Nordseehäfen allmählich heraus-
gedrängt. Die Eröffnung der den Alpengürtel durchschneidenden Semme-
ringbahn brachte 1858 Wien in Verbindung mit Triest, nachdem bis dahin der Achsentransport über die Alpen sich als theurer erwiesen hatte,
als der Seeweg über Stettin und die Bahnfracht von hier nach Fiume
und Triest.[5]) Die Eröffnung des Suezkanals machte Triest in seinen

---

[1]) Dullo, Gebiet, Geschichte und Charakter des Seehandels der grössten
deutschen Ostseeplätze. S. 8.
[2]) An Stelle der früher der Schiffahrt förderlichen zahlreichen Elbzölle wurde
durch die Elbschiffahrtskommission auf Grund der Convention vom 23. Juli 1821
ein nach vier Klassen gegliederter fester einziger Elbzoll eingeführt, der durch
Revisionen nach und nach abgetragen seine letzte Erhebungsstelle bei Witten-
berge 1870 verlor.
[3]) Jahresbericht der Vorsteher der Kaufmannschaft von Stettin 1867, S. 45.
[4]) Ebendaselbst 1868, S. 25.
[5]) Dullo, a. a. O. S. 11 ff.

Bezügen von Orientprodukten wesentlich selbstständiger, nachdem sich der Strom der südlichen Waaren, aus dem auch Stettin für seinen Handel nach den Donaugebieten geschöpft hatte, bis dahin von London aus über die Nord- und Ostseehäfen vertheilt hatte. Auch die ostindische Baumwolle, die von Liverpool über Stettin nach den österreichischen Fabrikdistrikten transitirte, ging dem Stettiner Speditionsgeschäfte verloren,[1] weil sich Bremen und Hamburg zu Märkten für rohe Baumwolle heranbildeten, während die ostindische und ägyptische Baumwolle nach Oesterreich sich einen billigeren Weg über Triest bahnte.[2] Eine ernstliche Schädigung erfuhr der Stettiner Speditionshandel endlich durch die im August 1874 eingeführte allgemeine 20 % Erhöhung der Gütertarife, die zur Folge hatte, dass viele Artikel von der alten Route Oesterreich-Stettin-England auf die über Triest, Belgien und Holland führenden Konkurrenz-Routen abgelenkt wurden. Allerdings verschaffte der 1874 in Kraft getretene Seetarif für Getreide, Hülsenfrüchte und Mahlprodukte von galizischen und rumänischen Stationen nach Stettin, Hamburg, Bremen, Bremerhafen und Geestemünde dem Oderseehafen zunächst wieder das für die Erhaltung seiner Handelsbeziehungen nothwendige Material an Getreide und Mahlprodukten zum Exporte seewärts, indem das ganze Transitgebiet von Myslowicz bis Jassy in den Geltungsbereich dieses Seetarifes einbezogen wurde.[3] Während aber noch im Jahre 1877 auf Grund dieses Transittarifes[4] 250 000 M.-Ctr. rumänischer Weizen und Mais ausser einem ansehnlichen Quantum Oelsaaten über Stettin geleitet wurden[5], klagten schon die Berichte der folgenden Jahre über die weiteren Fortschritte, die Triest und Fiume in seinem eigenen Import- und Exportgeschäfte machen, und über die überaus verschärfte Konkurrenz der neuen Elbe-Wasserstrasse Hamburg-Laube-Tetschen. Es war hauptsächlich

---

[1] Jahresbericht der Vorsteher der Kaufmannschaft von Stettin 1875 S. 41.
— Die Baumwollen-Einfuhr Stettins betrug:

1861:	200 730	Ctr.
1862:	84 407	„
1863:	94 465	„
1873:	26 604	„
1874:	60 913	„
1875:	35 380	„
1876:	31 628	„

[2] Die ersten regelmässigen Bezüge Fiumes von Baumwolle aus Ägypten und Bombay wurden nach dem „Handelsmuseum" (1896, S. 84) im Vorjahre eingerichtet, nachdem bisher Baumwolle seewärts ausschliesslich über Triest importirt worden war.
[3] Jahresbericht der Vorsteher der Kaufmannschaft von Stettin, 1874 S. 40.
[4] Der Tarif verlangte, dass nach seinem Satze nur dasjenige Getreide befördert werden sollte, dessen Wiederausfuhr seewärts ins Ausland nachgewiesen wurde.
[5] Jahresbericht der Vorsteher der Kaufmannschaft von Stettin, 1877, S. 40.

diese Konkurrenz Hamburgs und der Elbe, der gegenüber die Oderroute
ihren alten Zusammenhang mit dem südöstlichen Durchgangsverkehr nicht
aufrecht zu erhalten vermochte. Wenn Hamburgs Bahnverkehr in der
Richtung nach und von Oesterreich-Ungarn gegen Stettin ohnehin schon
so erhebliche Fortschritte gemacht hatte, dass er nach den Ausweisen
des Protokolls der Kölner Eisenbahn-Konferenz im Januar 1881 gegen
Stettin den folgenden Vorsprung aufwies:

nach Oesterreich-Ungarn (M.-Ctr.):

	1878	1879	1880	1881
von Hamburg:	651150	510430	412366	330000
von Stettin:	112280	95190	180210	110120,

von Oesterreich-Ungarn (M.-Ctr.):

	1878	1879	1880	1881
nach Hamburg:	450500	398140	335870	290000
nach Stettin:	290740	269280	202150	136810.

so verschärfte sich seit dem Jahre 1880, nachdem die preussische Regierung
das von den österreichisch-ungarischen Bahnen gemachte Anerbieten, mit
ihnen einen Verbandstarif für den Transit über Stettin[1] seewärts einzu-
führen, abgelehnt hatte, diese Hamburgische Konkurrenz noch dadurch,
dass sich nunmehr die österreichisch-ungarischen Bahnen mit den galizischen über einen neuen Verbandsverkehr einigten, vermittelst dessen die südöstlichen Zufuhren über Oderberg—Olmütz—Tetschen an Preussen vorbei
der Elbe zugeführt wurden.[2] Zugleich war für diesen Zweck die Einrichtung des Elbumschlagplatzes in Laube-Tetschen beschlossene Sache geworden. Die Wirkungen einer solchen Neuordnung traten sogleich im Jahre
1881 hervor.[3] Während der Verkehr zwischen Hamburg und Laube-
Tetschen im Durchschnitt der Jahre 1875—1880 nur die folgenden geringen
Ziffern aufzuweisen hatte:

zu Thal nach Hamburg: zu Berg nach Hamburg:
170000 M.-Ctr.   147000 M.-Ctr.

dagegen die Eisenbahneinfuhr Stettins von Oesterreich-Ungarn

im Jahre 1877: 290000 M.-Ctr.
„   „   1878: 270000 „   „
„   „   1879: 290000 „   „

betrug,[4] verdreifachte sich sogleich im Jahre der Einrichtung des
Umschlages in Laube-Tetschen der Verkehr im Elbwege, während in
Stettin die obigen Ziffern bis auf 140000 M.-Ctr., die Ausfuhren bis auf
70000 M.-Ctr. zurückgingen. Im Jahre 1881 trafen in Hamburg bereits
1174000 M.-Ctr. Güter ein, während sich thalwärts nach Laube-Tetschen

[1] Jahresbericht der Vorsteher der Kaufmannschaft von Stettin, 1881, S. 1—6.
[2] Dullo, a. a. O. S. 16.
[3] Jahresbericht der Vorsteher der Kaufmannschaft von Stettin, 1881, S. 6.
[4] Jahresbericht der Vorsteher der Kaufmannschaft von Stettin, 1881, S. 1—6.

1049000 M.-Ctr. bewegten. Die fernere Entwickelung drückt sich in den folgenden Ziffern aus:

von Hamburg gingen zu Berg nach Laube-Tetschen:	von Laube-Tetschen kamen zu Thal in Hamburg an:
1892: 1254000 M.-Ctr.	1178000 M.-Ctr.
1893: 1159000 „ „	1728000 „
1894: 1383000 „	2183000 „
1895: 1063000 „ „	2181000 „
1896: 1342000 „ „	2796000 „ „

Inzwischen sind allerdings Stettin die im Anschluss an die analog dem Laube-Umschlage in Pöpelwitz bei Breslau eingerichtete Oderumschlagsstelle anfänglich abgelehnten, später aber doch eingeführten Umschlags- und Specialtarife wieder zu Statten gekommen. Von besonderem Nutzen erweist sich u. A. der für die 534 km lange Strecke von Stettin nach Oderberg eingeführte Erztarif, der die schwedischen Erze nach Oberschlesien und der grenzungarischen Station Oderberg zu dem billigen Satze von M. 72—79 per 10 t befördert, sodass Stettin hierdurch eine Seeeinfuhr von rund 2000000 M.-Ctr.[1] schwedischer Erze erlangt hat.

Nichtsdestoweniger ist es der Elbe-Route gelungen, ihre Ueberlegenheit gegen die Oder-Route im Transit zwischen Deutschland und Oesterreich-Ungarn voll zur Geltung zu bringen, da die Elbe mit ihrer grösseren Schiffbarkeit über die Reichsgrenze hinausreicht, in dem centralisirenden Becken Böhmens die Moldau in sich aufnimmt und ein wirthschaftlich hoch entwickeltes Gebiet mit einer Bevölkerung von vielen Millionen Seelen und einer starken Anhäufung von Production und Verbrauch durchfliesst. Für die grosse Mehrheit der Erzeugnisse des Elbbeckens, sowie für die reiche Mannigfaltigkeit seiner gewerblichen Rohstoff- und Fabrikatbedürfnisse, ist somit das ihren ganzen Schifffahrtsverkehr beherrschende Hamburg nicht blos der Mittelpunkt eines intensiven nationalen, sondern auch eines ausgedehnten internationalen Güterumsatzes geworden. Mag es richtig sein, dass Hamburgs Handelsaufschwung nicht allein das Product seiner eigenen persönlichen Kraft und Rührigkeit, sondern zugleich das der ungewöhnlich reichen wirthschaftlichen Entwickelung seines Hinterlandes ist, so ist doch andererseits nicht zu übersehen, dass das Elbgebiet selbst der ausgedehnten vertheilenden und sammelnden Arbeit seines grossen Seehafens, dessen vielseitigen Verbindungen sowie dem grossen Unternehmungssinn und der Kapitalkraft des Hamburgischen Handelsstandes ebenso eine reiche Förderung und Emporhebung seiner eigenen Kräfte verdankt. Wie sehr Hamburg als leitender Seeplatz Mitteleuropas bemüht ist, sein Binnengebiet unausgesetzt weiter und nicht nur nach Süden und Westen, sondern auch nach Osten auszudehnen, beweisen u. a. seine in steter Entwickelung begriffenen Verbindungen nach Schlesien, Stettins nächstem

---

[1] Jahresbericht der Vorsteher der Kaufmannschaft, 1896, Statistischer Theil S. 17.

Hinterlande. In den 50er und 60er Jahren fanden diese Verbindungen in kleinen Zahlen noch einen sehr bescheidenen Ausdruck:

zu Thal nach Hamburg	zu Berg von Hamburg
kamen von der Oder:	gingen nach der Oder:
74 000 M.-Ctr.	43 000 M.-Ctr.

Aber schon in den 70er und 80er Jahren erhob sich der hamburg-schlesisch-ungarische Verkehr, hauptsächlich getragen von dem Aufschwung der oberschlesichen Montanindustrie (Zink), der schlesischen Zuckerindustrie und dem ungarisch-galizischen Grenzhandel in heimischen und südöstlichen Provenienzen zu Ansehen und Bedeutung, bis sein heutiger Umfang von $4\frac{1}{2}$ Millionen M.-Ctrn. oder 450000 Tons die rege Entwickelung Hamburgs auch nach dieser Seite erkennen lässt:

Es verkehren zwischen Hamburg und Schlesien	zu Thal:	zu Berg:
1866—70	231 000 M.-Ctr.	78 000 M.-Ctr.
1876—80	396 000 „ „	116 000 „ „
1881—85	871 000 „ „	327 000 „ „
1886—90	913 000 „ „	523 000 „ „
1891—95	1 131 000 „ „	1 158 000 „ „
1896	2 384 000 „ „	2 122 000 „ „

Zu einem grossen Theile enthalten diese Zahlen den speziellen Verkehr Hamburgs mit Breslau (1896: 2 800000 M.-Ctr.), so dass hieraus der Nutzen hervorgeht, den Hamburg nicht minder wie Stettin von der in Pöpelwitz bei Breslau eingerichteten Oderumschlagsstelle gewonnen hat.

Der den Wasserverkehr der Elbe-Route ergänzende Bahnverkehr stellt sich als der nächst dem schlesisch-österreichischen Kohlen- und Eisenverkehr grösste, und nach seinem Inhalte auch zugleich als der mannigfaltigste Waarenzug dar, der die österreichisch-deutsche Grenze überschreitet:

	1895:	
	Empfang: M.-Ctr.	Versand:
Grossherzogth. Mecklenburg, Häten Rostock bis Flensburg, Schleswig-Holstein, Fürstenthum Lübeck	40 220	24 240
Elbhäfen Hamburg, Altona, Glückstadt, Harburg, Stade, Cuxhafen	661 200	567 370
Hannover, Kr. Rinteln, Herzogthum Braunschweig und Oldenburg	264 240	93 640
Berlin und Provinz Brandenburg . . .	3 820 260	216 830
Rgb. Magdeburg, Herzogthum Anhalt, Rgb. Merseburg, Erfurt, Kassel, Thür. Staaten	4 411 700	754 770
Königreich Sachsen	32 974 000	1 442 970
Sa. rund	42 171 620 M.-Ctr.	3 099 820 M.-Ctr.

Die vorstehende Einbeziehung Brandenburgs und Berlins in das Elbgebiet könnte dem Einwande begegnen, dass diese beiden Verkehrsbezirke als ebenso sehr dem Odergebiete gehörig anzusehen seien. Indessen diesem Einwande steht die Thatsache entgegen, dass von ihrem Verkehr mit den habsburgischen Kronländern 82% auf Böhmen allein entfallen. Hamburgs eigene Betheiligung an der Bahneinfuhr und -Ausfuhr nach und von Oesterreich-Ungarn ist verhältnissmässig gering, denn sie umfasst infolge des überwiegenden Wasserverkehrs, wie wir schon sahen, mit den anderen Häfen des Elbeausganges zusammen nur 1 200 000 M.-Ctr.

Bemerkenswerth ist im Uebrigen die Thatsache, dass der obige, die Elbschifffahrt begleitende Bahnverkehr von rund 45 Mill. M.-Ctrn. zu einem grossen Theile auf Gebiete entfällt, die dem Bestreichungsgebiete des Elbe-Moldau-Donau-Kanals angehören, nämlich:

	Versand:		Empfang:	
auf Galizien	90 670 M.-Ctr.	2,92 %	845 720 M.-Ctr.	2,03 %
„ Ungarn, Serbien Walachei etc. . .	167 260 „	5,40 „	401 710 „	0,95 „
„ Böhmen	2 180 630 „	70,35 „	39 663 440 „	94,06 „
„ Oesterreich . . .	661 320 „	21,23 „	1 250 750 „	2,96 „
Zusammen	3 099 820 M.-Ctr.	100 %	42 161 620 M.-Ctr.	100 %

Die böhmischen und ungarischen etc. Antheile sind hiernach, von den an sich wohl sehr bedeutenden, aber trotzdem nur einen Localwerth besitzenden Braunkohlentransporten abgesehen, die grössten, und da Ungarn und Böhmen die von den Donauländern her nach dem Westen führenden Bahnrouten in sich aufnehmen, so spricht auch hieraus die Stellung der Elbe-Route als die eines stark benutzten Leitweges des central-europäischen Waarenverkehrs. Die unten zum Vergleiche vermerkten Ziffern des aus den Regierungsbezirken Oppeln und Breslau einschliess-lich Stadt Breslau und der Provinz Pommern mit den pommerschen Häfen gebildeten Odergebietes[1]) lassen zwar einen um 15 Mill. M.-Ctr. grösseren Versand und Empfang erkennen, worin eine unleugbar tragkräftige Basis für den dem Donau-Oder-Kanale vorauszusagenden Verkehr liegt. Indessen diesem Verkehr wohnt eine gleichgrosse Transitbedeutung deshalb nicht inne, weil nur einige wenige Gegenstände massenhafter Ansammlung von mehr lokaler Bedeutung, wie Steinkohlen und Erze, diese grossen Ziffern zusammensetzen. Was die unter der Voraussetzung des Donau-Oder-Kanals zu denkende Zukunft des Odergebiet-Verkehrs betrifft, so wird diese Wasserverbindung zweifellos die hier gegenwärtig gebundenen Kräfte förderlich entwickeln und der Donau namentlich in den Producten der

---

[1])	Versand (1895):		Empfang (1895)	
Galizien	4 407 340 M.-Ctr.	(8,49 %)	3 690 180 M.-Ctr.	(37,80 %)
Ungarn, Serbien, Walachei etc.	6 609 690 „	(12,73 %)	1 474 390 „	(15,52 %)
Böhmen	13 738 800 „	(26,45 %)	2 715 970 „	(28,84 %)
Oesterreich	27 143 310 „	(52,33 %)	1 621 300 „	(17,06 %)
Zusammen	51 899 140 M.-Ctr.		9 501 840 M.-Ctr.	

schlesischen Montanindustrie eine reiche Nahrung zuführen. Immerhin werden die östlichen Gegenwerthe zur Verfrachtung nach dem Westen die Donau-Moldau-Strasse im allgemeinen aus dem Grunde mehr bevorzugen, weil sie im Bereiche dieser Route ein grösseres Verbrauchsgebiet finden, wofür heute schon nicht zum wenigsten die oben mitgetheilte Thatsache spricht, dass Schlesien eines der wichtigsten Quellgebiete des Hamburgischen Elbhandels geworden ist. Zu Hamburg werden in Kurzem die Funktionen des nachbarlichen Lübecks hinzutreten, dessen Arbeit nicht ausschliesslich an die Elbe gebunden ist, sondern dessen Handels- und Schifffahrtsthätigkeit ebenfalls ihren Seitenstrassen folgen wird. Wie schon bemerkt wurde, sind in den bisherigen Berechnungen die von und nach Galizien, Ungarn, Serbien, Rumänien, Bulgarien etc. durch Deutschland transito rollenden Durchfuhren mit einem Gesammtbetrage von rund 7 000 000 M.-Ctrn.[1]) nicht enthalten. Dieser durch die Bahnen vermittelte Transit bewegt sich seinem grösseren Theile nach zwischen Böhmen und Oesterreich einerseits und der Schweiz und dem südöstlichen Frankreich andererseits, sodass er im Falle des Vorhandenseins eines Donau-Main-Kanals ein typischer Gewinn dieser Wasserstrasse sein würde. Soweit in diesem Bahntransit jedoch engliche, belgische, niederländische und nordische Verfrachtungen enthalten sind, werden diese wohl grossentheils der Elberoute zufallen.

III. Die Stellung der Seeschifffahrt.

Lediglich auf das ungleich grössere Aufnahmevermögen des Elbbeckens ist es zurückzuführen, dass endlich in der Benutzung des Seeweges zur Donau das Elbgebiet alle anderen Reichstheile weit hinter sich gelassen hat. Nach der „Entdeckung" der Donau[2]) folgte den britischen Schiffen auch die deutsche Flagge. Zunächst hielt der Festlandweg die Konkurrenz des Seeweges aus. Als sich jedoch auf den europäischen Märkten zu den reichen Lieferungen des Donauthales mehr und mehr der Mitbewerb der nordamerikanischen Bodenerzeugnisse gesellte und die Frachtersparniss ein nach Pfennigen berechneter Faktor der Gewinnrechnung wurde, zog sich das in Stettin wie in Hamburg als willkommene Rückfracht für englische Kohle, Eisen und Salz geschätzte Donaugetreide mehr und mehr von dem alten Festbodenwege zurück.

---

[1]) Diese Durchfuhren betrugen 1895:

Galizien	97 060	M.-Ctr.	8 540 M.-Ctr.
Ungarn, Walachei, Serbien etc. .	171 790	„	40 890 „
Böhmen	2 689 190	„	1 758 840 „
Das übrige Oesterreich . . .	1 061 280	„	1 145 460 „
	4 019 320	M.-Ctr.	2 953 730 M.-Ctr.

[2]) Fürst Metternich soll einst im Scherze gesagt haben, Graf Stephan Szechenyi glaube die Donau entdeckt zu haben.

Der für Stettin etwas umständliche Seeweg um Spanien konnte den werthvollen Speditionsexport nach England nicht ersetzen. Da ausserdem die Schwarzmeerschiffe an der Elbmündung eine reichlichere Rückfracht vorfanden, so machte sich Hamburg, begünstigt durch das grössere Consumvermögen seines Hinterlandes erfolgreich zum Stapelplatz der gewaltigen Mengen von Rohproducten der Pontus-Uferländer, deren Ausfuhrstrom seit den 70er Jahren somit mehr und mehr in die westlichen Häfen eindrang. Während Stettin nur gelegentlich, bei besonders günstigem Frachtenstande oder anderen aussergewöhnlichen Umständen grössere Donau-Exportationen aus dem Mittelmeer zusammenzog, wie beispielsweise zuerst im Jahre 1881,[1]) in den Jahren 1883 bis 1885 und 1892—1894[2]), organisirte sich in Hamburg das Eigen- und Speditionsgeschäft mit der Levante und dem Schwarzen Meere zu einem wichtigen Zweige seiner Handels- und Schifffahrtsthätigkeit. Die Hamburgische Statistik giebt eine Anschauung von der Blüthe der Hamburgischen Mittelmeerfahrt, deren Ergebniss eine Verfrachtung von 9 Mill. M.-Ctrn. oder 1 Mill. Tons geworden ist, was nahezu $\frac{1}{10}$ des Hamburgischen Seeverkehrs gleichkommt. In der Einfuhr spielen die Cerealien mit einem Antheil von 70—80 % die Hauptrolle, nächst ihnen sind getrocknetes Obst, Olivenöl, Sumach, Kanarien- und Mohn-Saaten, Häute und Felle und russische Mineral-Schmieröle die wichtigeren Handelsartikel, während in der allerdings nur 10% der Einfuhrmenge betragenden Ausfuhr nach dem Schwarzen Meere die Hauptfrachten Eisen und Eisenwaaren, Harz und Galipot, Reis, Caffee, Thee und andere Colonialwaaren, Häute und Felle,

---

[1]) Im Uebrigen stellt sich die Seeeinfuhr Stettins an Getreide, Bohnen, Hirse etc. aus dem Mittelmeer nach den Jahresberichten der Stettiner Kaufmannschaft wie folgt dar:

	aus Rumänien M.-Ctr.	aus der Türkei M.-Ctr.	aus Bulgarien M.-Ctr.
1881:	47 023	15 262	—
1882:	—	—	—
1883:	46 452	—	—
1884:	52 133	—	13 831
1885:	32 055	—	—
1886:	7 510	—	—
1887:	—	—	—
1888:	—	—	—
1889:	16 011	—	—
1890:	—	—	—
1891:	—	—	—
1892:	39 450	30 999	—
1893:	613 101	1 341	—
1894:	35 311	—	—
1896:	—	—	—

[2]) Dullo, a. a. O. S. 17.

meist Rindshäute (Odessa), Maschinen, Salpeter, Farbhölzer, Indigo, Palmöl,
Thran, Cement etc. sind. Die im Jahre 1889 erfolgte Einrichtung der
Hamburgischen deutschen Levante-Linie und die Einführung des kombi-
nirten durchgehenden Levante-Tarifes ist der deutschen Ausfuhr nach dem
Mittelmeer sehr förderlich geworden. Die Fahrten der Schiffe beschränken
sich anfänglich auf die grössten Häfen, während sie jetzt häufig und regel-
mässig die folgenden Plätze besuchen: Piräus, Syra, Smyrna, Saloniki,
Varna und Odessa. Insgesammt trafen in Hamburg im Jahre 1896[1]) von
Rumänien und zwar von Braila, Galatz, Constanza und von Sulina 78
Dampfer von 105000 Reg. Tons ein. Wie anregend die durch die Le-
vantelinie herbeigeführte Kommunikationserleichterung auf den Export
deuscher Ausfuhrartikel, Brückentheile, Maschinentheile, Papier, Paraffin,
Kerzen, Eisenwaaren, Steingut, Lampen u. s. w. gewirkt hat, dafür mag
als Beispiel das Zeugniss des Jahresberichts der Halberstädter Handelskammer dienen, demzufolge die Versendungen mit den „Levante-Schiffen"
aus der Provinz Sachsen im Jahre 1892 272350 kg, 1893 bereits
376557 kg und 1895 rund 700000 kg betrugen. Die Frachtverbindungen
Hamburgs mit Triest gewannen erst mit den 70er Jahren grössere Bedeutung. Mit Fiume ist erst in den letzten Jahren ein direkter Frachtdienst eingerichtet worden. Die Verladungen nach Triest haben als
Hauptinhalt Caffee und Reis (ca. 65—70%), während die Rimessen vorzüglich bosnische und slavonische Gartenproducte, dalmatinische Weine,
Häute, Felle, Sumach und einige andere südliche Producte sind.

Lübecks Antheil an dem Verkehr des reichsdeutschen Elbgebietes
wird in Zukunft an Bedeutung und Bestimmung sehr gewinnen. Steht Lübeck
auch an kommerzieller Bedeutung Hamburg nach, so ist doch sein Verhältniss zum deutschen und speciell zum elbischen Wirthschaftsgebiete ein
ähnliches. Ueber eine blosse provinzielle Bedeutung erhoben, hat es
durch seine geographische Lage unverkennbar die Aufgabe, in Zukunft
viel mehr als bisher für den Westen Deutschlands bis zur Elbe ein Stützpunkt des deutschen Handels mit dem Auslande zu sein. Wenn sich heute auch
das Lübeckische Auslandhandelsgebiet vornehmlich auf Russland und
Finnland, Schweden, Dänemark und England beschränkt, und sich
hiernach zur Zeit seine Transitbedeutung bemisst, so garantirt die im
Elbe-Trave-Kanal geschaffene zweite Mündung der Elbe Lübeck doch die
Nutzniessung aller Vortheile, die sich aus dem Elbe - Moldau - Kanale für
sein Handelsgeschäft ergeben werden, wie Lübeck andererseits dem Elbe-
Moldau-Donaugebiete den thätigen Mitbewerb eines wohlfeil arbeitenden
zweiten Elb-Seehafens verbürgt, der auf seinem neuem Baugrunde
stehend Kraft und Fähigkeit genug erweisen wird, in mehr als einer
Beziehung ein Concurrenzplatz Hamburgs zu werden. Seine neueren

---

[1]) Tabellarische Uebersichten von Hamburgs Handel und Schifffahrt im
Jahre 1896.

regelmässigen Dampfschiffsverbindungen mit London und den Rheinhäfen sind unverkennbare Merkmale der sich in dieser Richtung
bereits vorbereitenden Neuordnung. Zweifellos wird die Verbindung
der Donau mit der Elbe eine erhebliche Ausweitung der Handelsbeziehungen Oesterreich-Ungarns und seiner Hinterländer auch zum Norden
zur Folge haben, deren Trägerin zu werden, Lübeck in erster Linie berufen sein wird. Im heutigen Befunde dieses letzteren Verkehrs fehlen noch die
grösseren und kräftigen Züge, wenn sich auch viele thatsächliche Vor-
gänge der Feststellung entziehen, da die Producte des südeuropäischen
Marktes dem Norden durch den deutschen Zwischenhandel mitgetheilt
werden, wie andererseits die Angebote aus den hamburgischen, lübeckischen und englischen Grosswaarenlägern in Oesterreich-Ungarn die nordische Herkunft ihrer Waaren nicht immer erkennen lassen und auch
die Spedition schlechthin die Grenzen des directen und indirecten Handels
vielfach verwischt. Die im dritten Abschnitte folgenden Feststellungen
lassen jedoch keinen Zweifel darüber, dass die vereinigte Wasserstrasse
dem Handel der österreichischen Kronländer mit den baltischen Ländern
eine wirksame Unterstützung gewähren wird.

Ausser dem Verkehr mit den nordischen Ostseehäfen, dem Lübeck
ein ausgebreitetes Netz regelmässiger und prompt bedienter Dampferlinien
zur Verfügung stellt, werden sich von Lübeck bequeme Gelegenheiten zu
Verschiffungen westwärts nach Norwegen, Holland, Belgien, England und
transoceanischen Küsten darbieten, in welchem Verkehr es zur Zeit in
Lübeck an Ausfrachten fehlt.

Im Vergleiche zu dem lebhaft nach See wie nach Süden zu strebenden
Elbgebiete haben Bremen und die Weserlande sich bisher eine gleiche
Geltung im Handel mit Oesterreich und den Donaustaaten nicht zu verschaffen vermocht. Der Versand Bremens und der Weserhäfen[1]) bahnwärts nach Oesterreich-Ungarn, Serbien und Rumänien betrug 1896
649000 M.-Ctr. der Import von dort 155000 M.-Ctr.
An diesem Versand sind

Baumwolle mit	372000	M.-Ctr.
Reis „	22000	„ „
Tabak „	30000	„ „
Petroleum „	11000	„ „
Summa	435000	M.-Ctr.

hauptbetheiligt, während sich die Zufuhren aus Oesterreich-Ungarn vornehmlich auf Mais, Malz, Bier, getrocknete Pflaumen und andere Ver-
zehrungsgegenstände beschränken. Die Bremische Statistik[2]) bewerthet
die Einfuhr aus Oesterreich-Ungarn landeinwärts auf 10200000 Mk. und
ihr Gewicht auf 149000 M.-Ctr., während sie die Ausfuhr nach Oester-

---

[1]) Bremerhafen, Geestemünde, Vegesack, Brake, Nordenham und Elsfleth.
[2]) Jahrbuch der Bremischen Statistik, 1896.

reich-Ungarn landeinwärts mit 650000 M.-Ctrn. i. W. von 42000000 Mk.
feststellt. Die Baumwollen-Verladungen Bremens werden für den Donau-
Elbe-Kanal weniger in Betracht kommen, da sie zu 60—70% Bestimmung
für Böhmen haben. Ob später die Bremer Baumwolle im österreichischen
Elbgebiete die Konkurrenz der russischen Baumwolle zu bekämpfen haben
wird, die vom Kaukasus donauwärts importirt werden dürfte, entfällt dem
Rahmen dieser Untersuchungen. Es ist hierfür nicht zu übersehen, dass
Russland nahezu für die Hälfte seiner 4 Millionen Baumwollenspindeln
das nöthige Rohmaterial bereits selbst erzeugt, und dass Russland hofft,
in 2—3 Jahrzehnten seine Baumwollenkulturen soweit entwickelt zu haben,
dass die Ueberschüsse einen beträchtlichen Export nach Deutschland, der
Schweiz und Frankreich ermöglichen sollen. Neben dem erheblichen
Frachtverkehr landwärts bewegt sich von Bremen nach dem Mittelmeere
und umgekehrt ebenfalls eine regelmässige Schifffahrt, die die Ausfuhr von
Reis, Baumwolle, Rum und anderen Spirituosen, Caffee, Taback, Weinen,
Thee, Schafwolle, Stuhlrohr, Schellack, Elfenbeinnüssen, Gelbholz und
anderen Farbstoffen, Fellen und allerlei Manufacturen, sowie eine Einfuhr
von Getreide und anderen Rohproducten zum Gegenstande hat. Dieser
Bremische Verkehr zeigte im Jahre 1896 die folgenden Ziffern:

Einfuhr aus:		Ausfuhr nach:	
Oesterreich-Ungarn ca. 24000 M.-Ctr.		Oesterreich-Ungarn ca. 160000 M.-Ctr.	
Rumänien „ 153800 „ „		Rumänien „ 160 „ „	
Serbien „ 240 „ „		Serbien „ 2000 „ „	

II. Die Verkehrsbeziehungen
des skandinavischen Nordens und der westlichen Staaten Grossbritanien, Holland, Belgien und der überseeischen Länder zu Oesterreich und den Donauländern.

Es ist erklärlich, dass, wenn unsere Nordseehäfen in diesem Umfange,
Träger des deutschen Handels mit Oesterreich und den Donauländern
geworden sind, die Seeschifffahrt im Handel der durch den Pariser Frieden
von vornherein auf den Weg durch das Mittelmeer verwiesenen West-
staaten eine ungleich grössere Rolle spielen muss. Immerhin haben
England, Holland, Belgien und Frankreich keineswegs vollständig auf die
Benutzung der continentalen Durchgangsrouten verzichtet; im Gegentheil
ist der von ihnen hervorgerufene Festlandtransit in allen Richtungen
recht beträchtlich. Fast ausschliesslich benutzen die nordischen Reiche
Deutschland als Durchgangsland.

1. Norwegen, Schweden und Dänemark.

Der Handel des skandinavischen Nordens wies in der Zeit von 1893

bis 1895 nach der österreichisch-ungarischen Statistik[1]) die folgenden Ein-
und Ausfuhren auf:

Ausfuhr von

		Norwegen	Schweden	Dänemark
nach Oesterreich-Ungarn:	1893	90620 M.-Ctr.	412593 M.-Ctr.	7253 M.-Ctr.
	1894	72703 „ „	494840 „ „	8662 „ „
	1895	71724 „ „	845840 „ „	10179 „ „
	1896	47692 „ „	645525 „ „	15348 „ „

Einfuhr von

		Norwegen	Schweden	Dänemark
aus Oesterreich-Ungarn:	1893	43632 M.-Ctr.	33706 M.-Ctr.	28747 M.-Ctr.
	1894	20868 „ „	16053 „ „	36008 „ „
	1895	27238 „ „	12200 „ „	37416 „ „
	1896	14856 „ „	23771 „ „	48862 „ „

Der die Ausfuhr aus Oesterreich-Ungarn hiernach wesentlich überwiegende Export Norwegens, Schwedens und Dänemarks besteht aus norwegischen und schwedischen Heringen und Stockfischen (Norwegen
36000 M.-Ctr.), aus dänischen Kalbfellen und Rindhäuten, Fischthran von
Norwegen (30000 M.-Ctr.) und aus Dänemark, aus letzterem Lande als
Zwischenhandelsproduct des Kopenhagener Marktes (1895: 6000 M.-Ctr.),[2])
aus schwedischen rohen und behauenen Granitsteinen, Schwefelkies aus
Schweden (1895: 58000 M.-Ctr.), Holztheer, Jutewaaren, Papieren, Holz
und Strohstoffen, schwedischem Eisen (1895: 21000 M.-Ctr.), Maschinen,
thierischem Dünger und Eisenerzen. Die Eisenerze sind ein Hauptgegen-
stand der Ausfuhr Schwedens. Im Jahre 1895 wurden nach Ungarn
zufolge der österreichischen Statistik 463000 M.-Ctr. Eisenerze ausgeführt;
die Statistik des deutschen Reiches berechnet deren Durchfuhr nach Oesterreich-Ungarn sogar mit rund 840000 M.-Ctrn. Die Einfuhr Skandi-
naviens und Dänemarks setzt sich aus Zucker, Kastanien, Zwetschen,
Stärkemehl, Backmehl, Malz, letzteres in Mengen von 40—50000 M.-Ctrn.[3]),

[1]) Statistische Uebersichten betreffend den auswärtigen Handel des österreichisch-ungarischen Zollgebietes, zusammengestellt vom statistischen Departement im k. k. Handelsministerium. 1. Bd. 2. Abthlg. S. 214—237.

[2]) Der österreichisch-ungarische Generalconsul in Kopenhagen berichtet in
seinem Jahresberichte 1896, dass während im Jahre 1895 in Dänemark ca. 3000 t
Thran (= 120,000 Kr.) nach Oesterreich verkauft seien, im Jahre 1896 der Umsatz
wenigstens 20000 t. = 8—900.000 Kr. betragen habe. Dieser vergrösserte Umsatz
sei theilweise eine Folge von Preisvertheuerungen auf den concurrirenden Märkten,
theils aber eine Folge davon, „dass die österreichischen Käufer allmälig die Erfahrung gemacht hätten, dass die Kopenhagener Lieferungen isländischen Ursprungs
doch preiswürdiger seien, als die Hamburger Lieferungen, die aus Norwegen
stammen". (Direct von Hamburg ist die Einfuhr nur 3—500 M.-Ctr.)

[3]) Die Einfuhr Dänemarks an Malz betrug:

1892: 22500 M.-Ctr.
1893: 27500 „ „
1994: 30500 „ „
1895: 37500 „ „
1896: 39500 „ „

Auch diese Angaben des österreichisch-ungarischen Generalconsulats in

Hopfen, Margarine, aus ungarischen Weinen und slavonischen harten Sägewaaren, Holzzellstoff (hauptsächlich nach Dänemark) Schreibpapieren,
Leder, Schuhwaaren, Hüten, Glas und Glaswaaren, vorherrschend böhmischer Provenienz, aus gewalztem und gezogenem Blei, Nickel, Messing,
und diversen Fabrikaten, Wiener Nippes etc. zusammen.

Die obigen im Gesammtbetrage von ca. 800 000 M.-Ctrn. statistisch
feststellbaren Ein- und Ausfuhren sind vorherrschend wohl ein Ergebniss
des eigenen directen Handels. Soweit daneben der deutsche und österreichische Zwischenhandel mit gegenseitigen eigenen Lägern dem Austausch-
bedürfnisse dient, entzieht sich dieser weitere, Deutschland passirende
Verkehr österreichisch-ungarischer und nordischer Waaren der genaueren
Feststellung. Dass es sich im Gesammtaustausche thatsächlich um grössere
Quantitäten handelt, als die österreichische und nordische amtliche Statistik
ersichtlich macht, lässt die deutsche Statistik deutlich erkennen. Denn
während die Wiener Statistik den gesammten Waarenwechsel mit ca.
1 000 000 M.-Ctrn. berechnet, stellt die amtliche deutsche Statistik den überwiegend auf Oesterreich-Ungarn gerichteten Transit der Nordländer auf
1 600 000 M.-Ctr. fest.

Nach Rumänien, Bulgarien und Serbien verflüchtigen sich ihre
Handelsbeziehungen. In der amtlichen Statistik Serbiens[1]) figuriren
Norwegen, Schweden und Dänemark nicht einmal dem Namen nach.
Dessen ungeachtet finden die typischen Erzeugnisse beider Gebiete, beispielsweise die serbischen getrockneten Pflaumen im Norden, ebenso wie die
norwegischen Fettheringe in Serbien ihre regelmässige Nachfrage, nur
dass sie ein Gegenstand des seine Quellen verwischenden Propregeschäfts
Lübecker, Hamburger, Wiener und Budapester Häuser sind. Im Verkehr
mit Rumänien[2]) hat der Handel der nordischen Reiche periodisch regelmässige grössere directe Waarenbezüge zu verzeichnen, beispielsweise bewegten sich in den Jahren 1886, 1888 und 1892 Getreideausfuhren von
60—70 000 Tons nach Norwegen und Schweden. Dass diese Ausfuhren
in den letzten Jahren fehlen, erklärt sich theilweise daraus, dass sie ihren
Weg über England, Hamburg und Antwerpen genommen haben, welcher
letzterer Hafen als Stapelplatz von Donauproducten das rumänische Getreide
zu Zeiten als willkommene Frachtrimesse für seine schwedischen Holz- und
Erzbezüge benutzt. Es wurde schon oben darauf hingewiesen, dass die

―――――――

Kopenhagen sind erheblich grösser als die Ausweise der amtlichen österreichischen
Statistik, da sich die obigen Angaben auf Dänemark, Schweden und Norwegen
beziehen; der Unterschied erklärt sich daraus, dass die Ausfuhren Oesterreich-
Ungarns „nach dem Hamburgischen Freihafen" (50—70 000 M.-Ctr.) grösstentheils
Bestimmung nach Dänemark und Norwegen haben.

[1]) Statistique du commerce extérieur du Royaume de Serbie. Jahrgänge 1891
bis 1895.

[2]) Commerce extérieur de la Roumanie etc., Bukarest 1897, S. 79.

von den Donau-Seehäfen nach Gibraltar für Ordre ausgehenden Schiffe
häufig als nach Grossbritanien gehend verzeichnet werden, und ihre
Ladung deshalb der Ausfuhr nach Grossbritannien zugeschrieben wird,
während thatsächlich ein erheblicher Theil der von der Sulinamündung
kommenden Schiffe nach anderen, namentlich belgischen Häfen geht und
ihre Ladung von dort nach dem Bestimmungslande durchgeführt wird.
Auf diesem Wege gelangt ein Theil des Donaugetreides regelmässig auch
nach Deutschland, wie andererseits das von den Hamburgischen Dampfern
angebrachte Donaugetreide zu Zeiten in beträchtlichen Mengen ebenfalls über Hamburg nach dem Norden transitirt.   Das Getreide wird
hier von Dampfer zu Dampfer übergeladen, oder es wird auch je nach
den Umständen im Freihafen eingelagert.   Als vor mehreren Jahren bedeutende Quantitäten Donauweizen im Freihafen unverkauft lagerten (in
Lagerkähnen), kam beispielsweise zu dieser Zeit ein umfangreiches Export-
geschäft mit Dänemark und Schweden zustande.[1]

2. Grossbritannien.

Zum Unterschiede von dem nordischen Handel bewegt sich Gross-
britaniens Verkehr mit den Balkanländern überwiegend auf dem Seewege.
England hat den Vortheil, seinen grossen Getreidebezügen von Braila und
Galatz einen beträchtlichen Kohlenexport entgegenstellen zu können.
Während die Einfuhr von Rumänien im Durchschnitt der beiden letzten
Jahre 3,3 Mill. M.-Ctr. betrug, bezifferte sich allein die Ausfuhr von Steinkohle dorthin auf 2,6 Mill. M.-Ctr.[2]   Dieser grosse Antheil der Steinkohle
im Export nach Rumänien reducirt sich allerdings erheblich im Handel
mit Bulgarien, wenngleich das donauwärts nach Braila verfrachtete bul-
garische Getreide an dem Nutzen der Kohlengegenfracht theilnimmt.[3]
Nach den Ausweisen der bulgarischen Handelsstatistik steht somit der
englischen Ausfuhr nach Bulgarien im Betrage von 400 000 M.-Ctrn. eine
Einfuhr von 1 400 000 M.-Ctrn. gegenüber.   Im Verkehr mit Serbien beschränkt sich der englische Handel auf die Ausfuhr von Colonialwaaren,
Conserven und Confitüren, Eisenwaaren, Maschinen, Webstoffen, namentlich
Baumwollenwaren etc., auf Gegenstände, die übrigens durchweg der typische
Inhalt der englischen Ausfuhr nach den Balkanstaaten sind.   Eine directe
Einfuhr von Serbien ist weder nach der serbischen[4]) noch aus der

---

[1]) Gefl. Mittheilung der Herren Arnthal u. Gebr. Horschitz in Hamburg.
[2]) Comerciul Exterior al Romăniei in 1895. Herausgegeben vom rumänischen
Finanzministerium.
[3]) Die bulgarische Regierung bemüht sich, dem in Pernik im Jahre 1896 mit
60 000 t geförderten Landesproducte ins Landinnere hinein den Weg zu bahnen.   Die
Einfuhr von Steinkohle betrug 1896 31 000 t (aus England: 23 000 t).
[4]) Statistique du commerce extérieur du royaume de Serbie pour l'année
1896. Belgrad 1897.

englischen[1]) Statistik nachweisbar. Soweit der britische Markt seiner Producte bedarf, entnimmt er sie deshalb vermuthlich dem österreichischen und deutschen Zwischenhandel (Triest) oder dem Markte von Saloniki.

Umfangreicher und in ihrem Material mannigfaltiger sind die Handelsumsätze Englands mit Oesterreich-Ungarn. Nach der österreichischen Handelsstatistik betrug der englische Export nach Oesterreich-Ungarn 1896 3,4 Mill. M.-Ctr., die Ausfuhr Oesterreich-Ungarns nach England 3,3 Mill. M.-Ctr. Mit Ungarn allein unterhielt England im Jahre 1896

eine Ausfuhr von 953000 M.-Ctr. i. W. von 10,5 Mill. fl.
eine Einfuhr von 678000 M.-Ctr. i. W. von 6,1 Mill. fl.

Wenn Grossbritannien in seinem Handelsverkehre mit dem Kaiserreiche vorzugsweise den Seeweg benutzen würde, so müssten diese Ziffern in der Schiffahrt der Adriahäfen einen entsprechenden Ausdruck finden. Die Handels- und Schiffahrtsstatistik Triest's und Fiume's belehrt uns jedoch, dass von Oesterreich-Ungarns Einfuhr des Jahres 1896 im Specialhandel von Grossbritannien im Betrage von 3,4 Mill. M.-Ctrn. i. W. von 82,3 Millionen fl.

über Triest[2]) nur   1824000 M.-Ctr. i. W. von 8091000 fl.
über Fiume[3]) nur   836000 M.-Ctr. i. W. von 5176000 fl.

und von der Ausfuhr Oesterreich-Ungarns nach England im Betrage von 3,3 Mill. M.-Ctr. im Werthe von 74,3 Mill. fl.

über Triest nur   139000 M.-Ctr[4]) i. W. von 2649000 fl.
über Fiume nur   948000 M.-Ctr. i. W. von 10214000 fl.

ihren Weg nahmen, woraus hervorgeht, in einem wie grossen Umfange Deutschland das centrale Durchgangsterritorium des englisch-österreichisch-ungarischen Waarenverkehrs ist, dem die Rheinstrasse und die Elbe, sowie die Eisenbahnen mit den Kopfstationen Hamburg, Bremen, Stettin und Danzig dienen. Der Handelsverkehr mit Ungarn allein vollzieht sich allerdings zum grösseren Theile auf dem Seewege. Ungarn führte 1896: 953000 M.-Ctr. nach England aus, von denen über Fiume 948000 M.-Ctr. seewärts verladen wurden. Diese lebhafte Beschäftigung der Fiumer Schiffahrt im Handel Ungarns mit England ergiebt sich hauptsächlich aus dem Schwergutexporte Ungarns, des Mehles, das trotz der steigenden Concurrenz im Werthe von 8,86 Mill. fl. mit über 600000 M.-Ctrn. in England placirt wurde[5],) der Gerbstoffextrakte und der Gerste. Der ungarische Import bietet der Schiffahrt nicht dieselbe Beschäftigung; er besteht aus Tabak und Tabakfabrikaten,

---

[1]) Annual Statement of the Trade of the United Kingdom with foreign countries etc. for the jear 1895.

[2]) Navigazione e Commercio di Trieste nel 1896.

[3]) Camera di commercio e d'industria in Fiume, Relazione etc. nel 1896.

[4]) Ausschl. 67.670 Stück Fassdauben.

[5]) Magyar Statisztikai Közlemények. A. Magyar Korona Országainak 1896 évi Külkereskedelmi Forgalma. Budapest 1897 S. 111.

Colonialwaaren, Fetten, Steinkohlen, Baumwollenwaaren, Wollwaaren, Leder und Lederwaaren, Eisenwaaren, Maschinen, chemischen Producten, unedlen Metallen etc. und umfasste 1896 insgesammt 678000 M.-Ctr. im Werthe von 6133000 fl. Die von England in Concurrenz gegen Hamburg und Bremen durch Deutschland geleiteten Producte sind Rohstoffe der Eisen- und Maschinenindustrie, der Textilindustrie, der chemischen Industrie und Colonialproducte.

3. Holland und Belgien.

Der Verkehrsstellung Englands ähnlich ist die der Niederlande und Belgien. Im Jahre 1896 betrug die Ausfuhr beider Staaten nach Oesterreich-Ungarn 296000 M.-Ctr.:[1])

von Holland   154000 M.-Ctr. i. W. von 13300000 fl.
von Belgien   142000 M.-Ctr. i. W. von 13300000 fl.

Hiervon gingen jedoch
über Triest aus Belgien nur   20000 M.-Ctr. i. W. von 142000 fl.
über Fiume aus Belgien nur   3622 M.-Ctr. i. W. von 44000 fl.

ein. Umgekehrt nahmen von der Ausfuhr nach Holland und Belgien 1896 im Betrage von 681000 M.-Ctrn. über Triest und Fiume nur 405000 M.-Ctr. im Werthe von 4117000 fl. ihren Weg seewärts nach Antwerpen und den holländischen Häfen.[2]) Gleich dem nordischen Handel benutzt also auch der niederländisch-belgische Waarenhandel zum grossen Theile das Festland und neben dem Transit über Hamburg wohl vorzugsweise den Umschlag in Mannheim und Frankfurt a. M. Im Verkehr mit Ungarn allein[3]) fällt nahezu die ganze Ausfuhr der Niederlande und Belgiens dem Festlande zu, während die wichtigsten Ausfuhren Ungarns: Mehl und Getreide, Pflaumenmus, hartes Bau- und Werkholz, Fassdauben, Parquette- und andere Holzwaaren seewärts über Antwerpen und Rotterdam transitiren, was im Hinblick auf die vermuthlich vielfach endgültige deutsche Bestimmung dieser Sendungen bemerkenswerth ist. Die Ausfuhr Hollands und Belgiens nach Oesterreich-Ungarn besteht hauptsächlich aus Caffee, Tabak, Heringen, Jute, Glas, Cichorienwurzeln, Rindshäuten und Leder, Stearinsäure, Palmöl, Elainsäure und anderen Fetten, Terpentin und Harzen, Schafwolle (von Antwerpen 72000 M.-Ctr.), aus Steinwaaren (belgischer Marmor 30—35000 M.-Ctr.) und belgischen Chamotten, Maschinen, anderen Apparaten und Eisenwaaren.

---

[1]) Statistik des ausw. Handels des öster.-ung. Zollgebietes i. J. 1896, 1. Bd. 2. Abthlg.

[2]) Im Jahre 1896 gingen von Triest nach Belgien: 29000 M.-Ctr. i. W. von 1263000 fl., nach Holland: 559 M.-Ctr. i. W. von 7460 fl. Im Jahre 1896 gingen von Fiume nach Belgien 138000 M.-Ct. i. W. von 1028000 fl., nach Holland 237000 M.-Ctr. i. W. von 1819000 fl.

[3]) Magyar Statiszikai a. a. O., Budapest 1897. S. 8 und 9.

Im Verkehr mit Rumänien, Bulgarien und Serbien beziffern sich die Umsätze der beiden Länder auf 7 420 000 M.-Ctr.[1]) Serbien erscheint auch in seiner Stellung zu Belgien und Holland dem österreichisch-ungarischen Zwischenhandel so stark tributpflichtig, dass seine Statistik einen directen Verkehr von Belang nicht erkennen lässt. Hervortretend ist die grosse Einfuhr rumänischen Getreides in Belgien, eine Erscheinung, die schon oben damit erklärt wurde, dass in den hierauf bezüglichen Zahlen ein starker Speditions- und Eigenhandelsvertrieb nach Nordwesteuropa liegt. Belgien führte im Jahre 1895 seewärts Getreide aller Art nach Dänemark, Schweden und Norwegen 55 245 M.-Ctr. und nach Deutschland grösstentheils landeinwärts 1 700 000 M.-Ctr. aus.[2]) Die Einrichtung der rumänischen Dampferlinie Braila—Rotterdam, auf der der Verkehr vorläufig durch fünf neuerbaute Frachtdampfer von je 3500 t Gehalt vermittelt wird, wird dem Handel in Donaugetreide nach Deutschland hinein zu Gunsten Hollands einen neuen Schwerpunkt in Rotterdam geben.

4. Ueberseeische Länder.

Zum Schlusse dürfen die hervorragenden Hilfsdienste nicht übersehen werden, welche die westeuropäischen Seehäfen, unter ihnen in erster Linie Hamburg und Bremen, dem Handel Oesterreich-Ungarns mit den grossen Ueberseegebieten, den Vereinigten Staaten von Nordamerika, Britisch-Amerika, Mexiko, Britisch-Westindien etc. leisten. Hat das europäische Festland ohnehin keinen Ueberfluss an volumnösen Rückfrachten für die meist sehr raumfüllenden Verschiffungen, die von Nordamerika her die correspondirende deutsche Ausfuhr um mehr als das Doppelte übertreffen, so ist dieser Mangel vollends in Triest und in Fiume vorhanden, deren Hinterland nur wenige Stapelartikel von Bedeutung hervorbringt, die nicht ihre Heimath zugleich in den Vereinigten Staaten haben. Es wird wesentlich hieraus zu erklären sein, dass die beiden Häfen der Adria nach Nord- und Central-Amerika, Westindien, Ostasien und Australien einen grösseren Frachtdienst bisher nicht zu entwickeln vermocht haben und statt ihrer Hamburg und Bremen die Träger eines grossen Theiles des überseeischen Ein- und Ausfuhrhandels der

---

[1])

Ausfuhr i. J. 1895	nach Rumänien:	nach Bulgarien:	nach Serbien:	zusammen:
der Niederlande:	4 000 M.-Ctr.	— M.-Ctr.	— M.-Ctr.	4 000 M.-Ctr.
Belgiens:	330 000 „ „	64 000 „ „ ·	1 040 „ „	395 000 „ „
Einfuhr	aus Rumänien:	aus Bulgarien:	aus Serbien:	zusammen:
der Niederlande:	385 000 M.-Ctr.	44 000 M.-Ctr.	— M.-Ctr.	429 000 M.-Ctr.
Belgiens:	6 198 000 „ „	394 000 „ „	— „ „	6 592 000 „ „

(Nach der amtlichen Statistik Rumäniens, Bulgariens und Serbiens.)

[2]) Statistique de la Belgique. Tableau général du commerce avec les pays étrangers pendant l'année 1895, publié par le ministre des finances, Bruxelles. S. 30.

habsburgischen Kornländer geworden sind. Ob die in neuester Zeit von Triest unternommenen Versuche zur Einrichtung einer regelmässigen Dampferverbindung mit den nordamerikanischen Südhäfen und den Häfen der atlantischen Küste sowie mit Australien den zu wünschenden Erfolg erreichen werden, darüber werden die nächsten Jahre Aufschluss geben.[1] Oesterreich-Ungarn hat sich daran gewöhnt, für viele seiner Einkäufe an nordamerikanischen, ost- und westafrikanischen, ostasiatischen und australischen Provenienzen Hamburg und Bremen als Marktplatz zu benutzen, wie es auch andererseits seine Manufacturen zur Ausfuhr nach jenen transatlantischen Märkten vielfach den hanseatischen Exporthäusern anvertraut. Dieser Sachlage entsprechend spielen Triest und Fiume gleichwie im Verkehr mit der ozeanischen Küste Westeuropas so auch im Verkehr mit überseeischen Gebieten keine hervorragend active Rolle.

Oesterreich-Ungarn exportirte[2] (M.-Ctr.):

nach	1894	1895	Hiervon gingen über:	1894	1895
nach China:	14,000	20,000	(Triest	1,057	4,877
			(Fiume	458	5
„ Japan:	6,000	7,000	(Triest	486	2,131
			(Fiume	—	—
„ Brit. Indien:	114,000	147,000	(Triest	112,850	123,017
			(Fiume		
„ Niederländ. Indien:	9,000	10,000	(Triest	8,353	9,309
			(Fiume	—	—
„ d. deutsch. Schutzgeb. in Ost- u. W.-Afrika:	—	—	(Triest	—	—
			(Fiume	—	7
„ dem Congostaat:	—	—	(Triest	10	—
			(Fiume	—	—
„ d. Capland:	1,000	2,000	(Triest	—	—
			(Fiume	—	—
„ d. Vereinigt. Staaten von N.-Amerika:	368,000	219,000	(Triest	45,131	33,066
			(Fiume	233,216	50,852
„ Canada:	—	—	(Triest	68	27
			(Fiume	—	—

[1] Die Einrichtung einer regelmässigeren Befahrung der Ost- und Südhäfen der Vereinigten Staaten von Nordamerika durch die Schiffe der Austro Americana dient namentlich bezüglich der letzteren Häfen dem von Triest betriebenen Baumwollenimport. Die Aussichten auf eine Prosperität eines directen Dampferverkehrs zwischen Triest und der Ostküste Australiens werden wohl durch die Schwierigkeiten beschränkt, die Hamburg zur ausreichenden Speisung seines australischen Verkehrs Jahre hindurch gehabt hat, indem es zur Ausfuhr nach den australischen Häfen häufig an genügenden Rückfrachten fehlt, die in den letzten Jahren wachsend die rheinisch-westphälische Industrie geliefert hat.

[2] Statistik des ausw. Handels des öster.-ung. Zollgebietes im J. 1895, S. 8 u. 9.

	1894	1895	Hiervon gingen über:	1894	1895
Mexiko:	2,000	2,000	(Triest (Fiume	26 —	19 15
Britisch W.-Indien:	1,000	3,000	(Triest (Fiume	— —	— 376
Cuba:	3,000	1,000	(Triest (Fiume	— —	— —
Columbien:	—	—	(Triest (Fiume	221 —	2 —
Brasilien:	146,000	145,000	(Triest (Fiume	33,038 87,323	29,443 93,739
Chile:	7,000	29,000	(Triest (Fiume	43 —	4 —
Peru:	—	—	(Triest (Fiume	— —	29 —
Argenti-nien:	11,000	19,000	(Triest (Fiume	110 —	57 —
Australien:	2,000	21,000	(Triest (Fiume	36 —	120 —
Zusammen:	684,000	625,000	(Triest 1894: (Fiume 1895:	201,429 321,782	202,091 145,271

Oesterreich-Ungarn importirte (M.-Ctr.):

	1894	1895	Hiervon gingen über:	1894	1895
von China:	29,000	20,000	(Triest (Fiume	10,427 90	11,605 104
Japan:	81,000	84,000	(Triest (Fiume	47,512 17,624	28,977 41,526
Brit. Indien:	1,935,000	1,999,000	(Triest (Fiume	762,985 610,524	831,448 659,145
Niederländ. Indien:	38,000	42,000	(Triest (Fiume	5,214 5,480	7,561 41
Asien ohne näh. Angab.:	15,000	14,000	(Triest (Fiume	8,641 152	13,721 450
den deutsch. Schutzgeb. in Ost u. West-Afrikas:	136,000	114,000	(Triest (Fiume	22 —	158 —
dem Congostaate:	1,000	1,000	(Triest (Fiume	1 —	— —
d. Caplande:	—	2,000	(Triest (Fiume	1 —	— —
d. Vereinigt. Staaten von N.-Amerika:	1,168,000	1,339,000	(Triest (Fiume	133,055 130,888	279,869 181,165
Canada:	2,000	1,000	(Triest (Fiume	793 —	138 —
Mexiko:	21,000	24,000	(Triest (Fiume	1,124 —	1,860 —
Britisch W.-Indien:	44,000	43,000	(Triest (Fiume	36.936 1,185	30,500 5,084

	1894	1895	Hiervon gingen über:	1894	1885
„ Cuba:	15.000	21.000	(Triest (Fiume	2.872 66	1.257 5.229
„ Columbien:	9.000	15.000	(Triest (Fiume	343 —	— —
„ Brasilien:	338.000	361.000	(Triest (Fiume	280.973 13.088	300.019 21,376
„ Chile:	369.000	384.000	(Triest (Fiume	303 432	127 35,554
„ Peru:	1,000	19.000	(Triest (Fiume	282 —	159 17,940
„ Argentinien:	87,000	69.000	(Triest (Fiume	2.495 —	741 —
„ Australien:	31,000	48,000	(Triest (Fiume	69 720	9 —
Zusammen:	4.320.000	4.580.000	(Triest 1894: (Fiume 1895:	1.294,768 779.529	1,508,149 367.614

Einer durchschnittlichen Gesammteinfuhr aus vorstehenden Ueberseeländern von 4500000 M.-Ctrn. steht somit eine eigene Einfuhr von nur 2000000 M.-Ctr. gegenüber, und Triest und Fiume sind nur zu ca. 45⁰/₀ die Träger beider Bewegungen. Den Antheil der beiden Seehäfen an dem gesammten Aussenhandel der österreichisch-ungarischen Monarchie im Jahre 1895 veranschaulicht die folgende Tabelle: (M.-Ctr.)

Einfuhr im Specialhandel	Davon entfielen auf:		⁰/₀	Ausfuhr im Specialhandel	Davon entfielen auf:		⁰/₀
	Triest	Fiume			Triest	Fiume	
1895	82,870,000	5,124.000	3,695,000	11,80	133.233,000	2,868.000	3,245.000	16,25

Wenngleich mit Hamburg und Bremen auch die anderen continentalen Seehäfen London, Antwerpen, Rotterdam, Amsterdam, Marseille und Genua im transatlantischen Handels- und Speditionsgeschäfte für Rechnung Oesterreich-Ungarns wetteifernd thätig sind, so wird doch von der vorstehenden Vergleichung die umfängliche Mitwirkung des Hamburger und Bremer Handels eben so nahe wie die Wahrscheinlichkeit gelegt, dass die dem transoceanischen Handel Oesterreich - Ungarns als grosse Abfuhr- und Zufuhrstrasse heute schon wirksam dienende Elbe nach ihrer Vereinigung mit der Donau ihre Transportkraft noch erheblich vergrössern wird, sodass dem Handel Oesterreich - Ungarns mit transatlantischen Erzeugnissen und Exportgegenständen ebenso wie der Concurrenzstellung Hamburgs und Lübecks gegen London, Antwerpen, Marseille und Genua ein fühlbarer Nutzen erwachsen wird. Denn wenn das deutsche Reich in seinen Häfen Waaren aus Nord- und Südamerika, Westindien, Ost- und Westafrika, dem Kaplande und Australien etc. im Gewichtsbetrage von ca. 39 Mill. M.-Ctrn. empfängt und zur Vertheilung seewärts in denselben Richtungen vom Continente Güter im Betrage von ca. 17 Mill. M.-Ctrn.

zusammenzieht und wenn wir zugleich sehen, dass Oesterreich-Ungarn für seine
eigenen Bedürfnisse und die seiner Donauhinterländer an diesem deutschen
Ueberseeverkehr mit etwa $50^0{}_0$ betheiligt ist, so ist eben hieraus auf die unter
allen Häfen hervorragende Verfrachterrolle Hamburgs im Dienste des
österreichisch-ungarischen Handels ein folgerichtiger Schluss zu ziehen. Wir
sind daher der Meinung, dass die Perspective einer durch unsere Wasserstrasse zu erwartenden starken Belebung der Aussenhandelsthätigkeit
Oesterreich-Ungarns auch vom österreichisch-ungarischen Standpunkte nur
offen zu begrüssen ist. Denn so sehr es im Interesse der Habsburgischen
Länder liegen mag, die eigenen Seehäfen zu Zielgebern ihrer wirthschaftlichen Gesammtentwickelung zu machen, so viel Bedeutung wird daneben
doch der geographisch nächsten und wohlfeilsten Verbindung mit den als
Centren des Welthandels thätigen Seehäfen zuerkannt werden müssen;
Hamburg mit Lübeck und Bremen werden als die Ausfuhrhäfen der continentalen Exportindustrie dauernd ihre Stellung und Geltung behalten
und erst der Zusammenhang mit ihnen kann für die österreichisch - ungarischen Kronländer, für ihren Exporthandel und ihre Exportindustrie
die Verbindung mit dem überseeischen Markt und dem überseeischen Verkehr
bedeuten.

Es würde der Erkenntniss des für den Elbe-Moldau-Donau-Kanal
aus dem west-östlichen Transit zu erwartenden Nutzmaasses viel gedient
sein, wenn wir zum Schlusse in die Art seiner Waaren-Zusammensetzung
einen specielleren Einblick gewinnen könnten. Die ausländischen amtlichen Statistiken geben hierfür jedoch keinen hinreichend zuverlässigen
Anhalt. Die deutsche Reichsstatistik gewährt zwar einen detaillirten Aufschluss über das Material des von Deutschland mit jedem einzelnen Lande
unterhaltenen Transithandels; sie stellt jedoch nicht das Herkunfts- bezw.
Bestimmungsland von jeder Waare fest. Trotzdem lässt sich aus einem
Vergleiche des über Deutschland geleiteten Einganges und Ausganges von
Waaren, die nach Oesterreich-Ungarn bestimmt sind bezw. von dort aus-
geführt werden, mit dem deutschen Totaleingange und -ausgange derselben
Waaren annähernd der Umfang und die Art der Durchfuhr sowie auch
die Herkunft und Bestimmung ihres Inhaltes erkennen. Die aus diesem
Gesichtspunkte nachstehend gruppirten Waaren sind nach der deutschen
Reichsstatistik des Jahres 1895 als die wichtigeren die folgenden:

Nach Oesterreich-Ungarn transitirend von:

	Skandinavien u. Dänemark:	Gross- britannien:	Belgien:	Niederlande:	Nord- u. Süd- amerika, Westindien, Asien u. a. überseeische Gebiete:
	M.-Ctr.	M.-Ctr.	M.-Ctr.	M.-Ctr.	M.-Ctr.
Baumwolle u. Baumwollw.	—	157000	3100	2100	1000000
Chlorkalk	—	24000	5000	1000	—

	Skandinavien u. Dänemark:	Gross-britanien:	Belgien:	Niederlande:	Nord- u. Süd-amerika etc.:
	M.-Ctr.	M.-Ctr.	M.-Ctr.	M.-Ctr.	M.-Ctr.
Farbholzextracte . . .	—	—	—	—	3 000
Knochenasche	—	—	—	—	24 000
Chilisalze	—	—	—	—	287 000
Terpentinöl	—	—	—	—	11 000
Roheisen	—	904 000	12 000	3 000	—
Brucheisen	11 000	2 000	—	—	—
Schmiedbares Eisen . .	18 000	9 000	7 000	—	—
Eiserne Platten u. Bleche	—	31 000	10 000	1 000	—
Grobe Eisenwaaren . .	—	11 000	7 000	—	—
Phosphorsaurer Kalk .	—	—	—	—	106 000
Strontian	—	22 000	—	—	—
Eisenerze	833 000	1 000	4 000	2 000	—
Kobalt- u. Nickelerze .	—	7 000	—	—	—
Glas- und Glaswaaren .	—	1 000	21 000	—	—
Perlmuschelschalen . .	—	8 000	—	—	—
Lokomotiv. u. Lokomobil.	—	28 000	400	1 000	—
Andere Maschinen . .	—	16 000	—	—	—
Maschinen etc. a. Gusseis.	4 000	227 000	22 000	2 000	—
Kupfer, rohes	—	29 000	—	4,000	—
Palmkerne	—	2 000	—	—	126 000
Rindshäute	—	—	—	—	34 600
Leder	—	17 000	1 000	—	—
Steinnüsse	—	—	—	—	56 000
Jute u. Gewebe aus Jute	1 000	18 000	7 000	1 000	2 000
Gesalzene Heringe . .	18 000	14 000	—	8 000	—
Kaffee, roher	—	1 000	—	10 000	83 000
Reis, geschälter	—	—	—	—	146 000
Tabak	—	—	—	—	62 000
Käse	—	—	—	1 000	—
Palm- etc. Oel	—	14 000	—	1 000	27 000
Stearin- u. Palmitinsäure	—	10 000	2 400	2 000	—
Fisch- u. Robbenthran pp.	20 000	6 000	—	—	—
Talg	—	16 000	5 000	—	5 000
Steine, roh o. blos behauen	28 000	—	19 000	10 000	—
Dachschiefer	—	27 000	8 000	—	—
Steine, feuerfeste, a. Thon	10 000	36 000	13 000	1 000	—
Kunstwolle	—	16 000	26 000	—	—
Schafwolle	—	54 000	44 000	5 000	57 000
Hartes Kammgarn . .	—	8 000	—	—	—
Wollengarn , ...	—	11 000	6 000	—	—
Anderes Garn	—	34 000	—	—	—

Aus Oesterreich-Ungarn transitirend nach:

	Skandinavien u. Dänemark:	Gross-britannien:	Belgien:	Niederlande:	Freihafen Hamburg:	Nord- u. Süd-amerika etc.:
	M.-Ctr.	M.-Ctr.	M.-Ctr.	M.-Ctr.	M.-Ctr.	M.-Ctr.
Pottasche	1 000	—	—	1 000	26 000	—
Gerbstoffextracte . .	—	—	—	—	15 000	—
Mineralwasser	—	—	3 000	2 000	22 000	—

	Skandinavien u. Dänemark: M.-Ctr.	Gross-britannien: M.-Ctr.	Belgien: M.-Ctr.	Niederlande: M.-Ctr.	Freihafen Hamburg: M.-Ctr.	Nord- u. Süd-amerika etc. M.-Ctr.
Schmiedbares Eisen . .	1000	26000	24000	1000	3000	5000
Kaolin u. andere Erden .	1000	1000	4000	2000	15000	11000
Cement	—	—	—	—	11000	—
Graphit	—	—	1000	—	20000	—
Bohnen	4000	65000	7000	29000	63000	—
Gerste	40000	12000	1000	42000	246000	3000
Malz	62000	1000	13000	49000	129000	3000
Kleesaat	—	—	1000	—	6000	—
Hohlglas	1000	3000	10000	15000	35000	—
Ander. Glas u. Glaswaaren	2000	11000	7000	20000	91000	4000
Bau- und Nutzholz . . . ⎫ Fassdauben . . . . . ⎭	3000	—	22000	21000	24000	1000
Grobe Tischlerarbeiten .	2000	8000	3000	5000	4000	—
Möbel	1000	1000	3000	4000	37000	—
Hopfen	1000	—	1000	1000	2000	—
Patronen	—	—	13000	—	1000	15000
Lederwaaren	—	3000	1000	1000	2000	1000
Bier in Fässern	—	—	1000	8000	11000	27000
Spiritus	2000	. .	—	—	78000	—
Wein	1000	—	1000	1000	2000	—
Obst	25000	4000	9000	4000	15000	—
Mehl	3000	1000	—	8000	60000	—
Raffinirter Zucker . . .	—	387000	—	—	1500000	2000
Rohzucker	—	63000	—	—	377000	—
Holzstoff- u. Cellulose .	—	1000	18000	9000	10000	
Pappe	—	1000	—	8000	11000	—
Packpapier	—	2000	—	2000	17000	2000
Schreib- u. anderes Papier	—	—	2000	8000	25000	1000
Eier	1000	124000	55000	25000	194000	—
Thon- u. Porzellanwaaren	1000	2000	4000	19000	31000	12000
Kunstwolle	—	1000	3000	—	2000	—

Der Gesammteingang der durch Deutschland transitirenden Güter von Nordwesteuropa und den Ueberseeländern und umgekehrt, sowie ihr Gesammtausgang dorthin betrug im Jahre 1895:

im Eingange von:		im Ausgange:	
von Grossbritannien	2190000 M.-Ctr.	nach Grossbritannien	899000 M.-Ctr.
„ Belgien	1906000 „ „	„ Belgien . . .	632000 „ „
„ d. Niederlanden	592000 „ „	„ d. Niederlanden	562000 „ „
„ Dänemark . . .	99000 „ „	„ Dänemark . .	341000 „ „
„ Schweden . . .	985000 „ „	„ Schweden . .	107000 „ „
„ Norwegen . .	42000 „ „	„ Norwegen . .	18000 „ „
	5814000 M.-Ctr.		2559000 M.-Ctr.
von übersee. Ländern	3173000 M.-Ctr.	nach übersee. Ländern	210000 M.-Ctr.
Zusammen	8987000 M.-Ctr.	Zusammen	2769000 M.-Ctr.

Wir sind keineswegs der Ansicht, dass die Anziehungskraft des Elbe-Moldau-Donau-Kanals gross genug sein wird, dass letzterer den vorstehenden Waarentransit von 12 Mill. M.-Ctrn. vollständig erfassen wird; es soll

auch nicht übersehen werden, dass von diesem Transit erhebliche Antheile
den weiteren Hinterlandgebieten Oesterreich-Ungarns, Italiens, der Türkei
und dem südöstlichen Russland angehören, die den Seeweg durch das
Mittelmeer und andere Routen dauernd bevorzugen werden. Indessen wenn
berücksichtigt wird, dass die Verladungen Oesterreich-Ungarns nach dem
Hamburger Freihafen zur unbestimmten Ausfuhr seewärts in den letzten
Jahren 2 000 000 M.-Ctr. überschritten haben[1]), dass sich der directe Verkehr
mit den baltischen Reichen von durchschnittlich 1 600 000 M.-Ctr. fasst ausschliesslich über deutsches Gebiet bewegt, dass von dem 6 700 000 M.-Ctr.
umfassenden Handel Oesterreich-Ungarns mit Grossbritannien nur 3 500 000
M.-Ctr. den Adriahäfen zufallen, dass von dem 1 000 000 M.-Ctr. betragenden Verkehr mit Belgien und Holland ebenfalls mehr als die Hälfte dem
deutschen Uebergangsgebiete zugehört, und wenn endlich nicht übersehen
wird, dass der directe transatlantische Handel Oesterreich-Ungarns zu
etwa 40 % seiner ganzen Mengenbewegung in Hamburg und Bremen den
Ein- und Ausgang findet, so liegen in alledem sehr deutliche Anzeichen
für die Richtigkeit unserer Annahme, dass dieser Durchfuhrverkehr von
12 Mill. M.-Ctrn. thatsächlich zum grössten Theile als Einfuhr und Ausfuhr Oesterreichs und der Donauländer durch Deutschland zu rubriciren
sein und somit wiederum zum grösseren Theile dem Elbe-Moldau-Kanale zufallen wird.   Allerdings vertheilt sich diese ganze Transitwanderung über
die Reichsgrenze und alle deutschen Häfen.   So gering jedoch wie der
erwiesene Antheil aller Häfen mit Ausnahme Hamburgs an Eigen- und
Transithandel mit Oesterreich und seinen Hinterländern ist, so bedeutsam
dagegen Hamburg seine Stellung als erstes Speditionshaus des Continent-
handels herangebildet hat, bestätigt auch diese Ermittelung die bisherigen
Wahrnehmungen, dass dem Elbe-Moldau-Donau-Kanale aus dem durch die
Elbe geleiteten Transitgrossverkehr jedenfalls ein reiches Material zu eigen
werden wird, das eine natürliche Vermehrung aus den Ansammlungen
von der Rheinstrasse um den holländischen und belgischen Häfen und
von der Ablenkung vom Seewege um den Continent herum nach dem
Schwarzen Meere in dem Falle finden wird, dass der Mittelland-Kanal,
wie berechtigter Weise erwartet werden darf, zur Ausführung kommen wird.

---

[1]) Im Jahre 1896 betrug die Ausfuhr nach dem Hamburger Freihafen infolge der verminderten Zucker- und Holzausfuhr nur 1 378 131 M.-Ctr. im Werthe
von 32 Mill. fl.

III.
Die Gegenstände des west-östlichen Handels und deren Sammlung im Elbe-Moldau-Donau-Kanal.

Wenn die bisherigen Darlegungen Deutschland als ein unausweichliches Kreuzungsgebiet der wichtigsten Strassenlinien des Kontinents erkennen lassen, in dem die Fäden des nordwest- und südost-europäischen Handels zusammenlaufen, so ergiebt sich daraus von selbst die Stellung, die dem Elbe-Moldau-Donau-Kanale innerhalb des Verkehrsbereiches der beiden Reiche zufällt. Zweifellos wird unsere Wasserstrasse in hervorragendem Maasse dem besonderen Bedürfnissaustausche Deutschlands und Österreich-Ungarns dienen und der Schifffahrt zunächst einen regen, in erster Linie freilich der österreich-ungarischen Exportindustrie förderlichen Lokalverkehr schaffen. Der geographische Zusammenhang der Wasserstrasse mit Deutschland und somit mit den Vortheilen, die sich aus seiner besonderen centralen Lage und geographischen Configuration ergeben, erhebt sie jedoch über diese nationale Interessensphäre hinaus zu einem Verkehrsplane von grosser continentaler Bedeutung. Wir werden uns deshalb auch, wenn im Nachfolgenden die speziellen Vortheile und Nachtheile eine Feststellung erfahren sollen, die sich aus dem Elbe-Moldau-Donau-Kanal für Deutschlands Handel und Industrie ergeben werden, nicht begnügen dürfen, zu fragen: wie ist gegenwärtig die Stellung der Bahnen und der Elbschifffahrt im deutsch-österreichischen Special- und Transithandel und wie weit wird es gelingen, mit Hülfe der durch den Donau-Kanal gesteigerten Sammelkraft der Elbe, die sie begleitenden directen Bahntransporte behufs Fracht- und Spesenersparung zum Export und Import auf die Wasserstrasse abzulenken? Wir werden uns auch nicht nur fragen dürfen, welche Güter werden ihr aus den durch den Mittellandkanal der Elbe anzugliedernden westlichen deutschen Reichstheilen, vor allem aus dem Verkehre Rheinland-Westfalens zufallen? Wir werden vielmehr den Kreis erheblich weiterziehen müssen und im Ausblick auf das weite Gebiet des im Transit durch Deutschland gebundenen west-östlichen Handels einerseits die Wirkungen feststellen müssen, die im Schiffahrtsverkehr von Antwerpen und Rotterdam, im Rheintransit und Bahnumschlag nach der Donau in Mannheim und Frankfurt a. M., und nicht minder in der Seeschiffahrt von Lübeck, Hamburg und Bremen um Südspanien hervortreten werden.

Wir gehen zu diesem Zwecke von dem in der Elbe liegenden heutigen Verkehre aus, dessen wirthschaftlicher Pegel die Notirungen an der Schandauer Zollgrenze sind, und dessen Befund dauernd die Grundlage aller Neuordnungen im Bereiche des vereinigten Wasserstrassenzuges bleiben wird.

I. Die Einfuhr von Oesterreich-Ungarn durch den Elbe-Moldau-Donau-Kanal.

Entsprechend der in ihrem Gewichte die deutsche Ausfuhr nach Oesterreich-Ungarn annähernd um das Doppelte übertreffenden Einfuhr Oesterreich-Ungarns nach Deutschland (1896 : 116 Mill. M.-Ctr.) bewegt sich zu Thal bei Schandau ein die Bergfahrt von Deutschland her um das zehnfache übertreffender Elbschifffahrtsverkehr. Es passirten hier die Grenze:

zu Thal
- 1894: 29,8 Mill. M.-Ctr.
- 1895: 24,7 „ „
- 1896: 29,0 „ „

zu Berg
- 1894: 2,3 „ „
- 1895: 3,2 „ „
- 1896: 3,5 „ „

An der Thalschifffahrt ist die lediglich dem localen Verkehr dienende Braunkohle mit einem Eingange von 20,6 Mill. M.-Ctrn. oder mit ca. 71% des Gesammtverkehrs betheiligt. Nächst der Braunkohle herrschen Holz, Zucker, Gerste und Mahlprodukte vor:

	1895	1896
Harte Stämme (Nutz-, Bau- und Schiffsholz mit einer Einfuhr von	3660 M.-Ctr.	3520 M.-Ctr.
Harte Schnittwaare mit einer Einfuhr von	8490 „	6890 „
Harte Brennholzscheite mit einer Einfuhr v.	10100 „	1620 „
Weiche Brennholzscheite „ „ „ „	23400 „	21060 „
Weiche Schnittwaare „ „ „ „	7710 „	27060 „
Weiche Stämme „ „ „ „	1530 „	2670 „
Ausserdem Flossholz „ „ „ „	2589480 „	2886090 „
Zusammen	2644370 M.-Ctr.	2948910 M.-Ctr.
Zucker . .	2084820 M.-Ctr.	2796850 M.-Ctr.
Gerste	655720 M.-Ctr.	788280 M.-Ctr.
Anderes Getreide	46510 „	44710 „
Zusammen	702230 M.-Ctr.	832990 M.-Ctr.
Mehl und andere Mühlenfabrikate . . .	122750 „	174970 „

An dem Gesammtverkehr der Elbe zu Thal mit 29 000 000 M.-Ctrn. sind somit die vorstehenden fünf Artikel: Kohle, Holz, Zucker, Getreide und Mühlenfabrikate mit 27 300 000 M.-Ctrn. oder 94% betheiligt.

Die folgenden Untersuchungen vereinigen gegenständlich die Herkünfte von Oesterreich-Ungarn mit denen Serbiens, Rumäniens und Bulgariens; immerhin trennen sie den im Elbe-Moldau-Donau-Kanal zu sammelnden Import Oesterreich-Ungarns insoweit von dem der Donaustaaten, dass sich die letzteren selbst in dieser Darstellung von Oesterreich-Ungarn als regionale Theile des ganzen Sammlungsgebietes übersichtlich genug scheiden.

1. Holz.

Die Bedeutung dieses Artikels für den Ausfuhrhandel Oesterreich-Ungarns kennzeichnet die Thatsache, dass von seiner Gesammtausfuhr mehr als die Hälfte, 14 Mill. M.-Ctr. Hart- und Weichholz, der deutsche Markt aufnimmt[1]). Nur ein Theil des von Galizien nach der Weichsel verladenen Eichenholzes bleibt nicht im deutschen Consum, sondern nimmt von hier aus im Transit über Danzig und Stettin seinen Weg nach England und anderen westlichen Staaten.

Ungarns Antheil an dem Export nach Deutschland ist zur Zeit gering; er beschränkt sich hauptsächlich auf den Versand von Fassdauben und hartem Bau- und Werkholz aus Eichen-, Ahorn- und Nussbaumholz nach Süd- und Westdeutschland, sowie auf eine kleine Quantität weichen Werk- und Grubenholzes im Gesammtbetrage von circa 500 000 M.-Ctrn.

Das Hauptursprungsgebiet der weichen Hölzer sind z. Z. Böhmen, das nördliche und westliche Mähren nebst den Vorhöhen der kleinen Karpathen, sowie Ober- u. Niederösterreich bis zum Südrand des Wiener Beckens. Im Besonderen die Thäler der Moldau und ihrer Nebenflüsse, die böhmisch-mährischen Höhen, die ober- und niederösterreichischen Gelände bis zu den Höhenzügen der Steiermark und den ausgedehnten Hängen des salzburgischen Gebirgslandes sind die Stätten eines reichlichen Waldwuchses, dessen Erzeugnisse mit den Bahnen und auf den Seitengewässern der Moldau theils zerschnitten, theils als Rundholz den grossen Sägereiplätzen und Flossmärkten der Moldau und Elbe in Raudnitz a/E., Herrnskretschen a E., Prag, Hohenfurt, Frauenberg, Budweis und zahlreichen anderen Ortschaften an den flössbaren Nebenflüssen der Moldau, Luznitz, Watawa etc. zuströmen und von hier aus einheitlich nach Deutschland verfrachtet werden.

Die Einfuhr von Bau- und Nutzholz hat sich von 6 820 000 M.-Ctrn. im Jahre 1885 auf 8 254 000 M.-Ctr. und von 9 077 000 M.-Ctrn. im Jahre 1888 bis auf 14 000 000 M.-Ctr. im Jahre 1896[2]) vermehrt. An dieser erheblichen Steigerung hat die deutsche Elbe einen namhaften Antheil gewonnen, indem in den letzten Jahren bei Schandau die folgenden Mengen passirten:

---

[1]) Statistische Uebersichten betreffend den auswärtigen Handel des österreichisch-ungarischen Zollgebietes. Zusammengestellt vom statistischen Departement im k. k. Handelsministerium. Wien 1897.

[2]) Auswärtiger Handel des deutschen Zollgebietes. Herausgegeben vom Kaiserlichen Statistischen Amte. 2. Theil. Darstellung nach Waaren.

	weiche Hölzer:	harte Hölzer:
1893	2.843.640 M.-Ctr.	17.960 M.-Ctr.
1894	2.941.190 „	19.330 „
1895	2.622.120 „	22.250 „
1896	2.936.880 „	12.030 „

insgesammt also im Durchschnitt dieser vier Jahre 2,8 Mill. M.-Ctr. Hart-
und Weichhölzer, während den Bahnen zur Einfuhr in das reichsdeutsche
Elbgebiet einschliesslich Brandenburg, Hannover, Braunschweig, die Elbhäfen mit Lübeck, Rostock und Wismar im Jahre 1896 etwa 2,6 Mill. M.-
Ctr. zufielen.[1] So eng wie sich hiernach der Zusammenhang aller bisherigen Entwickelung mit der Schiffahrt auf der Moldau und Elbe erweist
ist anzunehmen, dass sich der österreichische Holzhandel die vergrösserten
und verbilligten Leistungen der kanalisirten Moldau und die Wasserverbindung zur Donau nutzbar machen wird. Nicht minder wahrscheinlich
ist es aber auch, dass die vortrefflichen Harthölzer Ungarns und
Slavonien-Kroatiens denselben Anregungen folgen und unter Vermeidung
des theueren durchgehenden Bahntransportes und des Seeweges von Fiume
und Triest aus durch das Mittelmeer einen Markt in Deutschland im Wettbewerb gegen die von Hamburg eingeführten amerikanischen Eichen etc.
begründen werden, an dessen Nachfrage theilzunehmen, endlich auch
den vortrefflichen Hartnutzhölzern Rumäniens und Serbiens Gelegenheit geboten werden wird.

a. Weichhölzer.

Da das Hauptprodukt der böhmisch-österreichischen Ausfuhr Weiss-
tannen und Fichte sind und das Bestreben der österreichischen Industrie
in Zukunft mehr als bisher darauf gerichtet sein wird, die Produkte
mit möglichst viel Arbeit und Arbeitsgewinn ausgestattet dem deutschen
Markte zuzuführen, so wird sich aus der Verbilligung des Versands sowohl für die deutsche Forstwirthschaft, als auch für diejenigen heimischen
Sägewerke im Bereich der oberen und mittleren Elbe, die neben der
Verarbeitung der Harzer, Thüringischen etc. Hölzer auf die Bezüge
böhmischer Rundhölzer angewiesen sind, ein verschärfter Mitbewerb ergeben. Zugleich werden sich aber diese Wirkungen auch weiter erstrecken und nicht minder im unteren Elbgebiete bemerkbar werden, wo
in Lübeck und Wismar die Hauptsitze der Verarbeitung des nordischen
Bau- und Nutzholzes sind, die sich das mittlere und theilweise sogar das
obere reichsdeutsche Elbgebiet mit den böhmischen Hölzern als Absatzgebiet theilen.

Die Concurrenz der österreichischen Holzindustrie mit den
Sägereien des oberen und mittleren Elbgebietes.

Was zunächst die heimische Waldwirthschaft und die ober- und
mittelelbische Sägeindustrie betrifft, so wird der Elbe-Moldau-Donau-

---

[1] Statistik der Güterbewegung auf den deutschen Eisenbahnen nach Verkehrsbezirken geordnet. Herausgegeben im Königl. Preuss. Ministerium der öffentlichen
Arbeiten. Jahrgang 1896.

Kanal für beide überwiegend nachtheilige Wirkungen haben. Die österreichisch-ungarische Holzindustrie befindet sich der deutschen gegenüber in einer natürlichen Vorzugsstellung, einmal, weil in den österreichischen Kronländern und in Ungarn ein ergiebigerer Stand der Waldkultur vorhanden und der deutsche Wald nicht imstande ist, den inländischen Bedarf an Nutzhölzern zu decken, demzufolge ein durch Transport und Zölle vertheuerter Bezug von Rohmaterial thatsächlich unentbehrlich wird; zum anderen, weil die böhmischen, bukowinischen und galizischen Säge- und Hobelwerke den Vorzug sehr viel billigerer Arbeitspreise haben, und die österreichischen Bahnen mit weitgehenden Tarifherabsetzungen erfolgreich bemüht sind, ihren heimischen Erzeugnissen um jeden Preis einen sicheren Absatz zu verschaffen.

Die bisherigen Zölle auf Holzfabrikate haben das Gute gehabt, dass sich hinter ihrem Schutze die früher vom Auslande hartbedrängte deutsche Schneide- und Hobelindustrie zur Abwehr sammeln konnte. Es muss als ein Erfolg dieser für gesägte Bretter, Kanthölzer und andere Schnittwaaren eingeführten Zölle bezeichnet werden, dass sich in den waldreichen Distrikten Deutschlands, sowie an unseren Seeküsten und Wasserstrassen in Memel, Königsberg, Danzig, Stettin, Lübeck, Hamburg etc., aber auch im Stromgebiete der Oder und der Elbe, an der russischen und an der österreichischen Grenze eine kräftige Holzverarbeitungs-Industrie entwickelt hat. Leider ist in der Concurrenzkraft dieser Industrie, soweit das Elbgebiet in Betracht kommt, ohnehin seit dem Inkrafttreten des deutsch-österreichischen Handelsvertrages vom Jahre 1890 eine Veränderung eingetreten, denn die Ermässigung des Eingangszolles auf geschnittene Hölzer um 20 $^0/_0$ hat die österreichische Concurrenz in Stand gesetzt, ihr Schnittmaterial entsprechend billiger zu verkaufen. Die Folgen davon werden im Königreiche Sachsen und im mittleren Elbgebiete, besonders auch im Harze empfunden. Die geographische Lage des Ober-, Nord- und Westharzes verweist die Harzer Holzindustrie lediglich auf das Gebiet zwischen Elbe und Weser; die Provinz Hannover, das Herzogthum Braunschweig und das Grossherzogthum Oldenburg bilden die Hauptabsatzgebiete für Harzer Sägewaare und hier geniesst dieselbe wegen ihrer Festigkeit und Dauerhaftigkeit einen anerkannten Ruf. Ueber die Elbe hinaus hat jedoch längst ihre Concurrenzfähigkeit aufgehört, weil hier ausschliesslich die Erzeugnisse der sächsischen, fremdes Rohmaterial verarbeitenden Schneidemühlen und die fremdländischen Sägewaaren den Consum befriedigen. Die Wirkungen der Zollherabsetzung würden ohne Zweifel noch fühlbarer geworden sein, wenn nicht der grosse volkswirthschaftliche Aufschwung Ungarns und die grossartige Bauthätigkeit seiner Haupt- und Residenzstadt in den letzten Jahren einigermassen ableitend gewirkt hätten. In Ungarn wuchs der inländische Consum von Jahr zu Jahr in solchem

Maasse, dass der dortige Holzmarkt nicht nur die heimische Produktion, sondern auch einen Theil der österreichischen Ueberschüsse aufzunehmen vermochte.[1])

Die die böhmischen und österreichischen Rundhölzer verarbeitenden Sägewerke des oberen und mittleren Elbgebietes befinden sich allerdings noch in einer verhältnissmässig günstigen Lage, weil sie ihr Rohmaterial als Flossholz billig auf der Moldau und Elbe beziehen können. Es scheint aber, dass die Kanalisation der Moldau und der Moldau-Donau-Kanal gerade auf den Arbeitsbetrieb dieser deutschen Sägewerke sehr unvortheilhaft einwirken werden.

Der Antheil, den die böhmische Rundhölzer verarbeitenden Sägewerke an der Versorgung des Inlandes haben, ist an sich sehr beträchtlich; er ist grösser im Königreich Sachsen als in der Provinz Sachsen, indem ersteres fünfmal soviel Rundholz aus Böhmen und Oesterreich als die Provinz Sachsen bezieht:

Rundholz:

per Bahn:[2])   elbwärts:[3])

Die Einfuhr 1896 in das Königreich Sachsen betrug: 1,420,000 M.-Ctr. — 887,000 M.-Ctr.

zus.: 2,307.000 M.-Ctr.

„   „   „   „ d.Prov.Sachsen u. Anhalt „ 84,000 Mtr.-Ctr. — rund 519.000 M.-Ctr.

zus.: 578,000 M.-Ctr.

Sägewaare:

per Bahn: elbwärts:

Die Einfuhr 1896 in das Königr. Sachsen betrug: 792,000 M.-Ctr. — 158,000 M.-Ctr.

zus.: 950.000 M.-Ctr.

„ die Prov.Sachsen m. Anhalt „ 131,000 M.-Ctr. — 236,000 M.-Ctr.

zus.: 367,000 M.-Ctr.

Im Jahre 1896 wurden somit in die Provinz und das Königreich Sachsen eingeführt auf den Bahnen 2,428,000 M.-Ctr. und auf der Elbe 1,781,000 M.-Ctr.[4]), zusammen 4,2 Mill. M.-Ctr. Während sich demnach gegenwärtig im Königreich Sachsen der Bezug von Schnittwaaren zu Rundholz wie 1 : 3 stellt, ist das Verhältniss in der Provinz Sachsen wie 1 : 1,6 geworden, ein Unterschied, der sich allerdings daraus erklärt, dass die Provinz Sachsen über einen grösseren Reichthum eigenen Rundholzes verfügt, und ihre Sägereien ausser den böhmischen auch die durch die märkischen Wasserstrassen bezogenen östlichen Rohhölzer verarbeiten.

Die Gründe, aus denen eine nachtheilige Einwirkung der Moldau-Regulirung und des Elbe-Moldau-Donau-Kanals auf die Sägeindustrie des

---

[1]) Bericht der Handels- und Gewerbekammer in Budapest, 1894 S. 107.

[2]) Statistik der Güterbewegung auf deutschen Eisenbahnen nach Verkehrsbezirken geordnet. Herausgegeben im Königl. Preussischen Ministerium der öffentlichen Arbeiten. Jahrgang 1896.

[3]) Der Verkehr auf den deutschen Wasserstrassen. Herausgegeben vom Kaiserlichen Statistischen Amt. Jahrgang 1894.

[4]) Die vorstehende Berechnung basirt mangels anderer Unterlagen auf der unzureichend gegliederten Reichsstatistik (Anm. 3). Dem Verfasser erscheint ein thatsächlich grösserer Verbrauch des bei Schandau mit 2,9 Mill. M.-Ctr. in die Elbe eingetretenen Rohholzes wahrscheinlich.

reichsdeutschen Elbgebiets zu erwarten ist, sind die folgenden. Es lässt
sich die Schiffbarmachung der gegenwärtig bis auf 0,6 Meter Tiefe ver-
laufenden Moldau durch Einengung des Stromes mittelst Parallelwerke
nicht bewerkstelligen, weil bei dem vorhandenen starken Gefälle des
Flusses die Abflussmengen des Mittel- und Nieder-Wassers nicht ausreichend sein würden, um die für den Verkehr nothwendige Wassertiefe
von 2 Metern herzustellen, und weil andererseits die durch eine grosse
Einengung des Strombettes hervorgerufene Geschwindigkeit des Wassers
die Bergfahrt erschweren und kostspielig machen würde. Die Korrektion
der Moldau kann somit nur durch Einbau von Schleusen und den damit
verbundenen sogenannten Nadelwehren bewerkstelligt werden. Daraus
folgt aber, dass die bis zur Aufnahme eines vollen Elbschiffahrtsbetriebes
zu regulirende Moldau ein für Schiffahrt und Flösserei gemeinsamer
Weg werden und hierdurch für die gegenwärtig auf der Moldau flott
und ungehindert betriebene Flösserei der Transport des Rundholzes zweifellos
umständlicher, zeitraubender und theurer werden wird. Während
somit die deutschen Sägereien auf den Bezug eines vertheuerten Roh-
materials angewiesen sein werden, werden zugleich die Kosten des Transportes von Schnittwaaren auf dem vollschiffigen Elbstrome
reducirt werden, indem die im Stromgebiete der Moldau von Prag und
von südlicheren Stationen her bis zur Landesgrenze verfrachtenden
böhmischen, mährischen, ober- und niederösterreichischen Sägereien den
verbilligten Wasserweg dem jetzigen Bahnwege bezw. dem Umschlage in
Prag und anderen Moldauplätzen vorziehen werden.

Bei dem Transporte auf den Bahnen, der durch die Kostenminderung
des Transports zu Wasser vielfach eliminirt werden wird, handelt es sich
um an und für sich erhebliche Quantitäten. Im Jahre 1896 wurden
an Rundholz, geschnittenem Nutzholz, Weichholz und Holzdraht etc. in
die Gebiete des Königreichs Sachsen, der Provinz Sachsen mit Anhalt,
Hannover und Brandenburg, sowie nach den Elbhäfen rund 2,5 (2,6) Mill.
M.-Ctr. verladen, von denen auf die beiden Sachsen ca. 2,4 Mill. M.-Ctr. entfielen. Wenn nun auch bei dem Vorhandensein zweier durchführenden
Wasserstrassen die galizischen und mährischen Bezüge, namentlich soweit
dieselben für Berlin und die Provinz Brandenburg bestimmt sind, dem
Donau-Oder-Kanale zufallen würden, so werden doch die Verladungen
Böhmens, Ober- und Nieder-Oesterreichs, theilweise auch die von Steier-
mark und Kärnthen überwiegend den Elbe-Wasserweg benutzen, so dass
hieraus eine namhafte Erweiterung des Absatzgebietes österreichischer
Sägewaare im deutschen Elbgebiete resultiren wird.

Die Konkurrenz ungarischer Hölzer.

Ungarns Ausfuhr von weichen Hölzern ist zur Zeit gering. Nach
Oesterreich wurden bisher jährlich nur ca. 8—900000 M.-Ctr., nach

Deutschland rund 200000 M.-Ctr. versandt. Die Ausfuhr besteht grossen Theils aus zum Verschnitt bestimmtem Tannen- und Fichten-Rundholz, sowie aus Grubenholz und Cellulose. Sie vollzieht sich zur Zeit fast ausschliesslich aus dem holzreichen karpatischen Hochlande des nordwestlichen Ungarns, den Comitaten Liptau, Arva, Turócz, Trencsén und Sohl. Das Holz wird entweder von den Stationen der Kaschau-Oderberger-Bahn direkt auf dem Bahnwege verfrachtet, oder aber der Versand erfolgt auf dem aus dem nordwestlichen karpatischen Hochlande zur Donau abfliessenden Waag- und Granflusse nach Comorn und Gran, von wo aus die Eisenbahn nach Laube-Tetschen zum Umschlage auf die Elbe benutzt wird. Die daraus erwachsenden Transportkosten sind die folgenden:

vom Comitat Liptó	Station Liptó-Ujvár	Mk.	16,90	bisLaube-Elbeincl.
„ „ Arva	„ Krolovka	„	15,80	Umschlag durch-
„ „ Turócz	„ Ruttka	„	15,60	schnittlich 16 Mk.
„ „ Trencsén	„ Csacza	„	14,60	per 20 Ctr. oder
„ „ Sohl	„ Neusohl	„	18,50	1 t.

Der Wassertransport aus den vorstehend genannten nördlichen Comitaten nach den Donaustationen Comorn und Gran stellt sich incl. Umschlag auf 20 Mk. per Cubikmeter oder auf 4 Mk. per 1 t. incl. Umschlag, sodass von dieser 16 Mk. = Gesammtfracht auf den Bahntransport 12 Mk. per 1 t. entfallen. Es liegt auf der Hand, dass, wenn die Bahnstrecke Comorn-Laube durch einen billigen Wasserweg ersetzt werden würde, hierdurch auch für die Ausfuhr nord-ungarischer Tannen- und Fichtenhölzer günstigere Bedingungen geschaffen werden würden. Von Comorn nach Laube ist ein Wasserweg von 843 km. Wenn für den Tonnen-Kilometer 0,4—0,5 Pfg. Fracht angesetzt wird, so ergiebt sich daraus eine Wasserfracht von 3,37—4,22 Mk., zuzüglich des Transportes auf dem Waag oder Gran nach Comorn mit ca. 2 Mk. und zuzüglich der Abgabe auf dem Kanal (6—8,42 Mk.) von zusammen 11,29 Mk. bis 14,64 Mk., also im Durchschnitt von 12 Mk., so dass eine Ersparniss von etwa 3—4 Mk. erreicht werden würde. Für die Ausfuhr von Tannen- und Fichtenschnittwaare kommen dieselben nördlichen sowie die nordöstlichen Comitate Ungarns als Ursprungsgebiet in Betracht. Da die Fracht für Schnittwaare auf dem Bahnwege bis nach Oderberg die folgenden sehr billigen Sätze aufweist,

von Mármaros-Sziget . .	Mk.	13.90	
„ Poprád-Telka . .	„	5,60	per 20 Ctr.
„ Liptó-Ujvar	„	4.60	oder 1 tons
„ Turany	„	3.33	bis Oderberg.
„ Neusohl.	„	6,20	

so wird der Donau-Moldau-Elbe-Kanal dieser wohlfeilen Bahnfracht gegenüber nicht so leicht eine Anziehungskraft behaupten können, wie überhaupt das um die Tatra gelagerte nordungarische Waldgebiet zufolge der nächsten Nähe der schlesischen Grenze und der Oder eine Domaine des Donau-Oder-Kanals sein wird. Hingegen ist anzunehmen, dass sich das ungarische Holzgeschäft den Donau-Moldau-Elbe-Kanal für eine lebhafte

Ausfuhr landeinwärts, zunächst nach Mähren und Böhmen hinein zu Nutze machen und dadurch die böhmischen und österreichischen Sägewaaren zu einem verschärften Einfall in das reichsdeutsche Gebiet anregen wird. Diese Wirkungen werden an Umfang und Intensität jedenfalls beträchtlich gewinnen, sobald der Donau-Theiss-Kanal, der ein ebenso fruchtbares wie wasserarmes Gebiet des ungarischen Alfölds durchschneiden soll, den Verfrachtungen aus den mittleren und nordöstlichen Theissgebieten einen verkürzten Wasserweg auf Budapest erschliessen, d. h. den jetzigen Wasserweg von der Mitte des grossen ungarischen Tieflandes nach Budapest bis auf 250—300 km. abkürzen wird. Für den Reichthum an Fichtenhölzern, der das Thal der Theiss mit dem Brennpunkte in Mármaros-Sziget auszeichnet, würde hierdurch nicht nur ein vortheilhafter Anschluss an den österreichisch-deutschen Markt, sondern auch vielleicht die Möglichkeit eines Transits nach Holland und England gegeben sein. Von der Holzindustrie Siebenbürgens lässt sich ein gleiches nicht voraussetzen. Für den Weltverkehr hat Siebenbürgen die ihm nahe gelegenen Häfen Galatz und ev. Odessa zur Verfügung, ausserdem Fiume. Wenn für Siebenbürgen dem Transit via Galatz und Fiume gegenüber der Elbe-Moldau-Donau-Kanal in Frage kommen soll, müsste schon Fiume als Konkurrenzhafen angesehen werden. Eine vergleichende Frachtberechnung ergiebt indessen, dass von der grössten Produktionsstelle, Kovászna, aus die Verfrachtung per Bahn nach Budapest eine Konkurrenz gegen Fiume und den Seeweg ausschliesst; denn es kostet die Fracht für 1 ton

von Kovászna nach Fiume . . . . 22,30 Mk.

„ Kovászna „ Budapest (Donauuferbahnhof)　17,50 „

sodass sich gegen den billigen Seeweg von etwa 15 Mk. per 1 ton nach den holländischen und englischen Häfen der Kanaltransport zum Inlandtransit über Hamburg auf der Basis dieser Bahnzufuhr nicht benutzen liesse. Eine andere Frage ist eine Verfrachtung der Siebenbürgener Fichtenwaaren nach dem Innern Deutschlands. Das dem Verfasser von dem ungarischen Holzhändlervereine ertheilte Gutachten bemerkt mit Bezug hierauf: „Da die Holzpreise in den per mare über Fiume zu erreichenden Absatzgebieten, wie Frankreich, Belgien, England und Holland höher stehen, als im Inneren Deutschlands, so müsste schon die Fracht Budapest-Magdeburg auf dem Wege durch den Donau-Moldau-Elbe-Kanal den Frachtraten von Fiume nach den benannten Gegenden ungefähr gleichkommen, wenn ein bedeutender Export der Siebenbürgener Fichtenwaare nach Deutschland möglich werden sollte." Sind für die Fracht nach Budapest 17,50 Mk. anzunehmen, der Umschlag daselbst mit 2 Mk. und eine Wasserfracht nach Magdeburg mit 6,17 Mk.[1]) zu berechnen, so würden sich die Kosten dieses Transportes zuzüglich Assekuranz und

---

[1]) 0,5 Pfg. per tkm.

Kanalabgabe bis Magdeburg = 1234 Km. auf ca. 32—35 Mk.[1]) stellen. Diese Spesen sind nicht gering. Sie vertheuern die Siebenbürgener Fichtenwaare im Vergleich zur österreichischen erheblich. Will man aber von der besonderen Qualität breiter und breitester Schnittwaare und ihrer Billigkeit ausgehen, so mögen die Wirkungen unserer Wasserstrasse schliesslich auch diesem entferntesten Konkurrenzgebiete als diensame gedacht werden.

Die Konkurrenz der österreichischen Hölzer mit den nordischen Hölzern im Elbgebiete.

Das von Norwegen, Schweden und Finnland importirte Fichten- und Weisstannenholz zeichnet sich durch ungleich bessere Qualität aus; es ist zwar nicht so breit gewachsen, wie das österreichische, ungarische und ostpreussische Holz; aber es ist engrissiger und feiner, mithin fester und vor allen Dingen weniger ästig. Diese Qualitätsunterschiede bedingen eine entsprechend verschiedene Verwendung und Preisbemessung. Im Allgemeinen werden die nordischen Weisstannen- und Fichtenbretter zu besseren Tischlereizwecken und zu Dielungen gebraucht, während die geringeren böhmischen, ungarischen und siebenbürgischen Hölzer gleich den ostpreussischen zu gröberen Tischlereiartikeln, namentlich zu Kisten- und zu geringeren Brettern verarbeitet werden. Als Kiefer hat das nordische Holz einen nur wenig über unsere Küstenplätze hinausreichenden Absatzbezirk, da die Kiefer aus der Oder-Gegend, wie überhaupt die Kiefer des preussischen Ostens als Fenster- und Thürenholz etc. und für Fussbodendielung den deutschen Markt beherrscht. Die Ausfuhr von Kiefernholz aus Oesterreich-Ungarn nach Deutschland ist zur Zeit gering; ob namentlich die nordungarische Föhre mit der Zeit und unter Benutzung des Wasserweges zu einem grösseren Exporte gelangen wird, ist eine Frage für sich.

Wie die böhmisch-österreichische Einfuhr, weist auch der Import des skandinavischen Holzes die in den folgenden Zahlen hervortretenden Fortschritte auf:

1882 : 1839000 M.-Ctr.
1888 : 2857000   „
1892 : 3757000   „
1895 : 3768795   „
1896 : 4500000   „

Trotz dieser an sich beträchtlichen Ziffer beträgt die Einfuhr aus den skandinavischen, den baltischen Häfen Russlands und finnländischen Häfen ungefähr nur ein Drittel des österreichischen Imports: sie ver-

---

[1]) Incl. 1 Mk. Assekuranz.

theilte sich in den beiden letzten Jahren auf die einzelnen Seehäfen (ohne Rotterdam und Antwerpen) wie folgt[1]):

1894.	Papen- burg.	Geeste- münde.	Bremen.	Ham- burg.	Flens- burg.	Kiel.	Lübeck.	Stettin.
	M.-Ctr.	M.-Ctr.	M.-Ctr.	M.-Ctr.	M.-Ctr.	M.-Ctr.	M.-Ctr.	M.-Ctr.
aus Schweden	146 410	146 410	134 099	101 400		235 800	703 200	61 500
„ Norwegen	86 470	86 470	66 139	62 100	}140 400	15 000	—	230
„ Russland	122 380	122 704	112 380	43 100		168 000	686 400	39 000
1895.		Preussische u. Olden- burgische Weserhäfen						
aus Schweden		⎫	136 200	109 800		225 000	776 000	13 000
„ Norwegen		⎬ 105 000	55 137	57 200		11 400	—	4 720
„ Russland		⎭	128 443	48 000		162 000	623 000	153 000

Der Versandt der direkt importirten und aus den Säge- und Hobel-werken unserer Seehäfen hervorgehenden Bretter in das Elbgebiet hinein erfolgt hauptsächlich von Lübeck und Wismar aus, während die Einfuhr der für Westdeutschland bestimmten Hölzer ihren Weg über Papenburg, Bremen und Rotterdam nimmt. Kleinere Partien von Ostseeholz nehmen ihren Weg auch über Stettin in das ostelbische Gebiet.

Der Aufschwung in der Einfuhr von unbehobelten Sägewaaren in Lübeck und Wismar beginnt hauptsächlich seit 1885, in welchem Jahre für gehobelte Waare der Zoll auf 3 Mk. per 100 kg oder circa 18 Mk. per 1 Fstm. erhöht, und hierdurch der Bezug gehobelter nordischer Bretter unmöglich gemacht wurde. Seit dieser Zeit führen beide Plätze überwiegend rauhe Sägewaaren ein, welche von den daselbst befindlichen sehr leistungsfähigen Etablissements gehobelt, gefügt, ge-spundet, überhaupt so verarbeitet werden, dass sie für den Gebrauchs-zweck fertig hergestellt werden. Die Bezüge Lübecks sind die seines ausgedehnten Eigenhandels, während Wismars Proprehandel sich auf den Absatz am Platze und in Mecklenburg beschränkt, da die sonstigen Zu-fuhren Wismars nur Expeditionsgut für Hannover, Halle, Magdeburg und Dresden etc. sind. Die Entwickelung des Holzhandels in Hamburg und Bremen hat bisher dem des Lübeckischen nicht zu folgen vermocht. Auch die Hoffnungen, die in dieser Beziehung auf den Nord-Ostsee-Canal gesetzt wurden, sind nicht erfüllt worden, da der Import Lübecks aus Skandinavien und Russland sieben bis acht mal so gross wie der Ham-burgs geworden ist:

Import:	Lübeck:	Wismar:[2])	Hamburg:
1893:	1 370 000 M.-Ctr.	413 300 M.-Ctr.	196 600 M.-Ctr.
1894:	1 450 000 „ „	424 200 „ „	195 100 „ „
1895:	1 410 000 „ „	332 000 „ „	266 100 „ „
1896:	1 575 000 „ „	406 000 „ „	134 000 „ „

[1]) Gefällige Mittheilung der Firma F. W. Barth u. Co. in Bremen.
[2]) Gefällige Mittheilung des Bürgermeisters und Rathes der Stadt Wismar.

Die nordischen Tannen- und Fichtenhölzer theilen sich, wie erwähnt, mit den böhmischen Hölzern das Elbbecken als Absatzgebiet und zwar so, dass jenen im Allgemeinen das untere Elbgebiet bis Magdeburg, letzteren das obere Gebiet der Elbe bis Magdeburg zufällt, wenngleich auch beide in den gegenseitigen Bereich hinübergreifen. Die sich hieraus ergebenden Konkurrenzbeziehungen werden von Unterschieden der Qualität, der Preise und der Kosten des Transports bestimmt. Bemerkenswerth ist, dass, während von Lübeck regelmässige Verfrachtungen über Magdeburg und Schönebeck hinaus bis in das Königreich Sachsen hinein mit der Eisenbahn vorkommen:

	1894:	1895:	1896:
nach der Provinz Sachsen:	51200 M.-Ctr.	56180 M.-Ctr.	M.-Ctr.
nach dem Königreich Sachsen:	5000 „ „	6600 „ „	33297 „ „

grössere Verladungen von österreichischem Holz über Magdeburg hinaus seltener und jedenfalls keine beständigen sind. Während beispielsweise die Abladungen an böhmischen Rund- und Schnitthölzern in Schönebeck und Magdeburg in den letzten Jahren durchschnittlich 240000 M.-Ctr. betrugen, beschränkten sie sich [2])

	1893:	1894:	1895:	1896:
in Wittenberge auf:	— M.-Ctr.	— M.-Ctr.	— M.-Ctr.	— M.-Ctr.
in Dömitz auf:	14000 „ „	21000 „ „	18000 „ „	19.300 „ „

Das Gebiet der mittleren Elbe mit den Hauptsitzen der Holzschneiderei in Schönebeck, Wallwitzhafen, Magdeburg, Halle, Halberstadt, Calbe etc., ist auch zugleich ein wichtiges Absatzgebiet östlicher, polnischer, russisch-lithauischer und preussischer Hölzer, hauptsächlich grobjährig gewachsener und minderwerthiger Tannenhölzer, deren Zufuhr sich theils bahnwärts, theils wasserwärts von Bromberg und Küstrin her auf der Netze und Oder durch die Havel, oder endlich auch seewärts über Stettin und Lübeck, alsdann bahn- und wasserwärts nach der Mittelelbe bewegt. Zeitweise sind diese östlichen Zufuhren nicht unbedeutend. Beispielsweise machten vor einigen Jahren die Memeler Bretter infolge ihres billigen Preises den aus böhmischem Rundholz geschnittenen, sowie der von Lübeck kommenden Schnittwaare in der Provinz Sachsen eine fühlbare Konkurrenz, indem sich ihr Preis auf 42—43 Mk. per Kubikmeter stellte, während für die von den Elbmühlen produzirten Bretter ähnlicher Art 45—46 Mk. per Kubikmeter notirt wurden. (Sommer 1895.)

Innerhalb dieses Befundes wird unsere Wasserstrasse nicht unerhebliche Veränderungen herbeiführen. Ihre Einwirkungen werden sich zunächst bei den östlichen Hölzern bemerkbar machen, weil diese von ähnlicher Qualität wie die böhmischen sind und mit diesen einen gleichen

---

[1]) Tabellarische Uebersichten des Lübeckischen Handels im Jahre 1896, zusammengestellt im Bureau der Handelskammer, Lübeck 1897.

[2]) Die Binnenschifffahrt im Jahre 1896. Bearbeitet im Kais. Statistischen Amt. Statistik des Deutschen Reiches. Neue Folge, Bd. 94.

Verwendungszweck theilen, während die nordischen Bretter vermöge ihrer besseren Qualität und ihres speziellen Verwendungszweckes einen gewissen Schutz gegen die südliche Konkurrenz in sich selber tragen. In den Fällen jedoch, wo es sich um minderwerthige Qualitäten und geringere Gebrauchszwecke handelt, wird der durch die neue Wasserstrasse erleichterte Mitbewerb österreichischer Schnittwaare auch das hergebrachte Absatzgebiet der nordischen Bretter im Elbgebiet berühren, wie es ferner nicht ganz unwahrscheinlich ist, dass die österreichischen Hölzer von der Elbe aus durch den Mittelland-Kanal nach Hannover, Braunschweig und Westfalen vordringen werden, wo gegenwärtig die nordischen Schnittwaaren eine unumstrittene Domaine behaupten. Zur Zeit kostet der Transport von 10 000 kg Holz in Bahnwagenladungen von Lübeck nach Hannover 80,00 Mk., später würde sich die Fracht zu Wasser im Wege des Elbe-Trave-Kanals, der Elbe und des Mittelland-Kanals auf circa 48—50 Mk. ermässigen.[1]) Indem sich nun die Kosten der Fracht von Prag elbabwärts durch den Mittelland-Kanal nicht höher als etwa 60,50 Mk. bis 68,30 Mk. stellen werden,[2]) so erscheint hiernach bei Berücksichtigung der billigeren Preise des österreichischen Holzes jene Befürchtung begründet.

Gegenüber der Wahrscheinlichkeit einer dergestalt durch den Elbe-Moldau-Donau-Kanal zu begünstigenden Ausfuhr des österreichischen Holzes sind die Aussichten nur gering, dass es dem Lübecker Holzhandel gelingen werde, sich seinerseits die Kanalstrasse dadurch nutzbar zu machen, dass er für seine Prima-Erzeugnisse ein Absatzgebiet in Österreich gewinnen könne. Ein Erfolg der bisher zu diesem Zwecke unternommenen Versuche scheiterte an den hohen Frachtkosten, die in Wagenladungen von 10 000 kg die Tonne

von Lübeck nach Magdeburg . . . . . 9,20 Mk.
„　　„　　„ Schönebeck . . . . . 9,60 „
„　　„　　„ Riesa . . . . . 14.20 „

---

[1]) Nämlich:

1. Elbe-Trave-Kanal　　67 km.
Lauenburg-Nigripp　232 „
Nigripp-Hannover　160 „

459 Km. p. tkm 0,4 bis 0,5 = 1,83 Mk. bis 2.30 Mk.

2. Abgabe auf dem Elbe-Trave-Kanal . . . . 0,60 „　„ 0,60 „
3. Abgabe auf dem Mittelland-Kanal . . . . 1.20 „　„ 1,20 „

3.63 Mk. bis 4.10 Mk.

[2]) 1. Prag-Melnik　　57 Km.

Melnik-Niegripp　450 „
Nigripp-Hannover 160 „

667 Km. p. tkm. 0.4 bis 0.5 Pf. = 2,67 Mk. bis 3.34 Mk.

2. Moldaugebühr . . . . 1,20 „　„ 1,20 „
3. Abgabe auf dem Mittellandkanal . . . . . 1,20 „　„ 1.20 „

5,07 Mk. bis 5.74 Mk.

von Lübeck nach Dresden . . . . . 15,00 „

„ „ Prag . . . . . . 21,40 „

„ „ „ Budweis . . . . . 22,20[1]) „

betragen. Allerdings würden die Transportaufwendungen bei einer durchgehenden Verfrachtung zu Wasser sehr erheblich ermässigt werden:

nach Magdeburg	319 km pr. tkm 0,4—0.5 Pf. incl.0,60—1 M. Kanalgeb.	=2,28—2,60 Mk.
„ Schönebeck	334 „ „ „ „ „ „	=2,34—2,67 „
„ Riesa	452 „ „ „ „ „ „	=2,80—3.26 „
„ Dresden	612 „ „ „ „ „	=3,45—4,06 „
„ Prag	971 „ „ „ „ „ „	=4,88—5,86 „
„ Budweis	1062 „ „ „ „ „ „	=5,25—6,31 „

(marginal note: per 1 ton.)

Indessen, wenn selbst Wismar in Verbindung mit einem Elbe-
Ostsee-Kanal als Ausgangspunkt dieser Unternehmungen gedacht werden
sollte, das im Vergleiche zu Lübeck billigere Platzspesen hat,[2]) so beschränken sich doch alle hierfür bestehenden Aussichten zu erheblich
durch die Wohlfeilheit des Holzproduktes im Moldau- und Donaugebiete.
Das zur Zeit in den Lübecker Hobelwerken gewonnene Hauptmaterial,
nämlich fichtene und tannene zu Fussböden geschnittene Bretter von
15—18 cm Breite, ist in Folge seines hohen Preises von jedem Export
nach Oesterreich ausgeschlossen. Es würde somit allenfalls nur breites
und bestes Tannen- und Fichtenmaterial in Betracht kommen können,
dessen Preis loco Lübeck und Wismar 45—50 Mk. per 1 Kubikmeter
beträgt. Indessen, wenn man auch für diese Sendungen ausgesuchte gewerbliche Nutzzwecke zu Grunde legen wollte, so sind immerhin auch
für diese Waare die Aussichten nicht so gross, dass sich die Lübecker
Händler leichten Herzens dazu würden entschliessen können, in Prag, in Gmünd
oder an anderen böhmisch-österreichischen Plätzen Läger zu etabliren. Die
dem Verfasser gewordenen gutachtlichen Aeusserungen sowohl Lübeckischer
als auch böhmischer und österreichischer Firmen bestätigen diese Auffassung.

b. Harthölzer.

Eine für deutsche Interessen erfreulichere Perspektive erschliesst
die Kanalstrasse in Hinsicht auf den Verkehr von österreichisch-ungarischen
Harthölzern, nämlich von rohem und bearbeitetem Werkholz, Klötzen,
Plançons, Planken, Brettern, Stäben, Fassdauben etc. in Eichen-, Buchen-,

---

[1]) Einschliesslich der Umexpedirung in Eger = 4,10 Mk.

[2]) Die Platzspesen, Arbeitslöhne, Lagermiethe und Bahnbewegung sind in
Wismar allerdings geringer als in Lübeck, wenn Lübeck auch in dieser Beziehung
günstiger als Hamburg gestellt ist. Für Speditionen werden berechnet in

Wismar 18 Pf. per 100 kg

Lübeck 20 „ „ „ „

Hamburg 25 „ „ „ „

mit Lagermiethe Wismar 40 „ „ „ „

Lübeck 45 „ „ „ „

Hamburg 60 „ „ „ „

Ulmen-. Ahorn-, Nussbaum-, Pappel-, Akazienholz etc., dessen Einfuhr nach dem Durchschnitte der letzen drei Jahre die folgenden Positionen umfasst:

rohes Werkholz	395000 M.-Ctr.
bearbeitetes Werkholz	200000 „
Sägewaare	300000 „
Fassdauben	333000 „

insgesammt 1228000 M.-Ctr. oder noch nicht 10%[1]) der gesammten österreichisch-ungarischen Holzausfuhr nach Deutschland.

Oesterreich-Ungarn steht in seinem Hartholzhandel in lebhafter Konkurrenz mit Amerika, theilweise auch mit Russland, deren Produkte wie in Frankreich, England, Holland und Belgien, regelmässig auch auf dem deutschen Markte erscheinen. Während es Ungarn Dank der ausgezeichneten Qualität seiner Waare, insbesondere seiner Eichen, die das vorherrschendste Material in der Ausfuhr bilden, gelungen ist, die amerikanische Konkurrenz in Italien, Frankreich, Belgien und Holland, zum grossen Theile auch in England zu bestehen, ist es ihm doch bisher nicht möglich gewesen, sein werthvolles Hartholzmaterial dem deutschen Konsume im grösseren Umfange zuzuführen. Speziell im Elbhandel spielen die ungarischen, slavonischen und kroatischen Eichen noch ein ganz untergeordnete Rolle. Die deutsche Eisenbahnstatistik trennt leider nicht die harten und weichen Hölzer. Wir sind deshalb lediglich auf die Ausweise für Verfrachtungen angewiesen, die sich wasserwärts in das Elbgebiet hinein bewegen. Diese betrugen in den letzten Jahren nur

ca. 15—21000 M.-Ctr. harter Stämme, Nutz- und Rundhölzer und
„ 5—8000 „   „ Schnittwaare.

Die Bahnen dürften diese Ziffern, soweit das reichsdeutsche Elbgebiet und die Zufuhren von den nördlichen Donau-Stationen in Betracht kommen, nicht erheblich vermehren. Von Galizien aus bewegt sich, wie oben schon erwähnt, ein beträchtlicher Eichenholztransport auf Danzig, dass in erfolgreicher Konkurrenz mit Stettin alljährlich grosse Mengen dieses Artikels zusammenzieht und eine lebhafte Ausfuhr, vornehmlich nach England betreibt. Die Gesammtzufuhren Danzigs auf der Weichsel und der Eisenbahn betragen jährlich ca. 120—150000 M.-Ctr. eichene Rundhölzer, Rundschwellen, Plancons, Stäbe, Schwellen, Kreuzhölzer, Klötze etc. Im übrigen ist keine einzige deutsche Handelsstadt zur Zeit ein Stapelplatz galicisch-ungarischer Harthölzer.

Die Einfuhr überseeischer Harthölzer in Hamburg.

Wenn der Statistik zu entnehmen ist, dass dieser geringen Einfuhr ungarischer Harthözer gegenüber die Einfuhr von überseeischen Hart-

---

[1]) Ungarische Statistische Mittheilungen, Waarenverkehr der Länder der ungarischen Krone, 1893, 1894, 1895.

hölzern in Hamburg sich im Laufe der letzten Jahrzehnte ausserordentlich gesteigert hat, so wird hierdurch die Annahme nahe gelegt, dass der Elbe-Moldau-Donau-Kanal allerdings berufen sein wird, den ungarischen und slavonischen Harthölzern einen Absatz in den von ihnen bisher wenig berührten norddeutschen Landestheilen zu erschliessen. Hamburg importirte in den letzten Jahren an Nussbaumholz, das von der Hamburger Statistik speciell nachgewiesen wird:

	1894:	1895:	1896:
aus den Verein. Staaten	1547300 $\frac{1}{100}$ cbm	1954000 $\frac{1}{100}$ cbm	2059000 $\frac{1}{100}$ cbm
aus den russ. Häfen am schwarzen und asowschen Meere	108600 „	74000 „	58000 „ „
aus Frankreich	10800 „	33000 „	48000 „ „
aus der europäischen Türkei	1800 „	13000 „	11000 „
Grossbritannien	? „	11000 „	22000 „ „
	1568500 $\frac{1}{100}$ cbm	2085000 $\frac{1}{100}$ cbm	2198000 $\frac{1}{100}$ cbm

im Durchschnitt der letzten drei Jahre somit ca. 2100000 $^1/_{100}$ cbm, oder ca. 210,000 M.-Ctr. im Werthe von 4200000 Mk. Obwohl der seewärtige Import der anderen Harthölzer in den tabellarischen Uebersichten von Hamburgs Handel und Schiffahrt nicht nach ihren Arten erläutert wird, vielmehr nur den Ausweisen über die Einfuhr von Holz aller Art aus Uebersee-Häfen zu entnehmen ist, dass die Zufuhr

	im Jahre 1894	1895	1896
an Stabholz	43800 M.-Ctr.	88500 M.-Ctr.	99000 M.-Ctr
an anderen Nutzhölzern[1]	61600 „	25000 „	30000 „

im Durchschnitt dieser drei Jahre somit 116000 M.-Ctr. betrug, so geht doch hieraus hervor, dass die Gesammteinfuhr von überseeischen Hölzern ohne Cedernholz zur Zeit auf ca. 326000 M.-Ctr. zu schätzen ist, und dass in diesen belangreichen Zufuhren neben Nussbaum und Pitsch-Pine amerikanische Eichen eine hervorragende Rolle spielen. Die Hamburgische Statistik stellt im Weiteren fest, dass der Versand an Nutzholz von Hamburg landeinwärts in den letzten Jahren betrug:

1. mit der Venloo-Hamburger Eisenbahn	1893	. 67000 M.-Ctr.
	1894	48000 „
	1895	39000 „
	1896	48000 „
2. mit der Lübeck-Hamburger Eisenbahn	1893	. 25000 „
	1894	29000 „
	1895	28000 „
	1895	33000 „
3. mit der Berlin-Hamburger Eisenbahn	1893	45000 „
	1894	. 42000 „
	1895	30000 „
	1896	34000 „

---

[1] Ohne Cedernholz, Mahagoniholz und Pockholz.

4. nach der Ober-Elbe	1893 . . . 263000 „
	1894 . . . . . . 295000 „
	1895 . . . . . 315000 „
	1896 . . . . . 444000 „
insgesammt	1893 . . . . . . 400000 „
	1894 . . . . . 413000 „
	1895 . . . . 411000 „
	1896 . . . . . . 559000 „

Da nun nordische Holzwaare von Hamburg aus nicht im grossen Umfange bezogen wird, so haben wir in diesen Verfrachtungen von rund 100000 M.-Ctr. mit den Bahnen und mit 500000 M.-Ctr. auf der Ober-elbe das quantitative Ergebniss des Hamburgischen Uebersee-Imports von Hölzern vor uns, der in der erheblichen Steigerung von:

ca. . . . . . 36000 M.-Ctr. in den Jahren 1881—1885
auf . . . . 88000 „ „ „ „ 1885—1890
„ 255—300000 „ „ „ „ 1890—1895
„ . 560000 im Jahre 1896 [1]

das Bedürfniss des Elbgebietes befriedigt.

Die Ausfuhr ungarischer Harthölzer durch den Elbe-Moldau-Donau-Kanal nach Deutschland.

Ungarn, Slavonien und Kroatien haben ausgedehnte Stätten eines alten reichen Laubwaldwuchses.[2] An den niedrigeren südlichen, westlichen und östlichen Abhängen der kleinen Karpathen, der Beskiden und Siebenbürgens steigt die Rothbuche, soweit nicht die Bestände der Eichen den Fuss der Gebirge bekleiden, bis über 1000 m Seehöhe empor. Seine besten und stattlichsten Forsten hat dieses Waldgebiet in den westlichen und östlichen Distrikten auf den kleinen Karpathen zu beiden Seiten der oberen Waag, den Beskiden und in der Mármaros und ihrem Vorlande. Das gefällte Stammholz geht hier als Floss auf der Waag und Donau südwärts, grösstentheils nach dem nächstbelegenen Pressburg, nach Komorn und Budapest, den Hauptsammelpunkten des ungarischen Holzhandels im Donauknie. Die mächtigen Hölzer des Mármaros aus den Comitaten Ugocsa und Bereg gelangen auf der Theiss und ihren Nebenflüssen ebenfalls als Flossholz nach Szolnok und Szegedin, während endlich von den Abhängen Siebenbürgens, namentlich aus den Schluchten des Bihar-Gebirges tausende von Flössen Weich- und Hartholzes, namentlich von Rothbuche, auf den Körös-Gewässern abwärts dem Sammelkanale der Theiss zugeführt werden. Bis zum Banat und dem ganzen Ostrand der siebenbürgischen Hochebene steigt mit der Zerreiche und der Traubeneiche in grossen mit Ahorn, der Hainbuche und Linde untermischten Hochwaldkomplexen die üppige. für Nutzholz durch ihre Spaltbarkeit und Elastizität vorzüglich geeignete Stieleiche empor, die auch der Baum des

---

[1] Tabellarische Uebersichten des Hamburgischen Handels im J. 1896.
[2] W. Götz, das Donaugebiet.

eigentlichen Donautiefbeckens ist, der hier in den weiten Flächen im
Verein mit Akazien in der Pussta nach Süden zwischen Theiss und
Donau um so reicher auftritt, jemehr er, die Donau überschreitend,
die ausgedehnten Niederungen Slavoniens und Kroatiens anfüllt, wo die
Stieleiche, durch Schönheit und Ueppigkeit ihres Wuchses am höchsten
ausgezeichnet, den Reichthum des Landes bildet.

An der Ausfuhr des rohen Hartholzes sind überwiegend Ungarn
Slavonien und Kroatien betheiligt. Harte Sägewaare und Fassdauben werden hingegen zum allergrössten Theile von Slavonien
exportirt. Der Jahresbericht der Handels- und Gewerbekammer für
Slavonien in Essek hebt hervor, dass die Herstellung von Eichen-
Schnitt- und Spaltholz das erste Gewerbe des Kammerbezirks sei.[1])
Welche wichtige Rolle in der That die Hartholzschneiderei in der
gewerblichen Produktion ganz Slavoniens einnimmt, beweisen die folgenden
statistischen Daten über den Waarenverkehr in den Ländern der ungarischen Krone, laut welchen in den folgenden Jahren der Gesammtwerth
der in das Ausland ausgeführten Eichen - Dauben und Binderhölzer Slavoniens betrug:[2])

im Jahre 1888	. . . .	15 Millionen Stück
„ „ 1889	. . . . .	17 „
„ „ 1890	. . . .	15 „ „
„ „ 1891	. . . .	12 „ „
„ „ 1892	. . . .	10 „ „

Der Werth des im Jahre 1892 ausgeführten Eichenschnitt- und
Spaltholzes betrug über 4 Millionen Gulden. Die österreichisch-ungarische
Gesammtausfuhr von gespaltenen, sogen. französischen Dauben, die sich
grösstentheils über Fiume und Triest ins Ausland bewegt, betrug in den
Jahren 1883- 1895:

	über Triest: (Stück)	über Fiume: (Stück)	Zusammen:
1883:	14 357 700	35 435 000	49 792 700
1884:	11 224 000	34 609 000	45 833 200
1885:	10 591 000	40 149 000	50 740 000
1886:	7 889 000	27 561 000	35 740 000
1887:	13 234 000	38 551 000	51 785 000
1888:	14 304 000	40 116 000	54 420 000
1889:	13 076 000	48 520 000	61 596 000
1890:	5 420 000	38 897 000	44 317 500
1891:	7 584 000	60 804 000	68 388 000
1892:	7 168 000	33 953 000	41 121 000
1893:	7 005 000	53 039 000	60 044 000
1894:	2 454 000	51 952 000	54 406 000
1895:	2 638 000	31 161 000	33 799 000
1896:	5 117 000	36 043 000	41 160 000

[1]) Jahresbericht für das Jahr 1890 S. 18.
[2]) Ebenda S. 106.

An der vorstehenden Ausfuhr participiren die beiden grossen Weinländer Frankreich und Italien mit nahezu 97 %, Holland mit einem theilweise für Deutschland bestimmten Transit mit ca. 0,3—0,4 %, während sich die seewärtige Ausfuhr nach Deutschland auf kleine Verladungen von 5000 Stück beschränkt. Einen nicht minder guten Ruf wie die „französische Fassdaube" geniesst auch das in Slavonien erzeugte deutsche Binderholz. Nach den Berichten der Handelskammer in Essek ist diese Waare schon seit Jahren in stets sich gleich bleibender Weise gesucht. Ihre Herstellung besteht zur Zeit in ca. 24—2600000 Eimern. Die Preise des deutschen Binderholzes werden wesentlich von denen der französischen Dauben bedingt. Es wurde daher gelegentlich der Depression des Handels der französischen Fassdauben, die in Folge der Erhöhung des französischen Zolles zu Anfang des Jahres 1892 eintrat, auch der Preis des deutschen Binderholzes vorübergehend sehr gedrückt. In neuerer Zeit hat sich in Slavonien die Erzeugung von gespaltenen oder geschnittenen Buchen-Dauben, aus denen zumeist Fässer für den Transport von Tannin, Mehl und Cement gemacht werden, zu einem bedeutenden Produktionszweige entwickelt. Es befassen sich vier grosse Fabriken in Belisc, Mitrovic, Zupanje und Nasice ausschliesslich mit der Erzeugung von Buchenholz-Fässern, jährlich bis zu 120000 Stück von je 2 Hektoliter Inhalt. In Vrbanje, Slatina, Belisce, Nasice, Zupanje, Dol. Milholjac, Daruvar, Pakrac, Gradec, Orahovica, Semlin und Zvecevo sind die Sitze der slavonischen Sägewerke, die hier ununterbrochen das ganze Jahr hindurch arbeiten. Ihre Jahresproduktion beträgt nach den Angaben des Jahresberichts der Handels- und Gewerbekammer in Essek für 1894 ungefähr 120000 cbm Eichen- und 8000 cbm Buchen-, Eschen- und Ulmen-Schnittholz im Werthe von 4500000 fl. Ausser Eichenschnittholz werden jährlich gegen 40000 Kubikmeter bezimmerte Eichenbalken im Werthe von 1000000 fl. ausgeführt. Im Jahre 1893 wurden seitens eines slavonischen Dampfsägewerks von Fiume auf norwegischen Schiffen ungefähr 70000 Meter-Centner runder Eichenstämme exportirt, die besonders grosse Dimensionen aufwiesen, wie sie nur in den slavonischen Wäldern zu erhalten sind, für welche daher auch ein höherer Preis als der gewöhnliche bezahlt wurde.[1] Die meistfabrizirten Gattungen und Dimensionen des Hartholzes sind vierkantig bezimmertes Werk- und Schiffsbauholz von 3—8 m Länge und 20—30 und mehr cm Breite, Pfosten, Handschnitte- und Sägewerkswaare, Schiffsbaupfosten, Zillenbretter, Waggonbauhölzer, Spiegelholz, Tischlerwaare, sowie die verschiedenen Commerce- und Mercantilschnitthölzer bis zu den feinsten Sorten in beliebiger Länge und Breite mit oder ohne Herz. Im Handel nach Deutschland sind die gangbarsten Gattungen[2] die folgenden:

[1] Jahresbericht der Handelskammer in Essek f. d. Jahr 1890, S. 122.
[2] Ebenda.

Lfd. Zahl	Waaren-Gattung	Qualität	Dimensionen Länge Meter	Breite cm	Dicke mm	Pr. p. Kubikm. 1891 v. b.	1892 v. b.	1893 v. b. Gulden ö. W.	Mit oder ohne Herz	Absatz-gebiet
8	Pfosten, Sägewks.-waare ..	Mercantil	3—6 und darüber	26 und daruber	70—130				Kern tolerirt	
9	Pfosten, Sägewks.-waare ..	Feine Commer-cewaare	4—6 und darüber	30 und darüber	70—150	30 40	32 43	32 43	ohne Kern, gesunde Aeste tolerirt	Inland, Deutschland Frankreich u. Belgien
10	Pfosten, Sägewks.-waare ..	Feine Tischler-waare .	4—6 und darüber	30 und darüber	70—150	38 48	38 49	40 50	ganz rein und kernfrei	
11	Pfosten, Sägewks.-waare ..	Quartiers	2·80 und darüber 12—20	26 darüber 32—50	50—160	38 48	38 49	40 50	ganz rein und kernfrei, von einer Seite Spiegel	
						42,52	43,54	48 60		
16	Dugoni, Sägewks.-waare ..	Waggon-bauhölzer	2·80 und darüber	26 und darüber	25, 27, 35, 42, 54, 57, 60, 27, 34, 41, 54, 57	48 58	48 58	48 58	ganz rein und ohne Kern	Deutschland, Belgien u. Frankreich
17	Bretter, Sägewks.-waare ..	Spiegel-holz ..	1 80—	26—32		35 45	35 45	35 45	ohne Kern	Oestr.-Ung., Deutschland Belgien und Frankreich
18	Feuillets. Sägewks.-waare ..	Mercan-tilwaare	2—3.60	5—12					ohne Kern. von einer Seite ganz rein	Oester.-Ung. u. Deutsch.
19			0·30—1	26—30	27—30	50 65	50 68	60 70		
20	Friese, Sägewks.-waare ..	Vollkom.-gesund u. ganz rein	7. 8. 9. 0 60— 10. 11. 1·20 12. 13.	27—30		30 38 35 42	30 38,34 35 42,40	40 46	ohne Kern, von einer Seite ganz rein	Deutschland Frankreich und Belgien

Da Fiume und Triest heute die Hauptversandplätze der ungarisch-slavonischen Harthölzer sind, so ist eine Nutzbarmachung des Elbe-Moldau-Donau-Kanals für den ungarischen Hartholzhandel in erster Linie eine Frachtfrage und in zweiter Linie eine solche der qualitativen Befriedigung des deutschen Bedarfes und Geschmackes. Nach den dem Verfasser von ungarischen und slavonischen Firmen vorliegenden Berichten ist die ungarische und slavonische Eiche von höherer Qualität als die amerikanische, sodass deshalb auch auf den europäischen Märkten gern für sie ein 10—20% höherer Preis gezahlt wird. Mit Recht wird von diesen Firmen darauf hingewiesen, dass jährlich via Fiume ca. 600 Waggons und noch mehr Eichenholz nach England verfrachtet werden, und dass die dortigen Händler hierzu durch die Vorzüge des europäischen und slavonischen Holzes bestimmt würden. Die über Hamburg und Bremen eintretenden amerikanischen Eichen sind, wie sich hierüber das dem Verfasser ertheilte Gutachten des Landesvereins der ungarischen Holzhändler und Holz-industrieller ausspricht, in der Regel nicht so weich und milde wie die ungarischen und serbischen; sie enthalten auch weniger Tannin und sind daher zur Aufbewahrung von alkoholhaltigen Flüssigkeiten, namentlich zur Conservirung des Weines nicht so sehr geeignet, wie jene. Ein weiterer Vortheil der ungarischen und serbischen Eichen ist der, dass sie zu ihrer vollständigen natürlichen Austrocknung nicht so lange Zeit wie die amerikanischen Eichen gebrauchen. Bei den amerikanischen

Eichenprodukten pflegen auch, wie dasselbe Gutachten meint, solche aus Zerreiche und Rotheiche vorzukommen, welch letztere in Ungarn ausschliesslich als Brennholz verwendet werden. Die Preise der Eichenhölzer im Jahre 1895 waren nach den Angaben des erwähnten Landesvereins:

Eichenrundholz für Fournier- und Tischlereizwecke   .   52—55 Mk. ⎫
    dto.   „   Bauzwecke   .   .   .   .   .   34—36 „   ⎪
Eichenschwellen „   Bahnzwecke   .   .   .   .   39—40 „   ⎪ p. Kubik-
Eichen, Weichenschwellen u. sonstige Hölzer für Bahnen   58—60 „   ⎪   meter,
Eichene Friesen   .   .   .   .   70—80 „   ⎬ Parität,
 „   Schnitthölzer, ordinäre   .   .   .   .   75—80 „   ⎪ Budapest.
 „   „   bessere, Hochschnitt   .   .   .   .   80—85 „   ⎪
 „   „   feine und lange Waare   .   .   .   100—110 „   ⎪
 „   Quartierwaare   .   .   .   .   130—150 „   ⎭

Buche wird nur in gesägtem Zustande exportirt. Die Preise variiren je nach den geforderten Dimensionen und Qualitäten zwischen 38—50 Mk. per Kubikmeter, Parität Budapest. An slavonischen Plätzen stellten sich zufolge einer dem Verfasser von der Handelskammer zu Agram ertheilten Auskunft im Jahre 1895 je nach Grösse und Qualität die Preise

von Eichenrundklötzen   .   .   auf 28—34 fl. per m
 „   Schnitthölzern   .   .   .   .   .   „   40—60 „   „   „
    Friesen   .   .   .   .   •   „   45—55 „   „   „
 „   deutschem Binderholz   .   .   „ 1,30—1,70 „   „   Eimer
 „   Buchenfriesen   .   .   .   .   .   „   20—25 „   „   m
    Buchenbuls (Holzschnitt)   .   „   16 90 „   „   „

Wie erwähnt wurde, werden die ungarischen Harthölzer hauptsächlich in der Rheinprovinz, Westfalen, Hessen, Süddeutschland, ferner in den östlichen Provinzen Preussens abgesetzt. Die theuere Bahnfracht bezw. die erhebliche Vertheuerung, welche der Umschlag in Laube-Tetschen und in Breslau mit sich bringt, schliesst einen grösseren Wettbewerb im Elbgebiet und im mittleren Norddeutschland gegen die in Hamburg und Bremen[1]) eintretenden Ueberseehölzer aus. Die Bahnfracht von den Produktionsgebieten Ungarns nach Deutschlands grösseren Märkten beträgt 200—500 Mk. pro Waggon à 10 000 kg, wenn sich auch, soweit günstiger gelegene Bezugsorte in Betracht kommen, bei dem Umschlage in Laube-Tetschen oder Breslau eine Frachtersparniss von 100—130 Mk. pro 10 000 kg erzielen lässt. Zu ähnlichen Ergebnissen führt die Verladung seewärts ab Fiume auf Hamburg oder Rotterdam. Die Bahnfracht von slavonischen Plätzen nach Fiume kostet 58—80 fl. für 10 000 kg,

---

[1]) Der Import Bremens aus den Vereinigten Staaten setzte sich 1896, wie folgt. zusammen:

Holz, Eichen   .   .   .   .   .   16.57 cbm.   Gesammteinfuhr   9,044 cbm.
Dielen und Planken   .   .   9,544 „   „   174,917 „
Band- und Stabholz   .   .   212,587 M.-Ctr.   „   230,067 M.-Ctr.

nach Triest 14 % mehr[1]), so dass sich der Transport einer Ladung von 10 000 kg nach Magdeburg und Dresden per 1 t, wie folgt, berechnet:

Bahnfracht nach Fiume . . . . 9,87—13,60 Mk., nach Triest 11,21—15,52 Mk.
Umladung etc. in Fiume . . . . 1,50 2,00 „ in Triest 1,50 2,00 „
Seefracht auf Hamburg . . . 12,00—16,00 „ 12,00—16,00 „
Assekuranz . . . . 1,00 1,00 „ 1,00 1,00 „
Umschlag etc. in Hamburg . 2,00 2,00 „ 2,00 2,00 „
Fracht auf der Elbe:[2])
nach Magdeb. 298 km 0,5—0.6 Pf. p. tkm 1,50 bis 1,79 „ 1,50 bis 1,79 „
 „ Dresden 591 km 0,5—0.6 Pf. „ 2,96 „ 3,55 „ 2,96 „ 3,55 „
Assekuranz . . . . 0,50 „ 0,50 „ 0,50 „ 0,50 „

Summa: in Hamburg 24,37—32.60 Mk. 25,71—34,52 Mk.
 „ Magdeburg 28,37—36,89 „ 29,71—38,81 „
 „ Dresden . 29,83—38,65 „ 31,17—40,57 „

Demgegenüber würde der Transport auf der vereinigten Wasserstrasse der Donau und Elbe namentlich hinsichtlich derjenigen Produkte, die aus dem engeren Stromgebiete der Donau, Drau und Save kommen, belangreiche Ersparnisse erzielen. Es würde sich der Transport nach Dresden, Magdeburg, Hamburg und Lübeck durch den Elbe-Moldau-Donau-Kanal wie folgt berechnen:

	nach Dresden	nach Magdeburg	nach Hamburg	nach Lübeck
	869 km	1161 km	1459 km	1480 km
v. Budapest 0,5 0.6 Pfg.				
per 1 tkm . . .	3,44 bis 4.31 M.	5,81 bis 6,97 M.	7,30 bis 8,75 M.	7,40 bis 8,88 M.
Abgabe i. Elbe-Moldau-Donau-Kanal . . .	6,00 bis 8,42[3]) „	6,00 bis 8,42 „	6,00 bis 8,42 „	6,00 bis 8,42 „
Abgabe i. Elbe-Trave-Kanal 0,5 Pfg. per tkm	0,34 0,34 „	0,34 0,34 „	0,34 0,34 „	0,34 0,34 „
Assekuranz	0,50 0,50 „	0,50 0,50 „	0,50 0,50 „	0,50 0,50 „
Summa per 1 t	10,28 bis 13,57 M.	12,65 bis 16,23 M.	14,14 bis 18,01 M.	14,24 bis 18,14 M.

Für Verladungen von Essek sind diesen Frachtbeträgen noch die Kosten der Fracht von Essek bis nach Budapest incl. Assekuranz mit ca. 2 Mk.[4]) hinzuzusetzen, sodass gegenüber der bestehenden Bahnfracht auch von der Save her sich die erhebliche Ersparniss von 10 bis 12 Mk. per 1000 kg. ergiebt, die gross genug ist, um die ungarischen Hölzer im Elbgebiete zu einer erfolgreichen Konkurrenz gegen amerikanische Eichen zu befähigen und die auch die Händler in Hamburg sowohl wie im mittleren und oberen Elbgebiete zur Aufnahme dieses Materials in ihr Handelsgeschäft zweifellos veranlassen werden.

---

[1]) Für Lagerungen auf offenen Plätzen werden in der Regel, vorzüglich in Triest, Lagerfristen von 21 Tagen eingeräumt, die jedoch bei grossen Ansprüchen auf 7 Tage reducirt werden. An Lagerzins werden an beiden Plätzen durchschnittlich 20 Kr. für den Tag und Waggon berechnet, für die Schichtung der Waare ein Tagelohn von fl. 1½ pro Mann.

[2]) Der Schiffsfrachtsatz von 0.5—0,6 Pfg. per tkm wird in Wirklichkeit des Öfteren durch billigere Frachtsätze übertroffen werden. S. Abschnitt IV.

[3]) Die bisher veröffentlichten amtlichen Denkschriften haben einen Durchschnittstarif von 1.05 Kr. per tklm ermittelt. Siehe Abschnitt IV.

[4]) Die Frachtkosten für Hartholz von Essek nach Budapest zu Wasser betrugen in den letzten Jahren im Höchstsatze 35 fl. im Niedrigstsatze 20 fl per 10000 Kg. (Gef. Mittheilung der Handelskammer zu Budapest).

Der Transit von ungarischen Harthölzern über Hamburg und Lübeck nach England und dem Norden.

Da die Ausfuhr von harten Hölzern über Fiume nach England eine regelmässige und erhebliche ist:

nach England:

	1893	1894	1895	1896
Eichenstämme von Fiume	6719 cbm	4285 cbm	2241 cbm	
Beschlagene Eichenstämme von Fiume	289 „	—	860 „	
Eichene Bretter und Balken von Fiume	1451 „	1760 „	2092 „	74226 M.-Ctr.
Eich. Fass-⎱ Fiume	— Stück	120400 St.	83100 St.	
dauben von⎰ Triest	— „	74200 „	63873 „	
Stäbe zu Parkets	— „	291100 „	191300 „	

nach Holland:

	1893	1894	1895	1896
Eichenstämme von Fiume	9841 cbm	7809 cbm	5945 cbm	
Beschlagene Eichenstämme von Fiume	47 „	659 „	— „	
Eichene Bretter und Balken von Fiume	— „	3 „	733 „	158811 M.-Ctr.
Eich. Fass-⎱ Fiume	127400 St.	288100 St.	201200 St.	
dauben von⎰ Triest	— „	— „	— „	
Stäbe zu Parkets	— „	— „	— „	

so entsteht die Frage, inwieweit unsere Wasserstrasse Geeignetheit zeigen wird, diesen Transit auf die Mündungen der Elbe nach Hamburg und Lübeck abzulenken. Die Chancen hierfür sind nicht gross. Soweit hierfür die Läger der mittleren Donau in Betracht kommen, werden immerhin mit der Zeit Hamburg und Lübeck in diesem Transportgeschäfte eine Stellung gewinnen können, wie sie sich Stettin und Danzig im Durchfuhr- und Eigenhandel nach England und dem Norden mit galizischen Eichenhölzern erworben haben. Während sich nämlich die Fracht von Budapest nach Fiume mit Umschlag daselbst nach London

Fracht Budapest-Fiume	13,50 Mk.	für
Umschlag und Spesen in Fiume	1,50—2,00 „	10000 kg
Seefracht von Fiume nach London	12—16,00 „	per 1 t

auf Summa 26,00—31,50 Mk.

berechnet, stellt sich die Fracht via Hamburg oder Lübeck nach London:

	über Hamburg	über Lübeck
Fracht Budapest-Hamburg oder -Lübeck durch den E.-M.-D.-Kanal u. Elbe 1532 bezw. 1553 km 0.6 Pfg. p.tkm	9,19 Mk.	9.32 Mk.
Kanalabgaben	6,00—8,42 „	6,34—9,42 „
Umschlag und Spesen in Hamburg	2,00 „	1,50 „
Seefracht von Hamburg oder Lübeck nach London ca.	6,00 „	6,00 „
Summa per 1 t:	23,19—25,61 Mk.	23,16—26,24 Mk.

5*

Niedriger stellen sich die Kosten der Fracht über Hamburg und Lübeck nach Norwegen und Schweden gegen den Seeweg um Spanien. Für Lübeck, das durch billigere Umschlags- und Lagerspesen und auch durch billigere Frachten nach dem Norden gegen Hamburg begünstigt ist, würde die Möglichkeit entstehen, ein eigenes Geschäft in Harthölzern, namentlich nach den nordischen Ländern zu entwickeln, von dem übrigens heute schon Anfänge bestehen.

Die Ausfuhr von Harthölzern aus den unteren Donaustaaten.

So gross wie der Reichthum der ungarischen Kronländer an Eichen und Buchen ist, so erscheint es endlich doch nicht ausgeschlossen, dass auch die unteren Donauländer, in erster Linie Serbien, an den Vortheilen des Transportes auf dem Donau-Moldau-Elbe-Kanale theilnehmen werden, denn die Stieleiche und Zerreiche ist neben der Buche der Baum des ganzen Donauthales. In Serbien besteht der grösste Theil aller Wälder aus Eichen und Buchen; nur in einigen Gebirgsgegenden, besonders im Westen des Landes, sind — allerdings schwer zugänglich - - auch Fichten- und Tannenwälder. Das Hauptprodukt des Ausfuhrhandels sind Fassdauben, die grösstentheils nach Oesterreich (ca. 1000000 M.-Ctr.), zu einem kleinen Theil (60 - 100000 M.-Ctr.) auch direct nach Deutschland ausgeführt werden[1]). In Rumänien bedeckt den sechsten Theil der Landfläche der Wald (2 Mill. Hectar), der in den Gebirgsregionen mit geschlossenen Beständen hauptsächlich aus Fichte, Tanne und Buche sowie aus der grünen Erle besteht. Im Vorgebirge ist die Eiche und im Flachlande nach den Ufern der Donau zu ist das hauptsächlichste Nutzholz ebenfalls die Stieleiche. In sumpfigen Gebieten ist die schwarze Erle ein häufiger Baum. Entsprechend dem grossen Holzreichthume nimmt die Holzindustrie in Rumänien[2]) den ersten Platz ein.

Die kaukasische Eiche wird seit ca. zehn Jahren in kleineren Quantitäten nach den französischen Mittelmeerplätzen, namentlich nach Marseille

---

[1]) Pfeiffer, Volkswirthschaftliches Jahrbuch des Königreichs Serbien. 1894 S. 35. 67.

[2]) Generalconsul Benger, Rumänien ein Land der Zukunft. Seite 78 ff. — Unter den 23 Sägewerken und Holzbearbeitungsanstalten ist wohl die grösste eine mit 8 Millionen Franken in Galatz begründete Actiengesellschaft für Holzbearbeitung. Die Hauptsitze der Sägewerke in der Walachei befinden sich bei Brezom im Distrikt Valcea, in Slatina, Distrikt Olt, und in Stroesti. In der Moldau befinden sich die grössten Sägewerke in den Distrikten Neamtz und Suceava, wo sich schon 1892 17 Sägewerke mit zusammen 2500 Arbeitern befanden, welche täglich 300 kbm Bretter verarbeiteten. Im District Neamtz waren 1895 17 Werke im Betriebe. Da jedoch die Moldau zum grössten Theile Tannen- und Fichtenholz liefert, ist die Production von Harthölzern zur Zeit noch gering. Eine jährlich 300000 Dauben fabrizirende und nach Frankreich liefernde Fassdaubenfabrik befindet sich in Harlau bei Botosani in der nördlichen Moldau.

und Cette ausgeführt, soll hier jedoch wenig beliebt sein und meist im Konsignationsgeschäfte nur zu Preisen gekauft werden, die 25—30% geringer als die für Eichen österreichisch-ungarischer Herkunft gezahlten Preise sind. Ihre geringe Qualität erschwert es ihr, im europäischen Holzhandel eine grössere Rolle zu spielen. In Marseille werden für kaukasische Dauben durchschnittlich 50—60 frcs. pro Kubikmeter gezahlt. Im behauenen oder gesägten Zustande soll sie auch in Frankreich selten an den Markt kommen.

Gerbstoffe.

Eines Nebenproductes der österreichisch-ungarischen Waldwirthschaft mag hier sogleich in zweiter Linie gedacht werden. Durch seine qantitativ ungenügende Production von Gerbstoffen ist Deutschland mit dem Bezuge eines grossen Theiles von Eichen- und Fichtenrinde, von Knoppern und Eichenholzextract (Tannin) auf Oesterreich-Ungarn angewiesen. Die Comitate um den Plattensee, unter ihnen besonders die Comitate an den Karpathen und dem ungarischen Erzgebirge Zips, Liptau, Gömör, Arva etc., Siebenbürgen, Slavonien und Kroatien sind die hauptsächlichsten Erzeugungsgebiete. Die Eichenrinde wird auf besonderen Wunsch von den Wiener und ungarischen Lieferanten in Bündeln versandt, in welchem Falle für die Abnehmer Rungenwagen nothwendig sind, da bei Benutzung der gewöhnlichen Hochwänder oder Lowren die Tragfähigkeit der Wagen nicht ausgenützt werden könnte. Im Allgemeinen geschieht deshalb die Verladung der in das Elbgebiet importirten Eichen- und Fichtenrinde in verdeckten Güterwagen und zwar im geschnittenen Zustande, während die Knoppern in Säcken und der dickflüssige slavonische und kroatische Extract in Fässern eingeführt wird. Zur Zeit beträgt die Bahnfracht je nach der Entfernung der Verladestation für 1000 kg 26—36 Mk. Die österreichischen und ungarischen Rindenproducenten, Gerbstoffhändler und Extractfabriken liefern frachtfrei nach jeder deutschen Station, so dass der Empfänger die Fracht nur verlegt. Bei Verfrachtungen von Donaustationen aus und bei Benutzung des Wasserweges würde diesen Sätzen gegenüber eine Frachtermässigung von rund 15 Mk.[1]) per 1000 kg erzielt werden können. Allerdings ist hierbei zu berücksichtigen, dass die Verladung der trockenen Gerbstoffe in bisheriger Weise nicht möglich sein würde, weil die Umladung von lose geschnittener Eichen- und Fichtenrinde zu zeitraubend und deshalb nicht vortheilhaft genug sein würde; eine Verladung in Bündeln hingegen würde deshalb bedenklich sein, weil die sehr leicht Feuchtigkeit anziehende und abgebende Rinde vor den Einflüssen der feuchten Luft durch Decken allein nicht genügend geschützt werden könnte. Als einzig sichere Form der Verladung wären deshalb Säcke zu wählen, wie solche gegenwärtig zum Transport der Knoppern und anderer werthvollerer Gerb-

---

[1]) Siehe S. 72.

stoffe benutzt werden. Auf dieser Grundlage würden die Aussichten für einen vermehrten Export erheblich sein.

Oesterreich-Ungarn exportirte im Spezialhandel in M.-Ctrn. nach

		Deutschland:	Hamburg:	England:	Holland:	Belgien:
an Sumach	{ 1895:	15 416	205	751	942	101
	1896:	14 533	128	62	1 166	20
Ungarn allein	{ 1895:	1 954	—	—	—	—
	1896:	2 012	—	--	—	—
Eichen- u. Fichtenrinde pp.	{ 1895:	576 272	105	—	216	99
	1896:	508 272	808	12	—	323
Ungarn allein	{ 1895:	340 214	—	—	—	—
	1896:	291 421	—	—	—	—
Gerbstoffextracte	{ 1895:	39 358	13 868	68 501	1 794	33 640
	1896:	38 204	13 811	51 129	30 710	2 052
Ungarn allein	{ 1896:	37 804	—	48 600	3 414	32 192

Da Wien und Budapest die Hauptexportmärkte sind und Oesterreichs Eichenrindenproduction hinter der von Ungarn zurücksteht, so ist der obige erhebliche Ausfuhrantheil Oesterreichs vorzugsweise aus dem Wiener Zwischenhandel zu erklären. Der bedeutende Export von Eichenrindenextract (Tannin) nach England ist überwiegend slavonische Provenienz und resultirt aus mehreren grösseren theilweise mit englischem Capital geleiteten Betrieben in Nasic, Zupanje (Essek), Mitrovic, Belisce etc.

Die ungarischen Rindenproducenten haben Alles aufgeboten, den deutschen Markt zu gewinnen und ihr Ziel wesentlich dadurch erreicht, dass sie die Lagerung des im Mai und Juni zur Gewinnung kommenden Productes selbst übernehmen und ganz nach Vereinbarung mit ihren Abnehmern, von ihren Lägern in Ungarn das Jahr hindurch bis zur neuen Ernte expediren, so dass auch von ihnen Lagergewichtsverluste, Zinsverluste, Feuerversicherung übernommen wird, wodurch den deutschen Verbrauchern die Unterhaltung von Lagerräumen entbehrlich gemacht wird. Wenn zur Ausnutzung des Schifftransportes grössere Posten bezogen werden müssten, so könnte vielleicht eine Benachtheiligung des jetzigen Zustandes befürchtet werden; indessen es ist ebenso denkbar, dass die ungarischen und österreichischen Verkäufer an der reichsdeutschen Elbe eigene Läger einrichten und auf Wunsch von diesen aus die Fabriken des Elbgebietes bedienen würden.

Die ungarische Rinde selbst ist mit Ausnahme bestimmter Gattungen nicht ganz so gerbstoffreich wie gute deutsche Eichen-Spiegelrinde. Nur die Fichtenrinde ist in ihrem Fleische durchgehend besser entwickelt und qualitätvoller als die deutsche. Trotzdem werden aus den oben angeführten Gründen die ungarischen Gerbstoffe gern bezogen, weil dieselben als fertige Producte an den Markt kommen, während die deutschen Waldbesitzer vielfach verlangen, dass der Lederproducent die Rinde auf dem Stamme kaufen, schälen und selbst vor Witterungseinflüssen schützen solle. Das geringe und zum Theil zu spät gezeigte Entgegenkommen unserer Waldbesitzer hat der Industrie auf diese Vortheile des Auslandes hingewiesen, und es liegt auf der Hand, dass ein durch den Wasserweg vermehrt begünstigter Bezug die Vortheile für die Ledergerberei ebenso vergrössern, wie sie die Interessen des deutschen Waldes schädigen würde. Letzterer Nachtheil dürfte voraussichtlich grösser werden, als alle vermeintlichen und thatsächlichen Beeinträchtigungen, die jetzt unsere Schälwaldbesitzer von der Einfuhr des Quebrachoholzes herleiten.

Ausser Rinden und Knoppern werden aus Oesterreich - Ungarn die italienischen bezw. levantinischen Myrabolanen, Sumach und Valonea gekauft, deren südlicher Ursprung den Handel auf den vorwiegenden Bezug im Seewege hinweist, so dass Hamburg für ihre Bezüge Markt und Speditionsplatz geworden ist. Nach der Hamburgischen Statistik setzten sich seine Einfuhren im Jahre 1896 wie folgt zusammen[1]):

Sumach:	22 592 M.-Ctr. i. W. von	532 720 Mk.
Myrabolanen:	78 844	„ „ „	859 340 „
zusammen	101 436 M.-Ctr. i. W. von	1 392 060 Mk.

Die Hamburgischen Bezüge haben jedoch nicht nur die Versorgung des Inlandes zum Zwecke, sondern dienen auch der Wiederausfuhr nach dem baltischen Russland, Norwegen, Schweden und Dänemark, wenn auch das Inlandgeschäft insoweit überwiegt, dass allein auf der Oberelbe 1896 rund 50 000 M.-Ctr. zur Abladung stromaufwärts gelangten. Der Wiederausfuhr nach dem Norden dienen andererseits die im Umschlage von Laube-Tetschen und von Breslau oder auch direct bahnwärts aus Oesterreich-Ungarn bezogenen Sendungen an Knoppern und Valonea etc. Diese Zufuhren Hamburgs betrugen in den letzten Jahren durchschnittlich je 9000 M.-Ctr.

Was die oben erwähnte Ausfuhr des südungarischen Eichenholz-Extracts betrifft, so hat auch dieses Specialproduct Slavoniens bisher in grösseren Mengen den Wasserweg um Spanien nach Hamburg direct oder mit Umladung über niederländische und englische Häfen benutzt, von wo aus alsdann die Einfuhr im Elbwege nach den beiden Sachsen und ihren Nachbargebieten erfolgt. Von den in Zupanje (Essec), Nasic, Mitrovic und an anderen Plätzen bestehenden Tanninfabriken, welche die in den Eichenwäldern übrigbleibenden Holzabfälle verarbeiten, liefert die Mitrowitzer Fabrik alljährlich ein Quantum von 20000 M.-Ctrn. nach Deutschland[2]) und zwar fasst ausschliesslich per mare nach Hamburg und Antwerpen, nach letzterem Hafen hauptsächlich zur Durchfuhr nach den grossen Lederplätzen des Rheingebietes, Mainz etc. Die „Oak Ertract Co. Limited" in Zupanje bringt 80 000 M.-Ctr. jährlich in den Handel nach England, Frankreich, Belgien und Deutschland.[3]) Nur geringere Theile der slavonischen Production benutzen zum Export den Weg auf der Save, Drau

---

[1]) Divi-Divi bezieht Hamburg überwiegend von centralamerikanischen Plätzen in jährlichen Mengen von 60—80000 M.-Ctrn.

[2]) Nach eigenen Angaben der Fabrik.

[3]) Desgleichen.

und Donau über Budapest nach dem Norden, wiewohl Zupanje
Schiffsstation der Donau-Dampfschiffahrgesellschaft ist, wie auch der Bahn-
transport nur bei fehlender Schiffsgelegenheit in Fiume benutzt zu werden
pflegt, weil beide Wege theurer als der Seeweg mit dem Umschlage in
Hamburg oder Antwerpen sind. Nur die für Süddeutschland und das
Königreich Sachsen bestimmten Sendungen pflegen von Essek aus über
Wien und Regensburg wasser- und bahnwärts verfrachtet zu werden.
Gegenwärtig kostet die Fracht für 1000 kg Eichenholzextract in tragbar
flüssigem Zustande von Zupanje per Saoe:

        nach Samac . . . .   2,04 Mk.
        von Samac nach Fiume . . . .   11.22 „
        Umschlag und andere Spesen in Fiume . .   1,50 — 2,00   „ [1]
        Seefracht Fiume-Hamburg ca.   . .   16,00 — 18,00 „
        Umschlag in Hamburg . . . .   2,—   „
        Elbfracht nach Magdeburg 293,7 km, 0,75 Pfg. per tkm   2,21   „

                              zusammen 34,96 — 37,47 Mk.

Auf dem Seewege kostet mithin der Transport von 1000 kg Tannin je
nach dem Stande der Seefracht nach Magdeburg rund 35 — 37 Mk., während
der durchgehende Bahntransport in Wagenladungen von Mitrovic nach
Magdeburg Mk. 50,80 und nach Hamburg Mk. 63,30, nach Lübeck
Mk. 63,60 kostet. Dem gegenüber ist der Transport im Elbe-Moldau-
Donau-Kanal wie folgt zu berechnen:

        Essek-Budapest . . . .   2,10 Mk.
        Budapest-Magdeburg 1234 km per 1 tkm 0,75 Pfg.   9,25 „
        Abgaben im Elbe-Moldau Donau-Kanal .   . 6,00 — 8,42 „

                              zusammen 17,35 — 19.77 Mk.

Mithin liegt von dem entfernten Slavonien aus in der durchgehenden
Wasserverfrachtung ein erheblicher Vortheil für die deutsche Lederindustrie,
den sich Hamburg und Lübeck auch im Transit nach dem Norden und
nach Russland zu Nutzen machen werden.

Einen Einfluss auf den Import von Quebrachoholz (1896 in Hamburg
500 000 M.-Ctr.) wird diese Verbilligung des Transports von österreichisch-
ungarischen Gerbstoffen auch solchen nördlicheren Ursprungs im grösseren
Maasse nicht ausüben, weil die Benutzung des billigen Quebrachoextractes
eine der Grundlagen der in Hamburg, Altona und deren Umgebung, in
Langenfelde, Wandsbeck, in Kellinghusen und Gross-Borstel kräftig auf-
geblühten Sohllederindustrie geworden ist. Die Firma W. H. Philippi in
Offenbach a./M. gab in einer Eingabe an den Reichstag Auskunft über
die Kosten der Gerbung einer schweren Sohllederhaut mit Quebracho und
der anderen Gerbstoffen, der zufolge der Unterschied der folgende ist:

        Gerbung mit Eichenlohe   12,00 Mk. per Haut
          „   „ Divi-Divi . .   6,60   „   „
          „   „ Myrabolanen . .   6,40   „   „   „
          „   „ Quebracho . .   4,00   „   „

─────────
[1] Gefällige Angabe der Oak Extract to Limited in Zupanje.

2. Getreide.

Die auf den Handel Oesterreich-Ungarns und des Balkans mit Cerealien zu erwartenden Einwirkungen der Wasserstrasse werden entsprechend der grossen Mengenbewegung, die auf diesem Gebiete vorliegt, besonders bemerkbar hervortreten.

a) Oesterreich-Ungarn.

Die Hauptrolle spielt der Export der Gerste. Daneben hat die Ausfuhr von Malz, von Weizen, Mais und Hafer geringere Bedeutung. Die Gesammtausfuhr der Agriculturproducte war nach den Ausweisen der oesterreichisch-ungarischen Statistik[1]) in den Jahren 1892 bis 1896 die folgende:

(nach M.-Ctrn.)
(im Specialhandel)

| | 1892 | 1893 | 1894 | 1895 | 1896 | Von der Ausfuhr des Jahres 1896 entfallen auf: | | | | | | | | | | |
						Deutsches Reich	England	Norwegen	Schweden	Danemark	Holland	Belgien	Fiume	Triest	Hamburg	Bremen
Gerste	3.244,000	5.133,000	4,178,000	2,671,000	3,857,000	3,857,000	93,934	—	—	—	106,870	7,280	—	—	153,473	—
Hafer	1.078,000	914,000	109,000	23,000	13,000	14,300	—	—	—	—	3	—	—	—	—	—
Weizen	751,000	762,000	646,000	679,000	562,000	158,144	—	—	—	—	102	—	—	—	—	—
Roggen	310,000	7,000	3,200	4,400	2,000	4,000	—	—	—	—	—	—	—	—	—	3
Mais	1.076,000	337,000	111,000	41,000	226,000	165,780	21	—	—	—	—	—	—	—	—	—
Malz	1,222,000	1.369,000	1.293,000	1.413,000	1,544,000	953,151	5,345	12,895	3,900	38,490	35,984	22,333	—	100	95,078	—

Der hervorragende Antheil der Einfuhr des deutschen Reiches ist hiernach offensichtlich. Wie für Holz ist letzteres auch für die Ackerbauproducte der weitaus wichtigste Exportmarkt.

Nach der deutschen Reichsstatistik deckt Deutschland gegenwärtig mit ca. 3,5 Millionen M.-Ctrn. Gerste Einfuhr aus Oesterreich-Ungarn ca. 30 % seines Gesammtimports. Aus Russland waren die deutschen Bezüge früher sehr viel geringer. Sie haben sich jedoch in den letzten Jahren zu Ungunsten Oesterreich-Ungarns von 2—3 Mill. M.-Ctr. bis auf rund 6 Mill. M.-Ctr. im Jahre 1895 vergrössert. Im Jahre 1896 betrug diese Einfuhr 5 Mill. M.-Ctr.[2])

Die Elbe spielt in der Verfrachtung der Agrarproducte deshalb eine grosse Rolle, weil sie für Böhmen und Mähren im Durchgangsverkehr nach England und dem baltischen Norden die meistbenutzte Transitstrasse ist. Auch Ungarn setzt einen grossen Theil seiner Ernteüberschüsse nach Deutschland ab, die zum Theil gleichfalls die Elbe zum Transit via Hamburg benutzen, so dass sich vornehmlich hieraus die Erscheinung erklärt, dass, während der Eigenverbrauch Deutschlands keine Steigerung aufweist, nichtsdestoweniger die Gerste-Verfrachtungen zu Wasser ab

[1]) Statistische Uebersichten betreffend den auswärtigen Handel des österreichisch-ungarischen Zollgebietes. 1892—1896.

[2]) Ausw. Handel des deutschen Zollgebietes im J. 1896, 2. Thl. S. 16.

Laube-Tetschen nach Deutschland hinein eine Zunahme zeigen[1]), wie sie am bemerkenswerthesten in den Anfuhren Hamburgs hervortritt:

1892: 355,712 M.-Ctr. im W. von 6,402,000 Mk.
1893: 469,949   „   „   „   „ 7,989,150   „
1894: 642,263   „   „   „   „ 8,991,680   „
1895: 589,661   „   „   „   „ 8,550,000   „
1896: 400,000   „   „   „   „ 5,597,000   „

Ungarn hat in den letzten Jahren den Ruf seiner Gerste so erfolgreich im Auslande verbreitet, dass dieselbe heute neben Weizen und dem Weizenmehl sein bedeutendster Exportartikel geworden ist; ihre Ausfuhr, von 2,5 Millionen bis 4,7 Millionen M.-Ctr. jährlich schwankend, hat an dem Gesammtexporte des Königreiches den hohen Antheil von 10 %, erreicht[2]). Die hauptsächlichsten Verbrauchsgebiete sind Oesterreich, Deutschland, Grossbritannien und Holland:

	1893	1894	1895	1896
Oesterreich:	2.134,000 M.-Ctr.	1,819,000 M.-Ctr.	1,537,000 M.-Ctr.	2,497,000 M.-Ctr.
Deutschland:	1,895,000 „	1.284,000 „	601,000 „	1,974,000 „
Grossbritannien:	263,000 „	258,000 „	96,000 „	92,000 „
Belgien und Holland:	175.000 „	161,000 „	61,000 „	101,000 „

Die Versendungen ungarischer Gerste nach Belgien-Holland dienen theilweise dem Transit nach West- und Süddeutschland, sodass der Elbe-Moldau-Donau-Kanal manchen dieser Transporte eine billigere Fracht-gelegenheit erschliessen wird[3]):

Bahnfracht von Budapest (in Ladungen von 10,000 kg)
    per 1 t nach Fiume (Frachtenbahnhof) .   15,22 Mk.
    Umschlag u. Spesen in Fiume per 1 t .   1.50—2,00 „
    Seefracht Fiume-London[4]) . . . . . . 10,20—12.24 „
    Seeassekuranz $\frac{1}{2}$ % des Werthes (120 Mk.)   0,60 „
                                   Zusammen 27.52—30,06 Mk.

[1]) Tabellarische Uebersichten von Hamburgs Handel und Schiffahrt. 1892—96.

[2]) Die erhebliche Ausfuhr öster.-ungarischer Gerste ist allerdings theilweise dem Umstande zuzuschreiben, dass alljährlich starke Einfuhren von Gerste aus Serbien, Rumänien und Bulgarien nach Oester.-Ungarn hinein erfolgen (s. S. 79), die ihrer schwächeren Qualitäten wegen nicht zur Malzbereitung, sondern zu Fabrikations-und Futterzwecken verwendet werden und hierdurch die Ausfuhr des besseren einheimischen Productes ermöglichen.

[3]) Von dem Gesammtexport der Gerste 1895 von 2.674,226 M.-Ctrn. gingen über die Seegrenze nur 177,222 M.-Ctr., hiervon über Triest 54 M.-Ctr., über Fiume 177,168 M.-Ctr. 1896 importirte Fiume 180,672 M.-Ctr., hiervon nach

         Belgien . . .   9,332 M.-Ctr.
         Holland . . . 89.651   „
         Grossbritannien 66,045   „
[4]) Gef. Angabe der Handelskammer zu Budapest.

Hingegen:

Wasserfracht von Budapest nach Hamburg und Lübeck per tkm 0.5—0.6 Pfg.		1532 km 7,66—9,19 Mk.	1553 km 7,77—9,32 Mk.
Kanalabgabe im E.-M.-D.-Kanale und E.-T.-Kanale	6.00—8,42 „		{6,00—8,42 „ {0,34—0,34 „
Assekuranz ½ % des Werthes (120 Mk.) . . .		0,60 „	0,60 „
Umschlags- etc. Spesen in Hamburg oder Lübeck	2,00	2,00 „	1,50　1,50 „
Seefracht von Hamburg oder Lübeck nach London		6,00 „	6,00 „
Seeassekuranz ½ % vom Werthe (120 Mk.) . .		0,60 „	0,60 „

Zus. 22,80—26,81 Mk.　22,81—26,78 Mk.

Die nordischen Länder haben sich bisher für ungarische und österreichische Gerste wenig aufnahmefähig erwiesen. In dieser Richtung würde der Elbe-Moldau-Donau-Kanal neben dem Donau-Oder-Kanal ebenfalls dem Transit auf der Elbe über Hamburg, Lübeck und Stettin förderlich werden. Die auf Grund der amtlichen Statistik der nordischen Reiche bearbeitete Anlage Nr. 1 weist keinerlei directe Bezüge von Gerste aus Oesterreich-Ungarn auf, wenngleich es zweifellos ist, dass solche in den für Hamburg, Lübeck und den übrigen deutschen Reichsgrenzen bezeichneten und namentlich im Verkehr nach Dänemark belangreich auftretenden Ausfuhren enthalten sind. Der Umstand jedoch, dass Russland in Dänemarck und Norwegen als der bedeutendste Lieferant auftritt und nahezu allein die Versorgung Norwegens mit rund 7—800,000 M.-Ctrn. in Händen hat, erschliesst die Aussicht, dass unsere Wasserstrasse dem Transithandel auf der Elbe auch in dieser Richtung einen neuen Impuls geben und namentlich Lübeck befähigen wird, in Concurrenz mit Königsberg, das den Transit russischer Gerste nach Dänemark vornehmlich betreibt, (Anlage Nr. 1) Dänemark und Norwegen mit österreichisch-ungarischer und Donau-Gerste zu versorgen. Schliesslich ist nicht zu übersehen, dass die Verbilligung der Fracht dem österreich-ungarischen Producte auch in seinem Kampfe gegen die amerikanische Braugerste zur Hülfe kommen wird, die in Westeuropa ihr Absatzgebiet beträchtlich zu vergrössern beginnt. Während nach Deutschland 1895 nur 2355 M.-Ctr. importirt wurden, verschickten die Vereinigten Staaten 1896 rund 300,000 M.-Ctr. nach Deutschland.

Nächst der Gerste liefern Malz und Mais ein umfangreiches Material zur Ausfuhr. Auch hierbei handelt es sich nicht allein um österreichische Provenienzen. Wenn in Oesterreich[1]) der Malzexport 30% des Werthes der gesammten Getreideausfuhr beträgt, so ergiebt sich aus dieser starken

---

[1]) Die Ausfuhr bewerthete sich in Gulden:

	Malz	Gerste	Weizen	Getreide überhaupt
1893	20,455,000	50,214,000	6,272,000	86,950,000
1894	17,775,000	36,519,000	5,603,000	61,510,000
1895	18,407,000	22,306,000	5,813,000	47,130,000
1896	10,487,000	35,644,000	5,094,000	62,648,000.

Versendung ohne Weiteres, dass der Elbe-Moldau-Donau-Kanal nicht minder für das in den böhmischen und österreichischen Handelsmälzereien veredelte ungarische Product Bedeutung erlangen wird. Das Wohlbefinden des österreichisch-ungarischen Mälzereigewerbes hängt, wie seine Vertreter oft genug betonen, vornehmlich vom Exportgeschäfte ab und seine Entwicklung basirt bis in die jüngste Zeit hinein hauptsächlich auf dem Bedarfe des deutschen Marktes. In der zweiten Hälfte der 80er Jahre hatte die Biererzeugung in Deutschland in ausserordentlichem Maasse zugenommen und dieses hatte zunächst einen beträchtlich grösseren Malzverbrauch zus Folge gehabt, dessen Befriedigung sich die österreichischen Fabriken zu Nutzen machten, indem sie ihre Betriebe entsprechend erweiterten, sodass die Ausfuhr von Malz in wenigen Jahren eine Verdoppelung aufwies. Die Erweiterung und Vermehrung der Mälzereien in Deutschland steigerte jedoch sehr bald die reichsdeutsche Production, sodass dementsprechend die österreichische Ausfuhr wieder einen Rückgang erfuhr. Der Handelsvertrag mit Oesterreich-Ungarn führte sodann mit der Herabsetzung des Zolls von 4 Mk. auf 3,60 Mk. = ca. 11 % wieder günstigere Bedingungen für die Ausfuhr herbei, und wenn auch die Lieferungen nach Deutschland nicht 90°/₀ des Totalexportes erreicht haben, so sind dieselben doch doppelt so gross geworden, als der Export nach allen anderen Richtungen:

	Total	nach Deutschland	nach anderen Absatzgebieten
1892	1.222,337 M.-Ctr.	776,541 M.-Ctr.	445,796 M.-Ctr.
1893	1,368.988 „	872,967 „	496,021 „
1894	1.299.882 „	795,657 .,	504,255 ,.
1895	1.413,093 „	889,687 „	523.406 „
1896	1.544,451 „	953,151 „	591.300 „
1892—96	6,848.751 M.-Ctr.	4.288.003 M.-Cr.	2,560,778 M.-Ctr.

Der weitaus grösste Theil dieser Malzbezüge Deutschlands dient seinem eigenen Bedarfe, sodass der österreichische Mitbewerb schon auf der zeitigen Grundlage von den reichsdeutschen Mälzereien schwer empfunden wird. Neben den Bezügen für den eigenen Verbrauch bewegt sich bahn- und elbwärts nach Hamburg ein bedeutender Transit mit vorherrschender Bestimmung nach Norwegen, Dänemark, den Niederlanden, Belgien und Frankreich. Nach der deutschen Handelsstatistik betrug die Durchfuhr von Malz aus Oesterreich-Ungarn durch das zollvereinsländische Gebiet:

	1892 M.-Ctr.	1893 M.-Ctr.	1894 M.-Ctr.	1895 M.-Ctr.	1896 M.-Ctr.
nach dem Freihafen Hamburg:	79 000	86 000	122 000	129 000	153 000
„ Dänemark:	17 000	27 000	26 000	36 000	39 000
„ Grossbritannien:	3 000	1 000	—	1 000	4 000
„ Norwegen:	17 000	33 000	16 000	3 000	4 000
., Schweden:	6 000	3 000	—	24 000	9 000
„ Holland:	53 000	74 000	53 000	49 000	40 000
., Belgien:	13 000	11 000	10 000	13 000	4 000

Die vorstehenden Durchfuhren nach Belgien und Holland bewegen sich grösstentheils von Regensburg und Passau her im Umschlage auf den Bahnen nach Frankfurt a./M. und Mannheim und von dort rheinabwärts, während die nach dem Hamburger Freihafen und nach den nordischen Ländern bestimmten Durchfuhren[1]) überwiegend auf der Elbe und der Oder verladen werden, nachdem sie ihren Umschlag von den österreichischen Bahnen in Prag, Aussig, Laube-Tetschen oder endlich, soweit die Oder in Betracht kommt, in Breslau vollzogen haben.   Da die Handelsmälzereien in England einen eigenen lebhaften Malz-Export hauptsächlich nach Holland unterhalten, das die Hälfte seines Bedarfes von dort her deckt,[2]) so ist die deutsche Durchfuhr nach England allerdings gering.   Ansehnlicher sind die Verladungen nach den nordischen Ländern, wohin von Lübeck aus die Verfrachtung billiger als von Hamburg aus erfolgen kann.   Dänemark und Norwegen nahmen 1895 56 000 M.-Ctr. auf.[3])   Die übrigen erheblichen Zufuhren österreichisch-ungarischen Malzes im Hamburger Hafen haben vorherrschend Bestimmung nach Brasilien, Argentinien und Uruguay.   Oesterreich-Ungarns Ausfuhr nach Argentinien betrug 1896: 9 000 M.-Ctr.

Der ungarische Mais-Export hat unter dem Drucke der wachsenden Concurrenz der Balkanstaaten in den letzten Jahren sehr gelitten, denn grade die Ausfuhr nach Deutschland lässt den folgenden Rückgang erkennen:

1892:	625 000 M.-Ctr.
1893:	213 000 „
1884:	88 000 „
1895:	55 000 „
1896:	130 000 „ [4])

Hingegen haben die den Seeweg auf Antwerpen, Rotterdam, Bremen und Hamburg benutzenden Ausfuhren Rumäniens, Bulgariens, Serbiens und der Türkei ungeachtet des lebhaften nord- und südamerikanischen Wettbewerbes ihre Ziffern um das Mehrfache vergrössert.

---

[1]) In einem Berichte des „Handelsmuseum", Aprilheft 1897 heisst es: „Der österreichische Export nach Dänemark hat sich in den letzten Jahren ziemlich lebhaft entwickelt (1892: 15 100 M.-Ctr., 1896: 38 500 M.-Ctr.); doch beginnt auch hier die deutsche Concurrenz mit Erfolg zu operiren, denn Dänemark bezog im letzten Jahre 11 750 M.-Ctr. deutsche Malze.   Zurückgegangen ist in jüngster Zeit der Export nach Norwegen, Belgien und Frankreich; dagegen weist der Export nach Grossbritannien und namentlich nach Russland, wohin in früheren Jahren deutsche Malze gingen, eine steigende Tendenz auf".

[2]) Koninkrijk der Nederlanden.   Statistik au den Jn-, Uit- en Doorvoer. Gravenhaage.

[3]) Statistische Uebersichten betreffend den auswärtigen Handel des österreichisch-ungarischen Zollgebiets im Jahre 1895. XIII. Heft, S. 115.

[4]) Der grosse Export von Mais aus Ungarn mit Einschluss der rumänischen Provenienz von 1 700 000 M.-Ctr. im Jahre 1896 nach Oesterreich lässt die Annahme zu, dass ein Theil dieses für Oesterreich angeschriebenen Quantums nach Deutschland Bestimmung gehabt hat.

In anderen Getreidearten unterhält Ungarn nach Deutschland nur ein geringes Geschäft. Immerhin wird sich eine vortheilhafte indirecte Belebung durch den Elbe-Moldau-Donau-Kanal zunächst daraus ergeben, dass Ungarn für seine disponiblen Vorräthe an Weizen, Hafer, Roggen und Raps einen leichteren Zugang in Oesterreich finden wird, wodurch es der scharfen Concurrenz des russischen Hafers und Roggens auf dem österreichischen und böhmischen Markte wirksamer wird begegnen können. Seinen ehemals bedeutenden Haferexport nach Oesterreich hat Ungarn nahezu ganz an Russland verloren.[1] Dasselbe gilt von der Weizenausfuhr, obwohl grade mit Bezug auf diese der Jahresbericht der Budapester Handels- und Gewerbekammer 1894 bemerkt, „dass die sich der statistischen Anschreibung entziehenden Ausfuhren nach der Schweiz und nach Deutschland auch für ihren Theil die bekannte Thatsache bestätigen, dass zufolge der Gemeinsamkeit des Zollgebiets eine namhafte Menge ungarischer Artikel unter österreichischer Firma nach den Aussenstaaten exportirt werde.[2] Die deutsche Reichsstatistik lässt keinen Zweifel darüber, dass die Einfuhr von österreichisch-ungarischem Weizen und Hafer zu Gunsten der russischen Einfuhr das Meiste ihrer früheren Bedeutung verloren hat. Im Handel ungarischer Agrarproducte nach der Schweiz würde der Donau-Main-Kanal eine specielle Aufgabe zu erfüllen haben, denn dorthin ist erklärlicherweise namentlich die Ausfuhr von Malz und Mais eine sehr beträchtliche.

b. Die unteren Donaustaaten.

Für die zu erwartende starke Belebung des Getreideausfuhrhandels Serbiens, Bulgariens und Rumäniens nach Deutschland enthält schon seine heutige Organisation bemerkenswerthe Fingerzeige. Der österreichisch-ungarische Proprehandel basirt zu einem nicht geringen Theile auf den regelmässigen Zufuhren aus den unteren Donaugebieten. Serbien bringt mit 1,4—1,7 Mill. M.-Ctrn. $\frac{6}{7}$ seiner Getreideausfuhr in Oesterreich-Ungarn unter, während nur 2 bis 300 000 M.-Ctr. über Saloniki, Rumänien und Bulgarien das Ausland aufsuchen. Rumänien und Bulgarien liefern 9% ihres Getreide-Exportes über die ungarische Grenze donauwärts und mittelst der Bahnen; der rumänische Weizen, dessen hoher Klebergehalt diese Waare zum Range einer Specialität erhebt,[3] wird mit 314 000 M.-Ctrn. in ungarischen Mühlen vermahlen.[4]

---

[1] Bericht der Handels- und Gewerbekammer in Budapest 1894, S. 51 und 52.
[2] Bericht der Handels- und Gewerbekammer in Budapest S. 43.
[3] Ströll, Ueber den wirthschaftlichen Entwickelungsgang Bulgariens in Schmollers Jahrbüchern. XXI., 2. Heft. S. 65.
[4] Ungarn importirte aus

	Serbien:	Bulgarien:	Rumänien:
1893:	483 600 M.-Ctr.	38 100 M.-Ctr.	621 600 M.-Ctr.
Weizen 1894:	489 100 „	46 700 „	909 900 „
1895:	447 000 „	18 500 „	265 900 „
1896:	812 790 „	9 592 „	171 379 „

Bezeichnend ist ferner, dass bis zur Mitte der 80er Jahre Rumänien die Hauptbezugsquelle von Rindfleisch für den Wiener Markt war. Mit den grossen Märkten West- und Centraleuropas sind die Fäden des bulgarischen und rumänischen Getreidehandels so innig verknüpft, dass beispielsweise Rumänien und Bulgarien dem deutschen Getreideimporthandel heute bereits $\frac{1}{7}$ seines gesammten Auslandbedarfes zuführen. Bulgarien und Rumänien besitzen in ihrem Ackerbau das Grundelement ihres wirthschaftlichen Lebens, denn hier wie dort hat sich die Landwirthschaft seit der Befreiung des Landes von der türkischen Grundherrlichkeit und dem Frohndienste, begünstigt von der unvergleichlichen Fruchtbarkeit des Donauthales zu einer solchen Ertragfähigkeit entwickelt, dass hierauf im Wesentlichen beider Länder wirthschaftlicher Aufschwung beruht.

Bulgariens Ausfuhr beträgt den vierfachen Betrag der serbischen; Rumäniens Kornexport übertrifft aber den beider Länder zusammen um das Zwei- bis Dreifache:

Export von Weizen, Roggen, Gerste, Hafer und Mais		nach Oester-reich-Ungarn M.-Ctr.	nach Deutsch-land M.-Ctr.	nach Gross-britanien M.-Ctr.	nach Holland M.-Ctr.	nach Belgien M.-Ctr.	nach der Türkei M.-Ctr.
aus Serbien [1]	1893	1,663,000	66,300	—	—	—	98,000
	1894	—	—	—	—	—	—
	1895	819,400	10,600	—	—	—	—
	1896	1,350,800	34,300	—	—	—	844,100
aus Bulgarien [2]	1893	36.700	1,596,600	2,148,200	—	70,100	993,200
	1894	90,400	1,167,800	1,593.600	44,200	268,900	1,135,700
	1895	125,800	1,185,200	1,244,500	19,200	392,300	846,300
	1896	768,000	1,725,000	2,807,600	39,700	659,100	958,600

		Serbien:	Bulgarien:	Rumänien:
Roggen	1893:	12 200 M.-Ctr.	— M.-Ctr.	— M.-Ctr.
	1894:	35 900 „	3 300 „	600 „
	1895:	12 100 „	100 „	— „
	1896:	12 498 „	2 164 „	312 „
Gerste	1893:	52 100 „	16 800 „	115 000 „
	1894:	133 100 „	39 300 „	260 200 „
	1895:	32 900 „	34 500 „	125 200 „
	1896:	35 900 „	5 247 „	8 358 „
Hafer	1893:	11 700 „	3 000 „	1 700 „
	1894:	66 400 „	2 900 „	18 000 „
	1895:	26 200 „	2 400 „	32 300 „
	1896:	12 404 „	6 288 „	25 891 „

[1] Statistique du commerce extérieur du royaume de Serbie, Ministère des Finances, 1893—1896.

[2] Statistique du commerce de la principauté de Bulgarie avec les pays étrangers, 1893—1896. Bureau de Statistique de la principauté de Bulgarie.

Export von Weizen, Roggen, Gerste. Hafer und Mais	nach Oester-reich-Ungarn M.-Ctr.	nach Deutsch-land M.-Ctr.	nach Gross-britanien M.-Ctr.	nach Holland M.-Ctr.	nach Belgien M.-Ctr.	nach der Türkei M.-Ctr.
aus Rumänien[1]) 1893	1,601,100	11,036,100	6,949,500	220,000	4,989,100	203,500
1894	2,056,700	4.307,900	6,359,500	172,900	4.275.500	267,000
1895	2,468.200	2,184,100	5,597,300	370,900	5,933,100	149,200
1896	1,483.300	1,419,800	9,391.000	409,300	9,132,200	174,000

Mit ihrer auf rund 25 bis 30 Mill. M.-Ctr. zu beziffernden Gesammtausfuhr schätzen diese drei Länder als ihren wichtigsten Handelsfreund das deutsche Reich, das im directen Handel schwankend 3—10 Mill. M.-Ctr. bezieht, die theilweise bahnwärts durch Oesterreich-Ungarn, vorherrschend aber auf dem Seewege um Südspanien herum über Hamburg und Bremen, sowie über Antwerpen und Rotterdam eingehen[2]).

Die in der obigen Tabelle ersichtlich gemachte starke Ausfuhr nach Belgien dient zu einem grossen Theile dem Transit nach Deutschland, wie auch die Ausfuhren Bulgariens nach der Türkei via Dedeaghatsch in belangreichen Quantitäten nach Hamburg verladen werden. Wie hervorragend diese Verladerrolle Hamburgs im Verkehr mit den unteren Donaustaaten geworden ist, lässt sich aus den folgenden Nachweisen des Hamburgischen Imports aus den Balkanstaaten in den Zeiträumen 1880—85, 1886—90 und 1891—96 erkennen[3]):

	1880—85	1886—90	1891—95	1896
Weizen	23,000 M.-Ctr.	27.000 M.-Ctr.	306,000 M.-Ctr.	714,000 M.-Ctr.
Mais	30.000 .,	66.000 ..	799,000 ,.	168,000 ,,
Roggen	130,000 .,	185,000 ,,	579,000 ,,	754,000 ,,
Gerste	19,000 ..	104,000 ,,	761,000 ,,	616,000 ,,
Hafer	— .,	— ,,	38.000 ,.	— ,,

In den Bezügen aus Rumänien fasst sich die Steigerung der Einfuhr wie folgt zusammen:

1880—85:	121.000 M.-Ctr.
1886—90:	337,000 ,,
1891—95:	1,948.000 ,,
1896:	2,047,080 .,

Die Steigerung der Einfuhr aus Bulgarien und der Türkei zeigt zwar im absoluten Sinne eine geringere Progression; im Verhältniss zu der kleineren Gesammtausfuhr beider Länder ist sie jedoch eine bemerkenswerth grosse:

---

[1]) Ministère des Finances, commerce extérieur de la Roumanie, 1893—1896.

[2]) Siehe S. 37.

[3]) Tabellarische Uebersichten des Hamburger Handels. Jahrgänge 1880—1896.

	1880—85		1886—90		1891—95	
Bulgarien	—	M.-Ctr.	15,000	M.-Ctr.	214,000	M.-Ctr.
Türkei	78.000	„	30,000	„	321,000	„

Serbien.

Serbiens Getreideexport verdankt seinen Aufschwung hauptsächlich der Durchschneidung des Landes mit der nach Süden auf Saloniki führenden Eisenbahn. Während grosse Gebiete des inneren Landes bis zum Anfange des vorigen Jahrzehntes ihre Producte dem Auslande des zu theueren Transportes wegen nicht zuzuführen vermochten, ist diese Bahn für die Verfrachtungen zur Donau und nach Süden auf Saloniki ein Hauptabfuhrweg geworden. An Weizen und Roggen, seinen beiden Haupternteprodukten, exportirte Serbien nach den Ausweisen seiner amtlichen Statistik[1]):

Durchschnittlich im Jahre in den Perioden:	nach Oesterreich-Ungarn M.-Ctr.	nach anderen Staaten
1881—85	350,000	10.000
1886—90	440,000	46,000
1881—90	335,000	28,000
1896	979,000	79,000

Der Mais dient dem Eigenverbrauche zur Nahrung für die Menschen und zur Schweinemast. Die Ausfuhr von Gerste und Hafer von zusammen 50—60 000 M.-Ctrn. nimmt gleichwie die von Weizen und Roggen grösstentheils Oesterreich-Ungarn auf.[2]) Nach der deutschen Reichsstatistik erreichte lediglich die directe Einfuhr von Weizen und Roggen aus Serbien nach Deutschland einen grösseren Umfang. Die deutsche Einfuhr von Mais wies ihren höchsten Stand mit 262 000 M.-Ctrn. im Jahre 1893 auf.

Bulgarien.

Wenn Serbien somit bisher noch nicht ein hervorragendes Versorgungsgebiet des deutschen Getreidehandels geworden ist, so tritt umsomehr hierfür die Bedeutung Bulgariens und Rumäniens hervor. Das Hodza-Balkan-Scheidegebirge trennt physikalisch und politisch Nordbulgarien von seiner ostrumelischen Hälfte. Indem die Donau Nordbulgarien in einer Grenzausdehnung von hundert Meilen bespült und die zahlreichen zur Donau in der Richtung von S. nach N. O. fliessenden Ströme, die ihre Gewässer in den Quellgebieten des Balkans sammeln, befruchtend das Land

---

[1]) Statistique du commerce extérieur du royaume de Serbie pour l'année 1896, S. 164 5.
[2]) W. Kohn, Serbien in geor.-ethnogr.-administrativ- etc. Hinsicht, 1894. S. 104.

durchziehen, erhält dieses hierdurch den Character eines ergiebigen Niederungsgebietes. Die Flussthäler sind die Hauptdistricte des nordbulgarischen Getreidebaues, sodass für die Organisation des Handels mit landwirthschaftlichen Producten vor Allem der Zusammenhang mit der Donau kennzeichnend wird. Im Gegensatze zu Nordbulgarien ist Ostrumelien, namentlich in seinen nördlichen Theilen sehr viel mehr Gebirgsland. Während das nördliche Bulgarien die Donau als die wichtigste Abfuhrstrasse benutzt, indem die Donauuferplätze Vidin, Lom-Palanka, Rahovo, Nikopol, Sistov, Ruscuk, Tutrakan und Silistria die lokalen Sammelplätze eines vorherrschend donauwärts nach Braila und Galatz strömenden Getreideversandes sind, öffnet sich Südbulgarien mit seiner Seeküste dem Auslande; hier ist deshalb die Transversal-Bahn Philippopel-Burgas der grosse, die Verfrachtungen einheitlich zusammenfassende Transportweg. Unter den Donauuferstädten, deren Handel mit der Donauschiffahrt innig verbunden ist und deshalb den grossen rumänischen Seestapelplätzen zustrebt, nimmt nur Ruscuk insoweit eine von den anderen bulgarischen Donauhäfen abweichende Stellung ein, als es ausser seiner Donauschiffahrt einen lebhaften Ueberlandhandel nach dem nordbulgarischen Seehafen Varna betreibt, mit dem es durch die Eisenbahn Ruscuk-Varna verbunden ist. Varna ist durch diese Beziehungen mit Ruscuk eine dem südbulgarischen Seehafen Burgas ähnliche Stellung zugewiesen, denn wie jener an der südlichen, so ist Varna an der nördlichen Seeküste Bulgariens dazu bestimmt, die über die Donaumündung und damit über rumänisches Gebiet strebende Aussenhandelsthätigkeit des Landes auf die eigene Seeküste zurückzuführen. Die bulgarische Staatsregierung hat mit dem Ankaufe der Bahn Ruscuk-Varna diesem Gedanken ein ziemlich bedeutendes Opfer gebracht, denn der Nordosten des Landes zeichnet sich nicht in allen Districten durch grosse Fruchtbarkeit aus, und die Bahn kann deshalb ihrem eigenen Bestreichungsgebiete nur einen Theil ihrer Belastung entnehmen, sodass sie im Uebrigen auf eine scharfe Concurrenz mit der Donauschiffahrt und den rumänischen Donau-Seehäfen angewiesen ist. Immerhin lässt sich sagen, dass die Bemühungen der bulgarischen Regierung, Varna zu einem Stapelplatze des nordbulgarischen Getreidehandels zu machen, nicht erfolglos geblieben sind, denn Dank des namentlich in den Kreisen Razgrad, Sumla, Silistria, im Kreise Varna und in den Bezirken Provadia, Novoselo, Dobritsch und Balcik entwickelten Getreidebaues hat nicht nur Varna seine Exportthätigkeit langsam entwickeln können, sondern neben ihm haben auch die benachbarten kleineren Küstenplätze Balcik und Cavarna das Material zu einem nennenswerthen Umschlage gewonnen,[1]) trotzdem das Getreide hier ausschliesslich mit Ochsen-

---

[1]) Balcik und Cavarna sind ohne Eisenbahnverbindung: sie ziehen deshalb das von ihnen verschiffte Getreide mittelst Achse zusammen.

karren aus ihrer nächsten Umgebung angesammelt wird. Balcik hat seine Getreideausfuhr bis auf 692 000 M.-Ctr. gesteigert (1896). In Varna entwickelte sich der Verkehr seit dem Jahre 1889 wie folgt:

Davon waren per Eisenbahn zugeführt:

1889:	780 000 M.-Ctr.	610 000 M.-Ctr.	
1890:	650 000 „	480 000 „	
1891:	630 000 „	380 000 „	
1892:	850 000 „	740 000 „	
1893:	1 220 000 „	870 000 „	
1894:	1 010 000 „	650 000 „	
1895:	890 000 „	610 000 „	
1896:	1 302 000 „	ca. 900 000 „	

So beachtenswerth hiernach die Stellung ist, die sich Varna und Balcik im Getreidehandel Bulgariens erworben haben, so hat doch der Transit auf der Donau via Braila einen grösseren Antheil zu behaupten vermocht. Es bewegten sich nämlich[2])

1. über die nordbulgarischen Seehäfen:

	1894	1895	1896
Varna:	1 004 100 M.-Ctr.	891 900 M.-Ctr.	1 301 664 M.-Ctr.
Balcik:	605 000 „	587 800 „	691 922 „
zusammen:	1 609 100 M.-Ctr.	1 479 700 M.-Ctr.	1 993 586 M.-Ctr.

2. über die Donauhäfen donauwärts:

Vidin:	302 300 M.-Ctr.	209 500 M.-Ctr.	323 193 M.-Ctr.
Lom: . . .	247 700 „	198 000 „	390 834 „
Nikopol: .	384 000 „	536 400 „	570 700 „
Rahova: . . .	470 000 „	345 600 „	528 720 „
Sistov: . . .	484 200 „	361 000 „	696 497 „
Ruscuk (Rustschuk)	301 300 „	294 600 „	489 453 „
Tutrakan: . . .	231 400 „	203 000 „	285 384 „
Silistria: . . .	222 800 „	159 400 „	407 845 „
zusammen:	2 643 700 M.-Ctr.	2 207 500 M.-Ctr.	3 698 664 M.-Ctr.

3. über die ostrumelischen Häfen:

Burgas: . . .	666 100 M.-Ctr.	782 200 M.-Ctr.	1 335 975 M.-Ctr.
Anhialo: . . .	36 900 „	32 500 „	99 177 „
zusammen:	703 000 M.-Ctr.	814 700 M.-Ctr.	1 435 152 M.-Ctr.

4. über den türkischen Seehafen Dedeaghatsch via

Hermanly . .	548 700 M.-Ctr.	473 600 M.-Ctr.	760 111 M.-Ctr.

Hieraus geht der im Vergleiche zu den nord- und südbulgarischen See-häfen erheblich grössere Antheil der Donau an der bulgarischen Korn-ausfuhr deutlich hervor. Diese von den Donauhäfen vermittelte grössere Ausfuhr ist jedoch nicht allein eine Wirkung der an und für sich billigeren Transportleistung der Wasserstrasse, sondern ihr liegt noch ein anderes, für den Ausgangspunkt dieser Untersuchungen wichtiges wirth-schafts-geographisches Moment zu Grunde: es liegen nämlich die

---

[2]) Statistique du commerce de la principauté de Bulgarie avec les pays étrangers. 1896.

ergiebigsten Ackerbaugebiete Bulgariens von der Seeküste am entferntesten im Westen des Landes. Für diese Thatsache ist es überaus
bezeichnend, dass die grössten Verschiffungen der westlich von Ruscuk belegenen Donauhäfen ca. $65^0/_0$ der Gesammtbewegung donauwärts betragen. Die
Verfrachtungen nach Süden über Dedeaghatsch am ägäischen Meere, die
sich, wie wir gesehen haben, auf rund 760 000 M.-Ctr. beziffern, werden mit
der Zeit eine Vergrösserung erfahren, sobald der den Balkan als erste
Bahn überschreitende Schienenweg Ruscuk—Tirnovo—Jeni-Zagora (Nova-
Zagora) 240 Klm. fertig gestellt sein wird. Da diese Bahn in die grosse
transversale rumelische Eisenbahnlinie Sofia—Philippopel—Burgas bei
Zagora einmünden wird, die sich nach Süden über Ternova und Adrianopel nach Dedeaghatsch abzweigt, so wird durch diese directe Verbindung
Nordbulgariens mit dem transversalen Schienenzuge eine directe Verbindung mit dem ägäischen Meere geschaffen werden. Indessen, wenn
auch für einen Theil Ostrumeliens die natürliche Tendenz besteht, dem
am ägäischen Meere belegenen türkischen Hafen vor Burgas den Vorzug
zu geben,[1]) weil hierdurch die nicht unbeträchtliche Seestrecke von Burgas
bis zum ägäischen Meere erspart wird, so ist doch kaum anzunehmen,
dass die bulgarische Regierung den Verkehr auf Dedeaghatsch zu Ungunsten des ostrumelischen Hafens Burgas begünstigen wird. Denn wie
sehr es ihr thatsächlich um die Hebung des Burgas'schen Handels zu thun
ist, hat sie mit dem Bau der 1890 eröffneten Linie Jamboli—Burgas
bewiesen, deren spezielle Aufgabe die Zusammenfassung des Güterverkehrs
Ostrumeliens und seine Ableitung auf Burgas bildet. Seitens der bulgarischen Regierung werden die in der Entwickelung des Eisenbahnverkehrs
liegenden nationalwirthschaftlichen Ziele mit Lebhaftigkeit erfasst, wenn auch
noch Jahre vergehen werden, bis es möglich sein wird, einer wahrhaft staats-
wirthschaftlichen Tarifpolitik gegenüber dem jetzigen Dualismus der combinirten Staats- und Privatbahnverwaltung zum Siege zu verhelfen. Das
bulgarische Eisenbahnnetz umfasste 1896 840 Klm; von diesen entfallen nur
529 Klm auf den Staatsbesitz, während 311 Klm der orientalischen Eisenbahn gehören, die ihren Besitztitel sogar an einer und derselben Linie
streckenweise geltend macht.

Allerdings werden durch den Bau des Elbe-Moldau-Donau Kanals
der Verkehrspolitik des Landes völlig neue Ziele gegeben werden, weil
alsdann eine grössere Nutzbarmachung der oberen Donau vor allem in Hinsicht auf die geographische Lage Nordbulgariens und seine gewichtsschwere
Güterproduction Anspruch auf Anerkennung gewinnen wird, die vermuthlich
zunächst in neuen Bahnverbindungen der zwar getreidereichsten, nichtsdestoweniger aber bahnlosen westlichen Districte mit den westlichen Donau-

---

[1]) Zur Zeit strebt die bulgarische Regierung den Bau einer durch das Struma-
thal nach dem ägäischen Meere führenden Eisenbahn an, durch die der bulgarische
Einfluss in Macedonien eine Stärkung erfahren soll.

häfen zum Ausdruck kommen wird. Ohnehin hat bisher allzusehr der
Schwerpunkt der bulgarischen Verkehrspolitik im Ausbau der Bahnen
zur Seeküste gelegen, während der Preis des Erwerbes der Bahnlinie
Ruscuk—Varna im Betrage von 44 $1/_2$ Mill. Frcs. die Frage hätte nahe
legen sollen, ob vom Standpunkt der bulgarischen Volks- und Staatswirth-
schaft nicht die dieser Bahn zugewiesene wirthschaftspolitische Aufgabe
in einer Kanalverbindung Varnas mit der Donau (Silistria) wirksamer
erreicht worden wäre?

Rumänien.

Der Umfang der rumänischen Getreide-Ausfuhr stellt Rumänien an
die Spitze der levantinischen Getreideländer. Von den 4 130 000 M.-Ctr.
Waarenexport nach Deutschland, welche die amtliche Statistik als den
Durchschnitt der drei Jahre 1893—1895 ausweist, entfällt ohne Berücksichtigung der von Belgien und Holland vermittelten Durchfuhr nach
Westdeutschland,[1] der grösste Theil, nämlich etwa 90—95⁰/₀, auf Erzeugnisse des Landbaues und zwar in den Jahren:[2]

	1893 M.-Ctr.	1894 M.-Ctr.	1895 M.-Ctr.	1896 M.-Ctr.	Durchschnittl. pro Jahr 1893-95 M.-Ctr.
auf Mais	12 121 100	6 944 300	3 308 400	4 439 100	7 457 933
„ Weizen . . .	7 019 500	6 836 100	9 712 400	12 247 900	7 859 333
„ Hafer . . .	1 497 300	284 300	358 100	582 000	713 233
„ Roggen . . .	1 312 100	1 363 700	1 948 500	2 331 600	1 541 400
auf Gerste u. Malz	4 605 500	2 903 700	2 473 600	3 967 800	3 317 000
Zusammen	16 555 500	18 332 100	17 801 000	23 568 400	

Die Ziffern sind eine deutliche Sprache für die Thatsache, dass auch
der Nationalreichthum Rumäniens auf den Erträgen seines überaus frucht-
baren Bodens beruht, dessen Bestellung vielfach noch die einfache Brache
ist. Von Generalconsul Benger wird hervorgehoben,[3] dass es in Rumänien
Güter giebt, die nie gedüngt werden und doch einen jährlichen Ertrag
von 21 hl. pro Hectar ergeben. Aus diesen geringen Betriebsansprüchen
erklärt sich die Concurrenzfähigkeit des rumänischen Getreides auf dem
Weltmarkte und die Thatsache, dass neben Russland, Argentinien und
Nordamerika Rumänien eines der Hauptgebiete der Kornproduction der
Welt geworden ist. In der Ausdehnung seines Getreidebodens wird es
nur übertroffen von Russland mit 633 000 qkm, von Nordamerika mit

---

[1] Comerciul Exterior al României 1896. Bukarest, Imprimeria Statului. — Ein
anderer Theil der rumänischen Gesammtausfuhr entzieht sich in Bezug auf
Deutschland dadurch der amtlichen statistischen Aufnahme, dass derselbe vom
österreichisch-ungarischen Markte für den deutschen Bedarf aufgenommen wird.

[2] Die Ziffern der rumänischen Statistik weichen nicht unerheblich von
denen der deutschen Statistik ab. — Wie ersichlich rufen die grossen Schwankungen
des Weizen- und Mais-Exportes Schwankungen in den Ziffern des Totalexportes hervor

[3] Generalconsul G. Benger, Rumänien ein Land der Zukunft S. 75.

591 000 qkm, von Oesterreich-Ungarn mit 148 000 qkm, von Frankreich mit 147 000 qkm, von Deutschland mit 138 000 qkm, von Italien mit 74 000 qkm und von Argentinien mit etwa 42 000 qkm.

Die Hauptkultur ist der Weizen- und Maisbau. Im Verhältniss zu der unter den Pflug genommenen Oberfläche werden in keinem anderen Lande der Erde so viele Quadratkilometer mit Weizen angesät. Die Haupterntedistricte sind Dolj, Teleorman, Vlasca, Jalomnitza, Jlsov und Romanati. Letzterer District erzeugte im Jahre 1892 den besten Weizen mit 79 kg pro Hectoliter. Der in Deutschland trefflich gedeihende Roggen ist weniger beliebt, denn die für ihn bestimmten Flächen erreichen nur den zehnten Theil des Weizenanbaues. Noch in den letzten Jahrzehnten wurden hunderttausende von Hectaren unter den Pflug genommen, allein für Weizen seit 1872: 800 000 ha; aber auch für Mais, Gerste, Roggen hat sich die Anbaufläche um das Doppelte, für Hafer um das Vierfache vergrössert. Zur Zeit ist nahezu die Hälfte der 6 Millionen ha umfassenden rumänischen Bodenfläche auf 13,1 Millionen ha bebaut, während in dem benachbarten Serbien der unkultivirte Boden noch $^6/_7$ seiner Fläche einnimmt. Neben dem Weizen ist der Mais das Hauptkorn für den Lebensunterhalt der Menschen und der Thiere. Das Land baut von ihm sogar unter allen Mais pflanzenden Ländern im Verhältnisse zur Gesammtoberfläche am meisten, die Vereinigten Staaten nicht ausgenommen, die es auch in der Qualität des Erzeugnisses übertrifft. Erst in zweiter und dritter Linie folgen Italien und Ungarn. Der Export von Mais betrug im Vergleiche zu dem der Vereinigten Staaten:

	Aus Rumänien	Aus Nordamerika
	in Tausend Tonnen	
1886/87:	733	1092
1887/88:	376	669
1888/89:	528	1872
1889/90:	746	2730
1890/91:	900	846
1891/92:	657	2019
1892/93:	1212	1245
1893/94:	694	?
1894/95:	330	1740

Für Amerika betrug in den obigen Jahren das Verhältniss des Exportes zum Ernteertrage, je nach dem Ergebnisse, 1,7—3,7 %, für Rumänien dagegen 20—50 %. Im Jahre 1892 war die Ausfuhr eine ganz ausnahmsweise grosse und erreichte fast das doppelte des Vorjahres. Die Ursache war der grosse Futtermangel in den west-europäischen Staaten, in Folge dessen das Futter im ganzen Westen vielfach durch rumänischen Mais ersetzt wurde. Nach England, Deutschland und Belgien wurden über 1 Mill. M.-Ctr. ausgeführt. Am verbreitetsten ist der Maisbau im District

Dolj mit einer Anbaufläche von 143 000 ha, in Vlasca mit 110 000 ha, in Teleorman mit 111 000 ha. Diese Districte erreichen gegen den Landes-durchschnitt von 18 hl pro Hectar vermöge ihres guten Bodens und rationellen Betriebes einen Ertrag von 22—27 hl. Dem Gewichte nach be-trägt 1 hl im Durchschnitt 76 kg und 1 Buschel 59 engl. Pfd. Die besten Qualitäten werden in den Districten Dambovita mit 78kg resp. 62,50 Libra und Teleorman mit 77,80 kg resp. 62 Libra erreicht. Für den Ausfuhrhandel kommen somit in erster Linie Mais und Weizen in Betracht; immerhin beginnt man auch dem Anbau von Gerste mehr als früher Beachtung zu schenken, sodass ihr Export nebst Malz heute schon zehnmal so gross wie der Bulgariens geworden ist. Der Roggen ist das vierte Korn, während Hafer entsprechend der Hochwerthigkeit des Bodens der Ausfuhr die geringsten Mengen liefert; aber auch Oelfrüchte vornehmlich Raps haben auf den westlichen Märkten ihre Nachfrage gesteigert. Die Gesammtausfuhr an Getreide, Hirse. Oelfrüchten und Mehl stellte sich in den letzten Jahren nach Tons[1]) berechnet wie folgt dar:

nach		Weizen	Roggen	Gerste u. Malz	Mais	Hafer	Hirse	Oel-früchte	Mehl	Summa
Oester-reich-Ungarn	1893	72 000	11 000	24 000	43 000	12 000	18 000	5 000	—	185 000
	1894	100 000	3 000	17 000	74 000	12 000	8 000	1 000	—	215 000
	1895	89 000	13 000	9 000	115 000	20 000	2 000	4 000	—	252 000
	1896	24 000	8 000	22 000	75 000	20 000	2 000	2 000	—	153 000
Belgien	1893	200 000	14 000	51 000	210 000	24 000	3 000	3 000	—	505 000
	1894	218 000	22 000	54 000	132 000	2 000	2 000	4 000	—	434 000
	1895	409 000	56 000	61 000	63 000	5 000	1 000	25 000	—	620 000
	1896	606 000	77 000	91 000	131 000	8 000	1 000	11 000	—	925 000
Bul-garien	1893	2 000	—	—	2 000	—	—	—	—	4 000
	1894	1 000	—	—	5 000	—	—	—	—	6 000
	1895	—	—	—	—	—	—	—	—	—
	1896	1 000	—	—	—	—	—	—	—	1 000
England	1893	109 000	14 000	99 000	451 000	22 000	16 000	5 000	—	716 000
	1894	156 000	66 000	137 000	273 000	4 000	5 000	7 000	—	648 100
	1895	279 000	66 000	129 000	80 000	6 000	—	44 000	—	604 000
	1896	451 000	95 000	235 000	146 000	13 000	2 000	19 000	—	961 000
Frank-reich	1893	14 000	—	3 000	26 000	4 000	—	1 000	—	48 600
	1894	24 000	1 000	3 000	14 000	5 000	—	2 000	—	49 000
	1895	8 000	—	—	6 000	2 000	—	2 000	—	18 000
	1896	23 000	1 000	5 000	13 000	4 000	—	6 000	—	52 000
Deutsch-land	1893	229 000	84 000	264 000	422 000	84 000	7 000	10 000	—	1 100 000
	1894	144 000	36 000	69 000	179 000	3 000	2 000	4 000	—	437 000
	1895	127 000	35 000	23 000	32 000	2 000	—	5 000	—	224 000
	1896	68 000	21 000	17 000	25 000	10 000	—	—	—	141 000

[1]) 500 t und darüber sind auf 1000 t abgerundet. — Commerce extérieur de la Roumanie. 1893—1896.

		Weizen	Roggen	Gerste u. Malz	Mais	Hafer	Hirse	Oel-früchte	Mehl	Summa
Griechenland	1893	2 000	—	—	—	—	—	—	—	2 000
	1894	—	—	—	—	—	—	—	—	—
	1895	—	—	—	—	—	—	—	—	—
	1896	—	—	4 000	2 000		—	—	—	6 000
Italien	1893	35 000	2 000	1 000	27 000	3 000	—	—	—	68 000
	1894	10 000	3 000	—	12 000	2 000	1 000	—	—	28 000
	1895	47 000	3 000	2 000	32 000	1 000	—	1 000	—	86 000
	1896	36 000	7 000	—	42 000	—	—	—	—	85 000
Russland	1893	—	—	3 000	18 000	1 000	—	—	—	22 000
	1894	1 000	—	1 000	1 000	—	—	—	—	3 000
	1895	—	—	1 000	1 000	—	—	—	—	2 000
	1896	1 000	—	1 000	1 000	—	—	—	—	3 000
Holland	1893	4 000	3 000	3 000	11 000	1 000	—	1 000	—	23 000
	1894	8 000	5 000	2 000	2 000	—	—	—	—	17 000
	1895	4 000	22 000	9 000	2 000	—	—	—	1 000	38 000
	1896	6 000	22 000	10 000	3 000	—	—	—	—	41 000
Spanien	1893	10 000	—	—	1 000	—	1 000	—	—	12 000
	1894	15 000	—	—	2 000	—	4 000	—	—	21 000
	1895	1 000	—	2 000	—	—	—	—	—	3 000
	1896	7 000	1 000	4 000	3 000	—	—	—	—	15 000
Turkei	1893	7 000	—	12 000	1 000	—	—	—	20 000	40 000
	1894	8 000	—	18 000	1 000	—	—	—	31 000	58 000
	1895	2 000	—	12 000	—	—	—	—	—	15 000
	1896	3 000	—	11 000	3 000	—	—	1 000	24 000	42 000
Summa	1893	684 000	128 000	460 000	1 212 800	152 000	45 000	25 000	20 000	2 725 100
	1894	685 000	136 000	301 000	695 000	28 500	22 000	18 000	31 000	1 919 000
	1895	966 000	195 000	248 000	332 000	36 000	3 000	81 000	1 000	1 862 000
	1896	1 226 000	232 000	400 000	444 000	55 000	5 000	39 000	24 000	2 425 000

Hiernach sind in den letzten Jahren Grossbritannien mit ca. 20—30 %, Deutschland mit ca. 20—40%, Belgien mit ca. 25 % und Oesterreich-Ungarn mit ca. 15 % die Hauptempfänger rumänischer Feldproducte. Da jedoch der Export nach Belgien zu einem wesentlichen Theile Durchfuhr für Deutschland ist, und auch von der Ausfuhr nach Oesterreich-Ungarn zweifellos ein namhafter Theil deutsche Bestimmung hat, so muss Deutschland im rumänischen Getreideverkehr heute als das wichtigste Empfangsland angesehen werden.

Die die West- und Südgrenze des Landes bildende Donau, die im östlichen Verlaufe von Silistria bis zur Pruthmündung zu beiden Seiten rumänisches Gebiet bespült und hier das Land gegen Russland scheidet, ist auch in Rumänien die unvergleichlich wichtigste Verkehrsstrasse. Zu Folge der Neigung des Bodens mit seinen Hauptfurchen zum Donauufer schafft der Strom für die Organisation des Getreidehandels ähnliche Verhältnisse wie in Bulgarien. Die für unsere Aufgabe hauptsächlich in

Betracht kommende Walachei gehört gleich Nordbulgarien zur guten Hälfte den fruchtbarsten Districten des Donauthales an, sodass sich dem Getreidebau im reichen Maasse auch hier die Vortheile darbieten, deren eine grossorganisirte Landwirthschaft hinsichtlich natürlicher Fruchtbarkeit und Flächenentwickelung bedarf. Mit den bulgarischen Donauhäfen Vidin, Lom-Palanca, Nikopol, Rahova, Svichtov, Ruscuk und Silistria correspondiren die ihnen gegenüber liegenden rumänischen Donauhäfen Calafatu, Bechet, Turnu-Magureli, Zimnicea, Giurgevo, Oltenitza, Calarasi etc.. und wie jene, sind auch diese die localen Sammelplätze eines lebhaften nach Braila strebenden Getreideverkehrs. Allerdings ist das Hinterland der rumänischen Donauhäfen nicht in dem Maasse wie das bulgarische Land abhängig von den Transportleistungen des Stromes. Denn während in Nordbulgarien kein einziger den Westen mit dem Osten verbindender Schienenstrang besteht, durchzieht die Walachei ein der Donau parallel laufendes Bahnsystem, das sich für den Kornbau im Norden und Westen der Walachei ebenfalls als eine wichtige Abfuhrstrasse nach Bukarest, Braila und Constantza darstellt. Nichtsdesto weniger überwiegt der Antheil der Donau an der Bewegung der Agrarproducte auch hier beträchtlich, was sich deutlich in der Stellung ausdrückt, die die einzelnen Binnen-Donauhäfen im Gesammtgetreideverkehr einnehmen. Nach den Ausweisen der amtlichen rumänischen Statistik[1]) gestalteten sich die Verfrachtungen in den Jahren 1894—1896 wie folgt:

		Seehäfen M.-Ctr.	Donauhäfen M.-Ctr.	Donauhäfen von Verciorova bis Silistria M.-Ctr.	Donauhäfen von Verciorova bis Giurgevo M.-Ctr.
Verciorova	1894	—	630,000	630.000	630.000
	1895	—	389,000	389,000	389,000
	1896	—	386.000	386.000	386,000
T.-Severin	1894	—	969,000	969,000	169,000
	1895	—	600,000	600,000	600,000
	1896	—	940,000	940,000	940.000
Calafatu	1894	—	1,223,000	1,223,000	1.223,000
	1895	—	1,219,000	1,219,000	1,219,000
	1896	—	1,460.000	1,460,000	1,460,000
Bechet	1894	—	305.000	305,000	305,000
	1895	—	296,000	296,000	296,000
	1896	—	317,000	317,000	317,000
T.-Margureli	1894	—	1,337.000	1,337,000	1,337,000
	1895	—	1,359,000	1,359.000	1,359,000
	1896	—	1,521.000	1,521,000	1,521,000
Zimnicea	1894	—	400.000	400,000	400,000
	1895	—	465.000	465,000	465,000
	1896	—	504.000	504,000	504,000
Coraiba	1896	—	1,300,000	1,300,000	1,300,000

[1]) Commerce Extérieur de la Roumanie 1894, 1895 und 1896.

		Seehäfen M.-Ctr.	Donauhäfen M.-Ctr.	Donauhäfen von Verciorova bis Silistria M.-Ctr.	Donauhäfen von Verciorova bis Giurgevo M.-Ctr.
Giurgevo	1894	—	1,192,000	1,192,000	1,192,000
	1895	—	1,175,000	1,175,000	1,175,000
	1896	—	1.278,000	1.278,000	1,287,000
Oltenitza	1894	—	604,000	604,000	—
	1895	—	463,000	463,000	—
	1896	—	554,000	554,000	—
Silistria	1894	—	127.000	127.000	—
	1895	—	164,000	164,000	—
	1896	—	256,000	256.000	—
Calarasi	1894	—	736.000	736.000	—
	1895	—	701,000	701,000	—
	1896	—	1,064,000	1,064,000	—
Cernavoda	1894	—	145,000	145,000	—
	1895	—	231.000	231,000	—
	1896	—	327.000	327,000	—
Gura-Jalomita	1894	—	167,000	167,000	—
	1895	—	305.000	305,000	—
	1896	—	627,000	627,000	—
Braila	1894	4,443.000	—	—	—
	1895	4,957.000	—	—	—
	1896	7,625,000	—	—	—
Galatz	1894	2.488.000	—	—	—
	1895	1,659,000	—	—	—
	1896	2,330,000	—	—	—
Sulina	1894	2.000	—	—	—
	1895	1,000	—	—	—
	1896	—	—	—	—
Constanza	1894	780,000	—	—	—
	1895	706,000	—	—	—
	1896	1,774,000	—	—	—
Tulcea	1894	155,000	—	—	—
	1895	333.000	—	—	—
	1896	415,000	—	—	—
Summa	1894	7.868.000	7,835.000	7,835.000	6.056,000
	1895	7,655,000	7.367,000	7.367.000	5,503,000
	1896	12,144,000	10,030,000	10,030.000	7,202.000

Nach dieser Uebersicht entfällt zwar die Hälfte der Gesammt-Getreide-Ausfuhr des Jahres 1896 auf die vier Seehäfen:

Braila   mit rund 7,600.000 M.-Ctr.
Galatz   „   „   2.300,000   „
Constantza „   „   1,800,000   „
Tulzea   „   „   400.000   „

mit rund 12.000.000 M.-Ctr., während von den Binnen-Donauhäfen:

1) Verciorova:	rund	386,000	M.-Ctr.
2) T.-Severin:	„	940,000	„
3) Calafatu:	„	1,460,000	„
4) Bechet:	„	317,000	„
5) T.-Magureli	„	1,521,000	„
6) Zimnicea:		504,000	„
7) Corabia		1,300,000	„
8) Giurgevo:		1,278,000	„
9) Oltenitza:	„	554,000	„
10) Silistria:	„	256,000	„
11) Calarasi:	„	1,064,000	„
12) Cernavoda:	„	327,000	„
13) Gura-Jalomnitza	„	627,000	„

zusammen 10,000,000 M.-Ctr. verfrachtet wurden. Da jedoch Galatz's Ausfuhrthätigkeit überwiegend auf den Zufuhren aus der Moldau basirt und bei der Ausfuhr Brailas zu berücksichtigen ist, dass in dieser Ausfuhr die auf den Bahnen sich bewegenden Anlieferungen aus dem Gesammtgebiete der Walachei mit den von den Donauhäfen stromabwärts sich bewegenden Anlieferungen zusammengefasst sind, so geht aus dieser Uebersicht die stark überwiegende Verfrachterrolle der Donau im Getreidehandel der Walachei hervor.

Braila ist als Kopfstation des von Westen nach dem Osten ziehenden Bahnsystems das die internationalen Handelsbeziehungen Rumäniens beherrschende Emporium, und für diese seine Stellung hat sich der Ausbau des Bahnnetzes, dessen Hauptlinie von Verciorova über Severin, Slatina, Pitesti, Bukarest, Ploesti und Buzĕŭ zur Donaumündung führt, zweifellos als förderlich erwiesen. Indessen andererseits ist es nicht weniger bemerkenswerth, dass durch den neuzeitlichen Eisenbahnausbau ebenfalls der Handel der Binnen-Donauhäfen lebhaft gefördert worden ist. Von Severin, Calafatu (gegenüber Widdin), Corabia, T.-Magureli, Giurgevo (gegenüber Ruscuk) und von Calarasi (Silistria gegenüber) gehen Uferbahnen landeinwärts, die jenen grossen transversalen, den Westen mit dem Osten verbindenden Schienenzug rechtwinklich treffen und theilweise weit in die Thäler der transsilvanischen Höhenkämme hinaufführen. Wenngleich sich der grosse Schienenzug Orsova-Verciorova-Severin-Braila zusammen mit diesen fünffachen auf Calafatu, Corabia, T.-Magureli und Giurgevo führenden Abzweigungen als ein verzweigtes, aber in sich sehr einheitliches Bahnsystem darstellt, das die Tendenz der einheitlichen Sammlung und Verfrachtung der Güter nach Braila und Constantza befolgt, so ist doch andererseits nicht zu übersehen, dass auch die Donauhäfen diese Zweigbahnen für ihre Schifffahrtszwecke als eine lokale Verkehrsbasis benutzen und dergestalt auch ihrerseits an diesem Verkehre auf dem grossen durchgehenden Schienenzuge participiren. Angesichts dieser Sachlage ist es ohne Weiteres anzunehmen, dass in dem heutigen Zusammenwirken von Eisenbahn und

Donauschiffahrt der Elbe-Moldau-Donau-Kanal eine volle Neuordnung an-
bahnen wird, indem er der Donau im Westen eine zweite Ausmündung
und dem Getreidehandel hierdurch den kürzesten Weg nach dem Westen
erschliessen wird. Grundsätzlich würde diese Ablenkung nach dem
Westen nicht einmal eine eigentliche Neugestaltung sein; denn schon heute
schlägt, wie wir gesehen haben, keine ganz unbeträchtliche Menge rumänischer und bulgarischer Cerealien aus der Moldau den Schienenweg
Jassy-Czernowitz ein, sodass heute schon die meisten rumänischen
und bulgarischen Donauhäfen an diesem Verkehr nach dem Westen
betheiligt sind[1]); die Verfrachtungen donauaufwärts erfolgen mit den
Schleppschiffen der K. K. priv. Donau-Dampfschifffahrtsgesellschaft
nach Budapest, Wien und Regensburg, von wo aus das Getreide nach
einem grossen Theile Oesterreichs und Baierns, und über Regensburg auch nach Sachsen und Thüringen weiter verladen wird. Die
Neuordnung wird sich deshalb mehr in einer sehr beträchtlichen quantitativen Ausweitung des bisherigen Festland-Transits darstellen und in
diesem Sinne wird unsere Wassertrasse auf den Verkehr im rumänischen
Eisenbahnnetze eine bedeutende Einwirkung dadurch hervorrufen, dass jene
Abzweigungen des transversalen Hauptstranges zur Donau die Rolle von Zu-
bringern für die Donau zum Verkehr stromaufwärts nach dem Westen übernehmen werden. Eine solche Perspective unterstützt die zwiefache Thatsache:
dass einmal Braila's Ausfuhrthätigkeit zum grossen Theile auf einer Concen-
trirung der Getreidetransporte aus den entferntesten westlichen Gebieten des
Landes beruht, und dass zweitens diese westlichen Landestheile nach Quantität
und Qualität des Getreides die productionsreichsten Districte sind. Es trifft
dies vor Allem auf den Bezirk Mehedinti zu, ferner auf den südlich um Craiova
gelegenen District Dolj, auf den District Romaniti mit Karakalu als
Mittelpunkt, auf den zwischen Slatina und Turnu-Magureli gelegenen
District Teleorman, auf den um Giurgevo belegenen District Vlasca,
sowie endlich auch auf den District Ilsov, in dessen reicher Fruchtebene
die Landeshauptstadt Bukarest liegt. Der Maisbau ist am verbreitetsten
in den Districten:

Dolj	mit 143,000 ha.	1892: 3,000,000	Hektoliter Ertrag.
Vlasca	„ 111.000 „	1892: 2,400,000	„ „
Teleorman	„ 111.000 „	1892: 2.600.000	„ „

Die Hauptbezirke für den Weizenbau sind Dolj, Teleorman,
Vlasca, Jalomita, Ilsov, Romanati und Mehedinti, mit einziger Ausnahme
von Jalommitza, also die meisten westlich von Giurgevo belegenen Provinzen.

Eine Bestätigung dieser für Bulgarien wie für Rumänien gleich zu-
treffenden Thatsache hat übrigens die obige Tabelle schon im Voraus

[1]) Das für die Ausfuhr donauaufwärts bestimmte Getreide der westlichen
Landestheile nimmt seinen Weg bahnwärts über Verciorova nach Südungarn und
donauaufwärts nach West- und Nordungarn und nach Süddeutschland.

erbracht, da sie erkennen liess, dass in der ganzen Reihe der Donauhäfen die westlich von Giurgevo liegenden Plätze die weitaus grössten Verladungen aufweisen, nämlich:

Verciorova	1894:	630,000 M.-Ctr.		1894: 1,337,000 „
	1895:	389,000 „	T.-Margureli	1895: 1,359,000 „
	1896:	386,000 „		1896: 1,521,000 „
Turnu-Severin	1894:	169,000 „		1894:　400,000 „
	1895:	600,000 „	Zimnicea	1895:　465,000 „
	1896:	940,000 „		1896:　504,000 „
Calafatu	1894:	1,223,300 „	Coraiba	1896: 1,300,000 „
	1895:	1,219,000 „		1894: 1,192,000 „
	1896:	1,460,000 „	Giurgevo	1895: 1,175,000 „
Bechet	1894:	305,000		1896: 1,278,000 „
	1895:	296,000 „		1894: 6,056,800 M.-Ctr.
	1896:	317,000 „	Zusammen:	1895: 5,503,000 „
				1896: 7,706,000 „

während auf die östlich von Giurjevo liegenden Häfen 1896 nur 810,000 M.-Ctr. oder 10 % entfallen, nämlich

auf Oltenitza {
1894: 604,000 M.-Ctr.
1895: 463,000 „
1896: 554,000 „

„ Silistria {
1894: 127,000 „
1895: 164,000 „
1896: 256,000 „

Zusammen: {
1894: 731,000 M.-Ctr.
1895: 627,000 „
1896: 810,000 „

Ist also von der Thatsache auszugehen, dass der Schwerpunkt der rumänischen Getreideproduction westlich von einer durch Giurgevo über Bukarest nach Norden gezogenen Linie liegt, so folgt daraus, dass das an der Mündung der Donau zusammenströmende Getreide von Braila aus seewärts mit grösseren Frachtspesen belastet nach dem Westen geführt wird, als dieses bei dem Vorhandensein unseres Kanals von den westlichen Donauhäfen stromaufwärts geschehen wird, mit a. W., dass zur Beantwortung der Frage, ob der Binnenwasserweg oder die Seestrasse die grössere Anziehungskraft ausüben werden, der geographische Standort der hauptsächlichsten Getreideproduction in erster Linie die Entscheidung liefert.

*

Die schliesslich folgenden Ermittelungen sind das Ergebniss einer bei den grösseren Getreidehandlungen in Braila, Bukarest, Giurgevo und T.-Magureli, in Sofia, Ruscuk, Varna und Burgas, sowie bei mehreren rumänischen, bulgarischen und österreichischen Seeschifffahrts- und Donau-Rhedereien auf Grund spezificirter Fragestellungen gehaltenen Umfrage, bei welcher der Verfasser mit dankenswerther Bereitwilligkeit eine Unterstützung auch durch die kaiserlichen deutschen Consulate in Bukarest, Braila, Varna, Sofia und Ruscuk erfuhr.

---

¹) Commerce extérieur de la Roumanie, 1896.

Die rumänischen Besitzer und Pächter beginnen den Drusch Mitte Juli. Derselbe dauert in mittleren Ernte-Jahren bis Anfang September, in guten Jahren bis Ende September, auf grossen Herrschaften noch länger. Um diese Zeit herrscht auf den grossen Bahnstationen und in Braila der grösste Andrang. Auf den Bahnhöfen auch der kleinsten Stationen harren hunderte von Waggons Tage lang der Beförderung, während in Braila und Galatz zeitweise am Tage 1000—1200 Waggons einlaufen. Soweit der sofortige Verkauf des Korns es ermöglicht, werden die Züge sogleich in die bereitliegenden Dampfer entladen; was an der Fracht bei fehlender Nachfrage oder in Folge Preisrückganges unverkäuflich bleibt, wird am Hafen eingelagert. Die Kosten der Einlagerung in die Docks und privaten Magazine schwanken je nach der Raumnachfrage, sodass eine Lagerung von 2000 Hectolitern Getreide 3 Mk. aber auch bis 12,50 Mk. per Waggon im Herbstmonat kosten kann. Das donauwärts ankommende Getreide bleibt im Schleppkahn so lange liegen, bis es verkauft ist oder auf Lager genommen werden kann. Da jedoch der Umschlag vom Kahn in das Magazin theurer als die Einlagerung des Getreides ab Magazin ist, so sucht man die Einmagazinirung des Flussgetreides möglichst zu vermeiden. Vom November bis zur neuen Ernte ist der Andrang des Getreides gering und Magazine sind zu dieser Zeit im Ueberfluss zu haben. Für den Winter wird die Waare auch in Schlepps nach Sulina geschickt.

Bezüglich des Antheils der Bahn und der Donau an der Zufuhr des Getreides in die rumänischen Seehäfen weichen die Anschauungen der betheiligten Handelskreise von einander ab. Man kann annehmen, heisst es in einem erstatteten Berichte, dass von den in Braila einkommenden Getreidemengen ungefähr $1/3$ von oberen Donauhäfen herstammt, somit $1/3$ des Getreides stromabwärts angefahren wird; ein weiteres Drittel dürfte zwar ebenfalls von den oberen Donauhäfen angeliefert werden, dieses kommt jedoch aus weiteren Inlanddistricten her, während schliesslich das letzte Drittel nur mit der Eisenbahn aus östlich von Pitesti liegenden Gebieten nach Braila geliefert wird. Galatz ist der Stapelplatz des Moldaugetreides; nichtsdestoweniger kommt auch Getreide aus der Moldau nach Braila, dessen Getreidemarkt sich der Grösse nach zu dem von Galatz wie 10 : 1 verhält. In einem anderen Berichte wird angenommen, dass die Bahnlinie Pitesti-Braila mit ihren Zweigbahnen nahezu die Hälfte des ganzen Brailaer Ausfuhrgetreides anbringe. Wenngleich sich mit Hülfe der Statistik der rumänischen Eisenbahnen diese Frage endgültig präcise beantworten liesse, so bieten doch schon unsere obigen statistischen Ausweise einen hinreichenden Anhalt für die Annahme, dass die Wahrheit ungefähr in der Mitte liegt und dass Braila ca. 70—80% seines Getreides der Schifffahrt auf der Donau entnimmt. Allerdings ist hierbei zu berücksichtigen, dass in diesem Transporte donauwärts bereits erhebliche Bahntransporte mit dem Umschlage in den Donauhäfen enthalten sind, was namentlich auf die Verladungen in Corabia und T.-Magureli zutrifft, wohin das Getreide aus den südwestlich von Pitesti gelegenen Gebieten hauptsächlich gravitirt.

Ist dieses der aus den Berichten der rumänischen Getreideexporteure ermittelte thatsächliche Befund, so wird hierdurch in gleicher Weise die Frage nahe gelegt: ob unsere Kanalstrasse einem grossen Theile des rumänischen Getreides den westeuropäischen Markt auf dem kürzeren Binnenwasserwege erschliessen wird?

Eine endgültige beweisführende Beantwortung dieser Frage liefert die vergleichende Berechnung der durchschnittlichen Transportkosten der Anlage X. 2.

Die Bahnfracht von Pitesti nach Braila kostet per Tonne 11 Frcs. Der Umschlag vom Waggon in's Seeschiff 2—2½ Frcs. Wenn das Getreide vom Waggon in das Magazin übergeführt und von dort zum Schlepp zurückgebracht wird, so betragen die Spesen 5 Frcs. für die Tonne, so dass das Getreide ohne Berücksichtigung der Spesen für seine Lagerung in den Brailaer Magazinen, mit 13½ bis 16 Frcs. belastet, das Seeschiff erreicht. Im Vergleiche hierzu stellen sich die Kosten des Transports von den oberen Donauhäfen aus zu Wasser nach Braila folgendermaassen:

		niedrigster | höchster Stand in den letzten Jahren		Durchschnittlich
		Frcs.	Frcs.	Frcs.
Von T.-Severin . . .		3½	9	7
„ Calafatu	1000 Kg.	2	8	5—4½
„ Corabia	per	1½	7	4
„ T.-Magureli . . .	Schleppschiff	1½	7	4
„ Giurgevo	bis	1¼	7	3½
„ Oltenitza	Braila	1¼	6	3
„ Calarasi		1	6	2½

Die Spesen des Umschlags vom Schleppschiff in das Seeschiff belaufen sich auf 2 Frcs. bis 2,50 Frcs. per Tonne. Die Seefracht von Braila nach Hamburg beträgt in den letzten Jahren nach dem niedrigsten Stande 11 Frcs., nach dem höchsten Stande 28 Frcs. und im Durchschnitt 18 Frcs. Hieraus ergiebt sich, dass die Transportkosten auf der Donau und zur See zum Theil durch die Weltmarktlage des Getreides bedingten Schwankungen unterworfen sind, so dass auf Grund der effectiv gezahlten und danach als Durchschnitt angenommenen Frachten sich die Rechnung annähernd wie folgt stellt:

a) von Pitesti über Braila seewärts nach Hamburg und elbaufwärts nach Magdeburg.

1. Eisenbahnfracht von Pitesti nach Braila   .   8,80 Mk.
2. Eisenbahnfracht von Pitesti nach T.-Magureli[1])   .   .   5,75 Mk.
    Umschlag in T.-Magureli   .   .   .   .   .   .   1,60 „
    Fracht von T.-Magureli donauabwärts nach Braila .   .   3,20 „
    Assekuranz ca. ⅓°⁄₀   .   .   .   .   0,12 „

Transport: 8,80 Mk. 10,67 Mk.

---

[1]) Die Hauptverfrachtungsstationen liegen in der Mitte der Strecke Pitesti — T.-Magureli.

	Latus:	8.80 Mk.	10,67 Mk.
Umschlag in Braila			1,60 „
Seefracht Braila—Hamburg			14,40 „
Assekuranz nach Jahresdurchnitt ca. $^3/_4^0/_0$			0,72 „
Umschlag und Spesen in Hamburg			2,00 „
Flussfracht Hamburg—Magdeburg 294 km. 0,5 Pf. per tkm. . . .			1,50 „
Assekuranz $^1/_8^0/_0$			0,12 „

Zus.: 29,14 Mk. bis 31,01 Mk.

b) hingegen von Pitesti donauaufwärts durch den
Elbe-Moldau-Donau-Kanal:

Eisenbahnfracht von Pitesti nach T.-Magureli . .	5.75 Mk
Umschlag in T.-Magureli	1,60 „

Wasserfracht von T.-Magureli donauwärts und durch den Donau-Moldau-
Elbe-Kanal nach Magdeburg:

ca. 2300 Klm. à 0,6 Pf. per tkm.	13,80 Mk.
Assekuranz ca. $^1/_8^0/_0$	0,12 „
Kanalabgabe im E.-M.-D.-Kanale und E.-T.-Kanale . .	6—8.42 „

Zus.: 27,27 Mk. bis 29,69 Mk

Es liegt mithin in der Benutzung der Donau, soweit es sich um Verfrachtungen von dem central gelegenen Pitesti aus handelt, ein Frachtvortheil von 1—2 Mk. per Tonne.[1]) Diese Transportkostenminderung vergrössert sich jedoch, je mehr westlicher belegene Donauumschlagsplätze als Ausgangspunkt der Versendungen benutzt d. h. an Eisenbahnvorfracht und Stromkilometerlänge gespart wird. Der Gewinn an Stromkilometern beträgt bei Verladungen

ab T.-Severin   349 Klm. à 0.4—0.5 Pf. per tkm = 1,40—1,75 Mk.
  „ Calafatu   214 „   à 0,4—0,5 „   „   „ = 0,85—1,07 „
  „ Corabia   25 „   à 0,4—0,5 „   „   „ = 0,10—0,13 „

Wenn nur geringe oder gar keine Bahnzufuhren hinzutreten, so vergrössert sich dieser Gewinn um ca. 5 Mk. bezw. 6 Mk., sodass Transporte von Weizen und Mais aus ihren Hauptproductionsgebieten im Westen Rumäniens bei directem Umschlage in T.-Severin, Calafatu und Corabia zur Verladung stromaufwärts nach Deutschland gegen den Seeweg transito Braila durch den Elbe-Moldau-Donau-Kanal einen Mindestnutzen von 5 bis 6 Mk. werden finden können. Allerdings wird dieser Nutzen hauptsächlich für die Ausfuhr von Weizen und Mais entstehen, da die Haupterntegebiete von Roggen und Gerste dem Seehafen Braila näher liegen und diese Producte deshalb auch trotz des Elbe-Moldau Donau-Kanals mehr nach Braila gravitiren werden.

Für Bulgarien wird die Sachlage eine ganz ähnliche werden, da auch hier die grössten Ernteüberschüsse dem Westen Nordbulgariens entstammen. Den Mittheilungen der aus bulgarischen Städten zugegangenen

---

[1]) Der obigen Berechnung ist für die Verfrachtung donauwärts von T.-Magureli nach Braila der Durchschnittssatz von 4 Fcs. = 320 Mk. zu Grunde gelegt. Im Sommer 1897 wurden für diese Strecke nur 1—1,20 bezahlt, welcher Frachtsatz einem tonnenkilom. Satze von 0,5 Pfg. entspricht. Für die lange Stromstrecke T.-Magureli— Magdeburg ist der Satz von 0,6 Pfg. per tkm. als mässiger anzusehen. S. Abschnitt IV.

Berichte zufolge liegt der Schwerpunkt des Getreideexportgeschäftes gleich wie in Rumänien, so auch hier hauptsächlich in den Händen der seestädtischen Exporteure. So wenig wie Bukarest ist Sofia ein Getreidemarkt. Die Getreidemärkte sind vielmehr heute da, wo das Getreide zur Ausfuhr fertig gemacht wird: in Ruscuk, Varna, Baltcik, Cavarna, Burgas, sowie in den oberen Donauhäfen. Die Hauptimportplätze für bulgarisches Getreide sind London, Antwerpen (Transit für Deutschland) Hamburg, Cette, Barcelona, Livorno und Constantinopel. Die für diese auswärtigen Märkte bestimmten Sendungen gehen heute mit Ausnahme geringer Partien, die stromaufwärts nach Süddeutschland verladen werden, über Galatz, Braila, Baltcik, Varna, Burgas und Dedeaghatsch, und genau wie in Braila haben auch die Zufuhren in Varna und Burgas die Kosten der Donau-Schleppen, der Bahn und einer mehrfachen Umladung zu tragen. Beispielsweise kostet die Bahnfracht von den an der Bahnlinie Ruscuk—Varna belegenen Sammelplätzen für die Tonne Getreide nach dem Wagenladungstarif

von Ruscuk	nach Varna ca.	240 Klm.	Frcs. 7,00
Razgrad	„　„　„	181 „	„ 5,94
Ischiklar	„　„　„	154 „	„ 5,31
Schejtandjik	„　„　„	122 „	„ 4,78
„ Kaspidschan	„　„　„	88 „	„ 4,47
„ Provady	„　„　„	57 „	„ 3,08

Wenn nun diesen Frachtbeträgen noch die Vorfracht auf der Donau in Ruscuk, die Spesen für Einladung daselbst vom Schlepper in den Waggon und der Umschlag in Varna mit 3—5 Frcs. hinzugerechnet werden, so erreicht das westliche bulgarische Getreide mit 13—16 Frcs. Spesen per Tonne belastet das Seeschiff, die zu einem grossen Bruchtheile vermieden werden können, wenn das Getreide seinen Weg ins Ausland vom Ursprungsorte donauaufwärts antritt, eine Perspective, die an Bedeutung durch die Erwägung gewinnt, dass zeitweise in den Seehäfen in Folge der Ueberfüllung der Bahn- und Seeläger weitere erhebliche Spesen hinzutreten können und das für Deutschland bestimmte bulgarische Getreide grossentheils auf die Verladung über Antwerpen angewiesen ist.

3. Mühlenfabrikate.

Der Schwerpunkt der Nutzwirkungen des Kanals für die Ausfuhr von Mehlproducten wird in Ungarn liegen, denn Oesterreich ist auf dem Gebiete der Mühlenindustrie kein hervorragendes Exportland. Der Jahresbericht der niederösterreichischen Handelskammer in Wien für das Jahr 1895 bemerkt: „Die den ungarischen Mühlen von ihrer Regierung eingeräumten Fracht- und anderen Begünstigungen ermöglichen den transleithanischen Mühlen, Unmassen ihrer Producte zu Preisen auf die cisleithanischen Märkte zu werfen, gegen die der österreichische Müller absolut nicht concurriren konnte. Die ungarischen Mühlen exportirten

im Jahre 1895 ca. 5 Mill. M.-Ctr. Mehl nach den Reichsrathsländern,
eine Ziffer, die nur allzu deutlich documentirt, dass dieselben sämmt-
liche Marktplätze in Oesterreich mit ihren Producten überschwemmen
und dem österreichischen Müller jedes Absatzgebiet streitig zu machen suchen.
In Folge dieser enormen Concurrenz einerseits und der grossen Regie
unserer Mühlen andererseits war der Mahllohn, beziehungsweise der
erzielte Nutzen gleich Null. Während in Ungarn noch immer neue Mühlen
im Entstehen begriffen sind, findet in Oesterreich das Gegentheil statt;
es erfolgen von Jahr zu Jahr Betriebseinstellungen, eine Mühle verschwindet
nach der anderen vom Schauplatze und die einst so blühende österreichische
Mühlenindustrie geht dem Verfalle entgegen." Diese Darlegungen be-
leuchten das Supremat des ungarischen Müllereigewerbes im Donau- und
Moldaulande, das seine Kraft nicht nur dem einheimischen Landbau,
sondern auch der wohlfeilen Anlieferung serbischen und rumänischen Mahl-
kornes entnimmt, mit dessen Verarbeitung sich die ungarische Mühl-
industrie Serbien und Rumänien tributär erhält. Während diese beiden
Staaten jährlich 1 000 000 M.-Ctr. Mahlkorn an die ungarischen Mühlen
liefern, beträgt ihre Ausfuhr von Mehlen aller Art nur 800 Ctr.

a. Die ungarische Mühlenindustrie.

Der Aufschwung der ungarischen Mühlenindustrie datirt aus den
60er Jahren, der Zeit der Londoner Ausstellung (1862), auf welcher die
Jury das ungarische Mehl als das beste der Welt bezeichnete. Im Jahre
1870 gab es in der Hauptstadt schon 14 Dampfmühlen mit 7410 effectiven
Pferdekräften. Auch die Provinzmühlen entwickelten eine starke Betrieb-
samkeit. Mit der Production nahm der Consum zu. Der Export hob
sich parallel. Während aber bis dahin ausschliesslich ungarisches Korn
vermahlen worden war, wurden die schlechten Ernten der siebziger Jahre
die Veranlassung, dass zu dieser Zeit rumänisches Getreide zum ersten
Male in grösseren Mengen ins Land strömte. Die Prosperität der ungarischen Mühlenindustrie — so heisst es in einer ihre Vergangenheit und
Gegenwart trefflich behandelnden Monographie, die auf Veranlassung des
ungarischen Handelsministeriums aus Anlass der Millenniumausstellung
herausgegeben ist,[1] beruht abgesehen von den grossen Dimensionen der
inländischen Getreide-Production besonders auf der vorzüglichen schweren
und stahligen Qualität des ungarischen Weizens, indem der ungarische
Weizen ein Mehl liefert, welches durch kein anderes Mahlproduct übertroffen wird. Seitdem in Folge der Vermehrung der Mühlen der Weizen-
bedarf und mit diesem auch der Preis des Weizens erheblich stieg und
die Mühlen durch die erwähnten schlechten Ernten genöthigt wurden,
ausländischen, zumeist rumänischen Weizen zu kaufen, dessen Einfuhr
durch Aufhebung des Zolles begünstigt wurde, wurden Versuche zur
Mischung des ungarischen Weizens mit ausländischem, vornehmlich mit

---

[1] Diese Schrift ist im Buchhandel erschienen.

rumänischem Weizen gemacht; manche Mühlen begannen sogar ausschliesslich rumänischen Weizen zu vermahlen. Wenn es jedoch früher beklagt wurde, dass seitens der Müller vielfach auf rumänischen Weizen allzugrosses Gewicht gelegt worden sei, so haben sich inzwischen die Qualitäten des rumänischen Weizens so erheblich gebessert, dass diese Bedenken heute wohl nicht mehr in dem früheren Umfange zutreffen. Laut der amtlichen Enquête vom Jahre 1873 waren zu dieser Zeit in Ungarn — ohne Kroatien, Slavonien und die Militärgrenze — insgesammt 24,956 Mühlen im Betriebe, von denen 492 Mühlen Dampfbetrieb hatten, 17,249 Mühlen benutzten Wasserkraft, 854 Windkraft und 6361 thierische Kraft. Das Quantum des jährlich vermahlenen Getreides belief sich auf 23,3 Millionen Hectoliter, aus dem

verschiedene Sorten Feinmehl	4.768.637 M.-Ctr.
gewöhnliches Brotmehl	7,141.687 „
Maismehl	2.002.356 „
Kleie und andere Abfälle	1.998.083 „
Gerstengrütze, Hirse und sonstige Mahlproducte	759.252 „
zusammen rund	17,000,000 M.-Ctr.

hergestellt wurden.

Nach den Ergebnissen der 1885er und 1895er Aufnahme war die Zahl der Mühlen, wiederum ohne Kroatien und Slavonien, die folgende:

	1885	1895
Grösser eingerichtete Dampfmühlen	122 ⎫	1 040
Einfache Dampfmühlen	788 ⎭	
Grösser eingerichtete Wassermühlen	81 ⎫	15 417
einfache Wassermühlen	12 439 ⎭	
Windmühlen	650 ⎫	2 745
Trockenmühlen	3 197 ⎭	
	17 277	20 005,

sodass für diesen Zeitraum von zehn Jahren eine Vermehrung des bisherigen Bestandes um ca. 800 grössere Betriebe vorliegt.

Was die geographische Vertheilung des Mühlengewerbes betrifft, so kommen als Standort hauptsächlich die folgenden Landestheile in Betracht: 1. das central belegene Donau-Theiss-Becken, das Hauptgebiet des Dampfgrossbetriebes, der sich die grossen Wasserstrassenzüge der Donau und Theiss nutzbar gemacht hat; 2. das Theiss-Maros-Becken, in dem vor allem die Wassermühlen-Industrie Siebenbürgens liegt; 3. das linke Teissufer, das grosse Getreide producirende ungarische Tiefland, welches sich zwischen Siebenbürgen und dem central belegenen erstgenannten Donau-Theissbecken von Norden nach Süden zur Donau ausbreitet. Dass die Dampfmühlen in den gebirgigen nördlichen und östlichen Landestheilen am wenigsten Verbreitung haben, erklärt sich nicht nur aus dem Umstande, dass diese Landestheile in der Getreideproduction die verhältnissmässig ärmsten sind, sondern auch daraus, dass sie zahlreiche stark treibende

7*

aus den Gebirgen abfliessende Wasserläufe haben, die eine billige Betriebs-
kraft für den vorherrschenden Kleinbetrieb hergeben.

Die grössten Erträge liefern, wiewohl die Kategorie der Wasser-
mühlen die grösste Zahl der vorhandenen Betriebe in sich vereinigt
(15 417), die Dampfmühlenwerke im Donau-Theissbecken, deren gesammte tägliche Mahlfähigkeit 354,061 M.-Ctr. beträgt, von denen ca.
184 000 M.-Ctr. täglicher Production auf die Dampfmühlen entfallen.
Wollte man das Betriebsjahr mit 200 Arbeitstagen bemessen, so wären
die rund 20 000 ungarischen Mühlen im Stande, jährlich über 70 Mill.
M.-Ctr. Getreide zu vermahlen, d. i. mehr als die gesammte Weizen- und
Roggenernte Ungarns. Die thatsächliche Production ist jedoch eine
geringere. Wenn 5⁰/₀ des Getreides für die Verstaubung abgezogen werden,
so wird das von den verschiedenen Mühlen-Kategorien thatsächlich ver-
mahlene Getreide-Quantum auf 32,45 Millionen M.-Ctr. geschätzt werden
können, während die 1885er Aufnahme das von sämmtlichen Mühlen ver-
mahlene Quantum mit 22,45 Mill. M.-Ctrn. nachwies. Da im Jahre 1893
in Ungarn — ohne Kroatien und Slavonien — insgesammt 43 711 732
M.-Ctr. und im Jahre 1894 39 622 622 M.-Ctr. Weizen, also im Durchschnitt der zwei Jahre 41,67 Mill. M.-Ctr. Weizen geerntet wurden und
hiervon das zur Saat und zu gewerblichen Zwecken verwendete Korn mit
5 Mill. M.-Ctrn., sowie der Export-Ueberschuss mit ebenfalls 5 Mill. M.-Ctrn.
abzuziehen sind, so müssten auf Grund dieser Berechnung zur Vermahlung
31,67 Mill. M.-Ctr. Weizen übrig geblieben sein, also nahezu das Doppelte
der Production von 1885.

Das Uebergewicht der grossen Dampfmühlen ist besonders bei der
Verarbeitung von Weizen, Halbfrucht, Reis und Hirse sehr gross, während
die Vermahlung des Hafers und des Mais, des Roggens und der Gerste
hauptsächlich den kleinen Dampfmühlen zufällt. Eine durchaus dominirende
Rolle haben allmälig die grossen Budapester Dampfmühlen erlangt, deren
Mahlresultate seit dem Jahre 1870 in der folgenden Tabelle zusammengefasst sind:

Jahr	Ver-mahlenes Getreide	Erzeugt wurde:					
		Mehl	Kleie	Mehl u. Kleie zusammen	Mehl	Kleie	Ver-stäubung
		Meter-Centner			in % des vermahlenen Getreides		
1870	3,106,386	2,392,185	593,937	2,986,122	77.01	19.12	3,87
1875	3,148,117	2,367,944	682,303	3,050,247	75,22	21,67	3,11
1881	4,081,937	3,038,611	907,254	3,945,865	74.46	22,23	3,31
1883	5,526,939	4,174,017	1,170,721	5,344,738	75,52	21.18	3,30
1885	5,813,975	4,344,730	1,287,914	5,632,644	74,73	22,15	3.22
1888	6,222,099	4,756,844	1,325,606	6,082,450	76,45	21,30	2,25
1893	7,177,280	5,393,065	1,634,207	7,027,272	75,14	22,77	2,09
1894	7,178,203	5,464,838	1,542,482	7,007,320	76,13	21,49	2.38

Angesichts einer so hochentwickelten quantitativen und qualitativen Leistungsfähigkeit können die in der folgenden Tabelle veranschaulichten Fortschritte der Ausfuhrbewegung nicht überraschen:[1])

Jahr	Einfuhr				Ausfuhr			
	von Weizen	von Mehl	von Kleie	Gesammt	von Weizen	von Mehl	von Kleie	Gesammt
	M.-Ctr.				M.-Ctr.			
1882	746.271	99.160	11.472	856.903	6,020.112	2,891.875	468.521	9,380,508
1883	849.203	70.551	15.107	934.861	5,197.861	3,540,051	510,434	9,248,346
1884	774.926	90,146	8,720	873,792	4,155,116	3.493,895	445.557	8,094,568
1885	666.109	90.530	9.726	766,365	5.466,093	3.499.187	479.938	9,445,218
1886	86.430	108.876	12.170	207,476	5,377,635	3.539.325	392.581	9,309,541
1887	40.461	97,815	12.790	151,066	6,071,658	3,718.308	393,832	10,183,798
1888	66.851	99.894	13.623	180.368	7.863.172	4.755.992	760,623	13,379,787
1889	114,784	97.148	11,066	222.998	5,551,365	4.618.481	764,877	10,934,723
1890	198,735	109,069	18,142	325,946	7.413,742	4,468,186	569.381	12,451,309
1891	370.802	84.520	16.316	471.638	6.489,620	4.812.210	794.304	12,096,134
1892	950.710	61.936	6,976	1.019.622	4,849,931	4.972,973	1.117,832	10,940,736
1893	1,179.630	75.985	15,434	1,271.049	4,936,899	5,577,973	1,229,001	11,743,873
1894	1,186.323	64.392	42,246	1.292.961	5.118.984	5.960,819	715,885	11,795,688
1895	751,876	79,731	114,730	946,337	6.085,817	6,445.721	507,530	13,039,068
1896	1.015.000	64,000	17,261	1,096.261	6,668,000	7,189,000	1,610,872	15,468,000

Die vorstehenden Ziffern verkünden laut, dass Ungarn ein Getreide und Mehl exportirender Staat ist. In den 70er Jahren bewegte sich die Brutto-Ausfuhr von Weizen und Mehl zwischen 2,33 und 6,50 Mill. M.-Ctr, und noch im Jahre 1868 betrug der gesammte Export an Weizen und Mehl nur 8,53 Mill. M.-Ctr., während der Zeitraum vom Jahre 1887 bis zum Jahre 1895 eine Steigerung der Netto-Ausfuhr bis auf 9,92 und 13,20 Mill. M.-Ctr. aufweist. Bemerkenswerth ist dabei das im Durchschnitte sehr erheblich vergrösserte Verhältniss der Ausfuhr von Mehl zur Ausfuhr von Rohweizen. Besonders in den letzten 4 Jahren hat sich dieses Verhältniss sehr zu Gunsten des Exportes des Veredelungsproductes verschoben.

b. Bestrebungen zur Hebung des Exportes ungarischer Mahlproducte.

Indessen trotz dieses objectiv günstigen Entwickelungsstandes wird von der ungarischen Mühlenindustrie nichts so sehr als das Bedürfniss einer Ausweitung des Exportes betont, und es liegt auf der Hand, dass, wenn das österreichische Müllereigewerbe an den Bau des Elbe-Moldau-Donau-Kanals die Befürchtung einer ihm verderblichen weiteren Stärkung der ungarischen Concurrenz knüpft, diese Bedenken in noch höherem Maasse

---

[1]) Auswärtiger Handel der Länder der ungarischen Krone, herausgegeben durch das Königl. ungarische Statistische Amt in Budapest, Jahrgänge 1882—1896.

auf die zollgeschützte deutsche Mühlenindustrie zutreffen. Die erwähnte Jubiläumsschrift bemerkt, dass eine unmittelbare Schienenverbindung nur verhältnissmässig wenige Mühlen haben.[1]) Indessen die meisten grossen, zum Theil auf eine tägliche Mahlfähigkeit von mehr als 6000 M.-Ctr. eingerichteten Handelsmühlen[2]) liegen an der Donau, und weil die Schiffahrtsleistungen der Theiss und der Donau keine andere Industrie so sehr wie diese emporgebracht haben, so wird im Besonderen für die Mühlenindustrie eine Ausdehnung der Schiffahrt nach Norden hinauf gleichbedeutend mit einer geographischen Ausweitung ihrer Concurrenz auf alten und neuen Absatzgebieten sein. Die Tariffrage wird in den ungarischen Müllerkreisen als Reformfrage im Export ohnehin seit Jahren als eine brennende bezeichnet. Die Nothwendigkeit, das Mühlenproduct im Auslande abzusetzen „sei dringender als je geworden".[3]) „Das Handelsministerium habe zwar zum Zwecke der Förderung der Ausfuhr des über Fiume nach England und Brasilien gehenden Mehls Frachtvergünstigungen gewährt, allein diese hätten sich als nicht ausreichend zur weiteren Belebung des Exportes erwiesen." „Unser englischer Export ist alles in allem um 13,358 M.-Ctr. gestiegen, während die brasilianische Ausfuhr sogar um 11,220 M.-Ctr. gesunken ist. In Interessentenkreisen ist man sich darüber im Unklaren, warum die für den Export nach England bewilligten Frachtvergünstigungen nicht auf die nach Frankreich und den anderen westeuropäischen Märkten gehenden Mehltransporte ausgedehnt werden, sodass eine in jeder Hinsicht dankbare Aufgabe der Staatsbahn die wäre, um die Concurrenzfähigkeit der ungarischen Mühlen auch für die Zukunft zu schützen, ihren Export nach Frankreich durch entsprechende Vergünstigungen zu unterstützen." Als besonders wünschenswerth wird zu diesem Zwecke in dem vorstehend citirten Budapester Kammerberichte eine weitere Herabsetzung der Fracht auf Fiume bezeichnet. Die Nettofracht für das nach England bestimmte Mehl betrage von Budapest nach Fiume 66 Kr.; für Mehl aber, das nach anderen westeuropäischen Staaten geht, 84 Kr. per 100 kg., wobei noch in Betracht zu ziehen sei, dass in Galatz die Lokalspesen keine höheren sind als in Fiume, und dass, was Einlagerung etc. betreffe, Galatz dieselben Vortheile biete, wie der Fiumer Hafen.

Diese weitere Herabsetzung für Ausfuhren nach England, Brasilien, ebenso wie nach den jenseits der Gibraltarstrasse liegenden französischen, belgischen und niederländischen Besitzungen bis auf 53 Kr. per 100 kg. ist inzwischen erfolgt.

Bei der Frage der Nutzwirkungen unserer Wasserstrasse für den

---

[1]) A. a. O. S. 33.

[2]) A. a. O. S. 37.

[3]) Jahresbericht der Handels- und Gewerbekammer in Budapest 1894, S. 471.

Export der ungarischen Mühlenfabrikate ist von dem jetzigen Befunde auszugehen. Seit dem Jahre 1886 bezifferte sich unsere Einfuhr und Durchfuhr an Mühlenfabrikaten aller Art aus Oesterreich-Ungarn:

		Einfuhr:	Durchfuhr:
1888	auf	104,000 M.-Ctr.	445,000 M.-Ctr.
1892	„	225,000 „ „	143,000 „ „
1894	„	220,000 „ „	139,000 „ „
1896	„	232.271 „ „	123,000 „ „
1896	„	312,000 „ „	111,000 „ „

An diesen Bewegungen sind, soweit Norddeutschland in Betracht kommt, die Bahnen und die Elbe ungefähr gleichmässig betheiligt. Allerdings ist dabei zu berücksichtigen, dass in den Zufuhren auf den Bahnen russische Durchfuhren mitenthalten sind. Die Einfuhr von Mehl und anderen Mühlenfabrikaten aus Oesterreich-Ungarn **bahnwärts** betrug:

	Insgesammt	davon entfielen auf			
		Schlesien u. Posen.	Berlin	Kgr. Sachsen	Provinz Sachsen. Anh. u. Thüring
1892	1,165,320 M.-Ctr.	698,150	47,440	213,660	75,890
1894	622.840 „	394,920	33.550	112,380	48,140
1895	464,020 „	275,050	24,930	76,890	10,730
1896	1,048,000 „	399,240	15,550	220.690	77,230

Auf der Elbe wurden zu Thal verfrachtet:

1892:	212,000 M.-Ctr.
1893:	113,000 „ „
1894:	180,000 „ „
1895:	120,000 „ „
1896:	175,000 „ „ (Schandau)

Da Deutschland selbst ein stark Mehl exportirendes Land ist, so sind die Zufuhren von Oesterreich-Ungarn die einzigen, welche es in diesem grossen Umfange empfängt. Es ist deshalb anzunehmen, dass gerade die ungarische Mühlenindustrie unsere Wasserstrasse sich hervorragend nutzbar machen wird, wobei es allerdings eine zweite Frage ist, ob die Einfuhr wasserwärts überwiegend für den deutschen Verbrauch oder überwiegend transito über Hamburg und Lübeck zur Durchfuhr nach dem Norden und Westen erfolgen wird.

c. Die Einwirkung des durch den Elbe-Moldau-Donau-Kanal erleichterten Exportes auf die deutsche Mühlenindustrie.

Der deutsche Mehlexport richtete sich früher hauptsächlich nach England; das ungarische Product hat sich jedoch dieses Marktes mit Hülfe der erwähnten Frachtvortheile so erfolgreich bemächtigt, dass die deutschen Mehle in England heute nur noch eine geringe Nachfrage haben.

Daneben war bisher Skandinavien ein wichtiges Absatzgebiet der deutschen Mühlenfabrikate. Hier hat jedoch die französische Industrie gestützt auf die ihren Producten gewährte Bonification einen solchen Vorsprung vor den deutschen Mehlen erreicht, dass ebenfalls Skandinavien als ein halb verlorener Markt anzusehen ist. Die Folgen sind nicht ausgeblieben. Nach dem alten Erfahrungssatze, je grösser das Angebot, desto kleiner die Preise, drückt die Calamität im Mehlexportgeschäft empfindlich auf den Absatz und die Rentabilität der Inlandmühlen. Die mitteldeutschen Mühlen sind zwar ihrerseits eifrigst bestrebt, einen Ersatz für ihre in Norddeutschland verlorenen Absatzgebiete im Süden zu finden. Indessen hier begegnet ihnen mehr und mehr das infolge günstiger Frachtcalculationen unüberwindliche Angebot der ungarischen und österreichischen Mehle, sodass die meisten von ihnen nur noch mit grosser Mühe den Nutzen herauszuwirthschaften vermögen, auf den sie mit Rücksicht auf das schwere Risiko, dem ihr Kapital ausgesetzt ist, rechnen müssen. Es kann somit keine Frage sein, dass der billige Transport des von der Donau kanalwärts in die Elbe zu leitenden ungarischen Mehles zur Erschwerung des mitteldeutschen Mehlhandels empfindlich beitragen wird, zumal ihm die Nebenflüsse und Kanalverbindungen der Elbe nach Ost und West das Herz Deutschlands erschliessen helfen. Solche Befürchtungen werden besonders lebhaft im Bereiche des mittleren und oberen Elbgebiets getheilt. „Wenn eine auch nur annähernde Möglichkeit der Bekämpfung der ungarischen Mehle durch Herstellung von concurrenzfähigen Marken vorhanden wäre," so heisst es in dem erbetenen Gutachten einer grossen Halleschen Mühle, „dann könnte man vielleicht noch ein Für und Wider erwägen; es ist aber ganz ausgeschlossen, aus unseren einheimischen Weizensorten, selbst bei den besten technischen Einrichtungen, ein gleich gutes Mehl wie das ungarische herzustellen, da unsere Landwirthe leider mehr und mehr den Anbau kleberarmer, englischer Weizensorten cultiviren und unser Rohmaterial immer weniger den Ansprüchen genügt, die man an dasselbe zur Herstellung des prima backfähigen Mehles stellen muss. Der ungarische Weizen ist dagegen anerkannt und unbestritten das vorzüglichste Material für Müllereizwecke." Da nun das ungarische Mehl ein im Preise höher stehendes Product ist, so könnte man vielleicht einwenden, dass der Zustrom an dem höheren Preise eine Grenze finden werde. Indessen dieser Einwand beschränkt sich durch die folgende Erwägung. Das Mehl der ungarischen Mühlen hat eine höhere Backfähigkeit als das aus unseren inländischen Getreidesorten gewonnene Mehl und darum wird es den ungarischen Fabrikaten nicht allzu schwer werden, sich einen Absatz zu verschaffen. Das deutsche Mehl erhält seine Backfähigkeit erst durch einen procentual ziemlich hohen Zusatz ausländischen Getreides, der seinen Preis erheblich vertheuert. Auch durch diesen Zusatz fremdländischen Getreides — der Provenienzen Amerika,

Russland, Serbien, Rumänien und der Türkei — kann das deutsche Product immer noch nicht die Güte erlangen, die das ungarische Mehl an sich besitzt. In Berlin haben beispielsweise unlängst im Laufe eines Tages 250,000 bis 300,000 Ctr. Mehl aus Ungarn untergebracht werden können, was fast 20 bis 30% des Berliner Mehlconsums ausmacht. Dabei wird in neuerer Zeit auch viel amerikanisches Mehl in Berlin eingeführt, sodass dem deutschen Fabrikate dieser wichtige Markt mehr und mehr verloren geht. Der einzige Nutzen, den die deutschen Mühlen von der Kanalstrasse zu erwarten hätten, wäre der, dass sie zu einem billigeren Bezuge des kleberreichen ungarischen Weizens und der südeuropäischen Kornarten gelangen könnten, bei deren Einfuhr die mittel- und oberelbischen Mühlen auf den Seeweg und den Transit über Hamburg angewiesen sind. Dass in dieser Beziehung für einzelne Mühlen, die hervorragend rumänisches und bulgarisches Korn verarbeiten, erhebliche Gewinne entstehen können, ist schon oben dargethan worden (S. 93—97). Eine Graupenmühle in Aken verarbeitet beispielsweise fast ausschliesslich rumänische Gerste. Wenn deren Transport gegen den jetzigen Seeweg kanalwärts per 1 Tonne auch nur um 1 bis 2 Mk. billiger werden würde, so würden bei einer jährlichen Verarbeitung von rund 300000 Ctrn. an Transportkosten rund 10000—20000 Mk. gespart werden können.

d. Die Ausfuhr ungarischer Mehle nach dem Norden.

Hinsichtlich des Transits ungarischen Mehles durch den Kanal und die Elbe über Hamburg und Lübeck hinaus könnte eine wirksamere Beschickung der skandinavischen Märkte in Frage kommen, auf denen das ungarische Product zur Zeit dem überwältigenden amerikanischen Wettbewerbe[1] unterliegt. Selbstverständlich würden alle Gewinne der ungarischen Industrie auch hier ein Schaden der deutschen Müllerei und hauptsächlich der Etablissements der Seehäfen werden, die die Hauptträger des Exportes nach dem Norden sind. Allerdings erscheinen hierfür die Chancen, wie dies den im Nachfolgenden auszugsweise wiedergegebenen gutachtlichen Aeusserungen zu entnehmen ist, nicht sonderlich gross. Nach den Angaben ihrer amtlichen Statistik vom Jahre 1895 und 1896 versorgten sich die nordischen Länder wie folgt:

---

[1] Das amerikanische Product ist vorwiegend nordamerikanisches. — Wie bedeutend sich die argentinische Mühlenindustrie entwickelt, geht aus einem officiellen Berichte an das State Department in Washington hervor. Die in Argentinien bestehenden 419 Mühlen liefern jährlich 1.345.000 t Mehl erster Qualität, wozu sie 2,000,000 t Weizen benöthigen. Für die Qualität des argentinischen Mehls spricht der Umstand, dass es auf der Pariser Ausstellung 1889 durch einen grossen Preis, durch zwei goldene und mehrere silberne Medaillen ausgezeichnet wurde.

Es wurden eingeführt in:		aus Deutschland M.-Ctr.	aus Gross- britanien M.-Ctr.	aus Nord- amerika M.-Ctr.	aus Russland M.-Ctr.	aus Däne- mark M.-Ctr.
Norwegen[1]	1895:	569,000	33,000	25.000	55,000	15,000
	1896:	500,818	48,869	19,698	66,634	12,200
Schweden[2]	1895:	119,000	6,000	9.500	3.635	16,000
	1896:	119,000	20,000	4.000	12.000	19,000
Dänemark[3]	1895:	95,000	5,900	36,000	700	—
	1896:	53,000	13,000	27,000	7,000	—
Finnland[4]	1895:	456,888	8,201	—	839,232	5,823
	1896:	355,758	8,232	—	899.232	9,361
Summa	1895:	1,240,000	53,000	71,000	899,000	37,000
	1896:	1,029,000	90,000	50,698	925,000	41,000

Zu beachten ist hierbei jedoch im Einzelnen das Nachstehende:

Norwegen.

Von den in Norwegen aus Deutschland eingeführten Mehlen ist ein grosser Theil thatsächlich kein deutsches, sondern amerikanisches Weizenmehl, welches das ganze Jahr hindurch von Amerika über Hamburg transitirt. Englisches Mehl wird nach Norwegen garnicht ausgeführt; was von England in Christiania ankommt, ist ebenfalls amerikanisches über England transitirendes Product. Das in der norwegischen Statistik und deshalb in der obigen Tabelle als aus Nordamerika importirt angegebene Quantum ist somit statistisch nur unvollständig nachgewiesen, da ihm ein sehr grosser Theil des von Deutschland eingeführten, sowie das ganze Quantum des aus Grossbritannien importirten Mehles hinzugefügt werden muss.

Christiania.

Christiania führt aus Russland nur noch wenig und aus Dänemarkgar kein Mehl ein. Das ungarische Weizenmehl ist allerdings wegen seiner feineren Qualität auch in Norwegen geschätzt; sein hoher Preis hat jedoch den guten französischen Mehlen die Concurrenz so sehr erleichtert, dass es in den letzten Jahren fast ganz durch französische und amerikanische Mehle[5] der besten Qualität verdrängt worden ist, ein Schicksal, welches ebenfalls die deutschen Weizenmehle theilen, da auch sie nicht im Stande sind, mit jenen Provenienzen

[1] Norges officielle Statistik. Tabeller vedkommende Norges Handel i aaret 1895, 1896.

[2] Bidrag till Sveriges officiela Statistik, Utrikes Handel och Sjöfart för 1895, 1896.

[3] Danmarks Statistik. Kongerigets Vareindforsel og-udforsel etc. i aaret 1895, 1896. —

[4] Bidrag till Finlands officiela Statistik. I. Handel och Sjöfart för 1895 und 1896.

[5] Die mit directen Dampfern zu einem sehr billigen Preise nach Christiania gelangen.

zu concurriren. Die Verbilligung des Transportes mittelst des Elbe-Donau-Kanals müsste also schon eine sehr bedeutende sein, wenn das ungarische Mehl befähigt werden sollte, mit dem wohlfeilen französischen und amerikanischen Mehl zu concurriren. Mit Ausnahme der ungarischen Weizenmehle, welche stets bordfrei Hamburg nach Christiania verkauft werden, pflegen alle anderen Mehlsorten vom Auslande cif Christiania, also inclusive Fracht, Assekuranz und anderer Spesen nach Christiania facturirt zu werden. Die Verkaufspreise waren vom September 1895 bis ultimo 1896 für die besten Qualitäten — zu steigenden Notirungen — die nachstehenden per 100 kg incl. Sack:

ungarisches   Weizenmehl 20—25 Mk. bordfrei Hamburg, also exclusive Fracht
und Assekuranz bis hierher.

amerikanisches   „   16—23 Schilling ⎫ cif Christiania. also incl. Fracht
deutsches   -   16—20 Mk.   ⎬   und Assekuranz.
französisches   „   18—23 Fcs.   ⎭

Einheimisch norwegisches Mehl wurde zu 16 bis 19½ Kronen loco verkauft.

Bergen.

Der Import ungarischer Mehle an diesem Platze hat sich bisher auf die feinsten Qualitäten beschränkt; trotzdem hat er auch hier gegen die Einfuhr amerikanischer Mehle verloren. Ob eine Verfrachtung zu Wasser von Budapest über Hamburg oder Lübeck die Einfuhr in Bergen vergrössern würde, glauben die dieser Darstellung zu Grunde liegenden Berichte im Voraus nicht bestimmen zu können[1]). Solange Frankreich seine Mühlenindustrie stark begünstigt, wie es zur Zeit der Fall ist, solange werden auch, wie man meint, die Mühlenfabrikate anderer Länder darunter zu leiden haben. Es hat sich gerade im letzten Jahre gezeigt, dass sowohl die Einfuhr von Deutschland wie selbst die von Amerika unter diesem Einflusse in Bergen abgenommen hat. Die Weizenmehlpreise erfuhren vom Monat August ab bis in den Monat Dezember 1896 hinein die folgende Steigerung:

amerikanisches Mehl der besten Marke 17 sh. 9 d. bis 24 sh.⎫
„   „   „ zweiten Marke 15 sh. 9 d. bis 18 sh.⎬ per 100 kg. cif Bergen.

(Die Fracht von Amerika schwankte von 2 sh. 6 d. bis 4 sh. per Sack.)

deutsches Mehl stieg von Mk. 11,60 bis Mk. 14,75 per 100 kg. frei ab Kiel. Die Fracht betrug gewöhnlich 60 Pf. pro Sack. Die Preise für ungarisches Mehl verschiedener Marken wurden wie folgt notirt:

Nro. 0   1   2   3   4
Mk. 20½—26; Mk. 20—25¼: Mk. 19½—24½: Mk. 18¾—23¾: Mk. 17¾—21½.
alles per 100 kg. f. a. B. in Hamburg via Elbe. Die Fracht von Hamburg nach Bergen betrug 80 Öre per Sack, der Zoll Kr. 2 per Sack (100 kg). Einheimisches Weizenmehl wird fast garnicht fabricirt.

---

[1]) Die Herren Berichterstatter des Nordens sind übereinstimmend nach dem an ihren Plätzen für die Herbstmonate des Jahres 1896 festgestellten Stand der Preise aller gehandelten Mehle befragt worden.

Drontheim.

Auch hier ist der Import von ungarischem Weizenmehl wegen seines theuren Preises sehr gering. Auf Grund der durch den Elbe-Moldau-Donau-Kanal zu beschaffenden durchgehenden Verfrachtung nach Hamburg, wohin Drontheim directe Dampferverbindung unterhält, wäre es nach Ansicht dortiger Händler vielleicht möglich, grössere Quantitäten zu importiren, falls die Preise soweit ermässigt würden, dass hierdurch andere Bezüge zurückgedrängt würden. Die Preise waren hier im letzten Herbste per 100 kg:

ungarisches Weizenmehl Mk. 21$^1/_2$ bis Mk. 23 f. a. B. Budapest.
amerikanisches Weizenmehl Mk. 14 bis Mk. 21 f. a. B. New-York, Assekuranz $^1/_4\,^0/_0$.
französisches Weizenmehl frs. 16 bis frs. 20 f. a. B. Antwerpen, Fracht frs. 1,
        Assekuranz $^1/_4\,^0/_0$.
norweg. (Bergen) Weizenmehl Kr. 17 bis Kr. 20 f. a. B. Bergen, Fracht 30 Öre.
        Assekuranz $^1/_4\,^0/_0$.
deutsches Weizenmehl Kr. 12,75 bis Kr. 17,75 f. a. B. Kiel Fracht Kr. 1,20, Asse
        kuranz $^1/_4\,^0/_0$.

Schweden.

Die Einfuhr ausländischen Mehles ist in Schweden seit einer Reihe von Jahren in steter Abnahme begriffen. Es wurden eingeführt:

	1894:	1895:	1896:
Januar b. November {Roggenmehl	190.000 M.-Ctr.	78,000 M.-Ctr.	83,000 M.-Ctr.
{Weizenmehl	282.000 M.-Ctr.	84,000 M.-Ctr.	90,000 M.-Gtr.

Die Gesammteinfuhr an Weizenmehl ist von 378,000 M.-Ctrn. im J. 1894 auf 70,000 M.-Ctr. im J. 1895 und die Gesammteinfuhr an Roggenmehl von 240.000 M.-Ctr. im J. 1894 auf 70,000 M.-Ctr. im J. 1895 gesunken; im J. 1896 betrug letztere 92,000 M.-Ctr. Gleichzeitig hat allerdings auch die Einfuhr von Weizen und Roggen abgenommen, wenn auch nicht in dem gleichen Maasse. Noch immer liefert Deutschland hauptsächlich Weizen und Roggen sowie fast die Gesammtmenge des importirten Roggenmehls. Während der Werth des aus dem Auslande eingeführten Mehls für das Jahr 1894 auf 7,6 Mill. Kronen angegeben wurde, betrug derselbe im Jahre 1895 nur 1,9 Millionen Kronen, 1896 1.3 Mill. Kronen. Auf die Einfuhr aus Deutschland entfielen:

im Jahre 1894:
Weizenmehl im Werthe von 3.1 Mill. Kr.
Roggenmehl   „   „   „ 1.9 „   „
im Jahre 1896:
Weizenmehl im Werthe von 740,131 Kr.
Roggenmehl „   „   „ 593.305 „

Auf die übrigen Einfuhrländer einschliesslich Grossbritannien entfallen unvergleichlich geringere Quantitäten, was sich aus dem oben erwähnten Umstande erklärt, dass sich die Einfuhr aus dem Westen vornehmlich via Hamburg vollzieht und als deutscher Import registrirt wird. Während die südamerikanischen Staaten in den Zolllisten vollständig fehlen, kommen auf Nordamerika:

im Jahre 1894: 14,138 M.-Ctr. Weizenmehl,
„   „   1895: 4.169   „   Roggenmehl,
„   „   1896: 3,133   „   Weizenmehl.

Der erwähnte Rückgang der Mehleinfuhr erklärt sich vorzugsweise aus der zunehmenden Eigenproduction, ausserdem aus der Erhöhung des Mehlzolles, der im Verhältnisse zum Zollsatze für Weizen und Roggen ein sehr hoher ist.[1]) Wie auf zahlreichen anderen Gebieten des Erwerbslebens Schwedens strebt auch die Mühlenindustrie nach möglichster Unabhängigkeit vom Auslande.

Stockholm.

In Stockholm ist die Erbauung einer grossen Dampfmühle im Werke und nach der Meinung dortiger Sachverständiger wird dieselbe einen sehr nachdrücklichen Einfluss in Richtung einer weiteren Verminderung der Mehleinfuhr ausüben.   An sich, fügt man hinzu, ist die Kaufkraft Schwedens wegen der relativen Kapitalarmuth des Landes eine relativ beschränkte und der Consum des Mehles richtet sich deshalb nicht nur nach der Qualität der einen oder anderen Gattung, sondern auch nach ihrem Preise.   Die Bevorzugung der Einfuhr aus bezw. über Deutschland erklärt sich aus der grösseren Zahl von Frachtgelegenheiten, in zweiter Linie aber auch daraus, dass die deutschen Geschäftsleute bequemere Zahlungs- und Creditbedingungen zu bewilligen pflegen, als ihre Concurrenten in anderen Ländern.[2]) Die Durchschnittspreise in Stockholm bezifferten sich während der Periode vom 1. October 1895 bis zum 1 October 1896 incl. Zoll

für Weizenmehl auf 19 Kr. per 100 kg.
„ Roggenmehl „ 16 „   „ 100 „

Nach einem anderen Berichte notirte Weizenmehl Anfang October 1896 21$^1/_2$ bis 22$^3/_4$ Kr., stieg aber gegen Jahresschluss auf 25$^3/_4$ bis 27 Kr. incl. Zoll per 100 Klgr. Das Roggenmehl stieg von 13 bis 13$^1/_2$ Kr. am 1. October 1896 auf 14 Kr. zu Ende desselben Monats.

Gothenburg.

Die Berichte aus Gothenburg bestätigen für diesen Platz die im Vorstehenden geschilderte Lage. Der Import von Weizenmehl spielt in Gothenburg nur noch eine unbedeutende Rolle. Gothenburg importirte 1894 noch 112,457 Sack, 1895 nur 35,907 Sack. Diese Abnahme trifft in erster Reihe Dänemark, in zweiter Linie aber die deutsche Müllerei. Das ungarische Mehl ist

---

[1]) Er beträgt 6$^1/_2$ Kr. per 100 Klgr. Der Zoll auf Korn beträgt nur 3$^7/_{10}$ Kr. per 100 Klgr.

[2]) Zugleich mit der Mehl-Einfuhr hat auch der Import von Getreide eine gewisse Verminderung erfahren. Seit Einführung der erhöhten Zollsätze vom Jahre 1895 ist die Höhe der früheren Ziffern nicht erreicht worden. Die Einfuhr deutschen Weizens, die im Jahre 1894 70,200 t. betrug (6,8 Mill. Kr.) war im Jahre 1895 auf 56,900 t. (5,6 Mill. Kr.) zurückgegangen, während für Roggen eine zeitweilige Zunahme bemerkbar wurde. (S. Anlage Nr. 2.)

bisher nur in geringem Umfange für Zwecke der Kuchenbäcker etc. importirt worden. Von England her wird nichts eingeführt. Der Import amerikanischen Mehles unterliegt naturgemäss den starken Preisschwankungen des Marktes, wenngleich die Einfuhr des deutschen Productes im Uebrigen mehr von dem Bedarfe Schwedens an gesichtetem Roggenmehl abhängig ist, dessen Einfuhr unter dem Einflusse der begünstigten französischen Concurrenz im allgemeinen im Rückgange begriffen ist.

Helsingborg.

Auch der Handel in Helsingborg bestätigt, dass von Deutschland nach Schweden wohl Roggenmehl, aber nur wenig Weizenmehl importirt wird. Ehe 1895 die letzte Zollerhöhung eintrat, wurden hier von Amerika erhebliche Mengen von Weizenmehl eingeführt. Im letzten Jahre haben diese Zufuhren jedoch bedeutend nachgelassen.

Die Preise waren per 100 Kg. für:

prima schwedisches Weizenmehl September 1896	Kr.	19.50
	October	1896	„	20.50
	November	1896		23.50
	December	1896	„	23.50
prima amerikanisches Weizenmehl incl. Zoll und andere Spesen nicht unter 22 Kr.. verzollt		„	28.50

Dänemark.

Die Einfuhr von Mehl in Dänemark, die im Jahre 1896 ca. 143,000 M.-Ctr. betrug, besteht hauptsächlich aus Roggenmehl von Deutschland (Stettin und Königsberg) und Weizenmehl von Amerika. Das letztere wird in Folge des billigeren Preises hier in gleicher Weise vor dem europäischen Weizenmehl bevorzugt. Selbst das inländische dänische Weizenmehl kann sich vor dem amerikanischen nur schwer behaupten. Der Import Dänemarks an ungarischem Mehl übersteigt kaum 3000 M.-Ctr. jährlich, da solches hauptsächlich nur „fancy"-Zwecken dient. Die Preise werden in Copenhagen nur für einheimisches Mehl notirt und wöchentlich im Amtsblatt bekannt gemacht; jedoch ist zu erwähnen, dass die officiell notirten Preise sowohl für Mehl wie für Kleie nominelle sind, da hier jeder Bäcker oder sonstige Käufer weiss, dass man 10—15% unter der officiellen Notirung für Mehl und 5—10% für Kleie kaufen kann. Der Mehlverkauf geschieht in Kopenhagen überhaupt auf eine für die Verkäufer sehr ungünstige Weise, indem die einheimischen grossen Mühlen mit den Bäckern Lieferungen für das ganze Jahr abschliessen. Die Contracte werden natürlich bei möglichst niedriger Konjunctur geschlossen; lauten die Contracte zeitweilig zu Gunsten der Mühlen, so pflegen die Bäcker das zu theuer gekaufte Mehl nicht abzuholen und Streitigkeiten über derartige Contracte sind deshalb an der Tagesordnung. Mehl ist zur Zeit noch zollfrei in Dänemark. Die besonders Interessirten sind jedoch eifrigst bemüht, zu bewirken, dass fremdes Mehl vom

Markte durch hohe Zölle ausgeschlossen werde. Die Zahl der heimischen Mühlen hat zugenommen und daher wird im Ganzen mehr Korn als Mehl aus dem Auslande importirt.

Finnland.

Was den Umfang der Einfuhr von Weizenmehl betrifft, das der finnländische Markt aufzunehmen vermag, so wird ihr Umfang von dem wechselnden Ausfalle der Weizenernte in Finnland deshalb nur sehr wenig beeinflusst, weil Finnland wegen seines nordischen Klimas wenig Weizen anbaut, sodass es auf beträchtliche Zufuhren vom Auslande dauernd angewiesen bleibt. Die nachstehende, theilweise der amtlichen Statistik entnommene Tabelle gewährt eine Uebersicht der Gesammteinfuhren Finnlands:

Herkunfts-land.	Ausfuhrhäfen.	Seefracht. Asse-curanz für 100 kg. Weizenmehl von	Originalpreis für 100 kg. Weizenmehl		Preis per 100 kg. cif. Helsingfors			Import im Jahre 1895 nach Finnland	
			cif. Helsingfors Minus	Maxi-mum Rbl.	1896 Minus Fm	Maxi-mum Fm	Durch-schnitt Fm	Roggen-mehl M.-Ctr.	Weizen-mehl M.-Ctr.
Russ-land	St. Petersburg Reval Libau Odessa	ca. Fm 60 „ „ 50 „ „ 75 „ 2,50	Rbl. 6,30 per 5 Pud.	7.80	21.—	26.—	23,50	606,629	228,210
Amerika	Minneapolis . . Baltimore und St. Louis . . . via Hamburg od. London	davon die ½ Binnenland-kosten und ½ Oceanfracten (Fm 5.— „ 6.—	Sch. 14 pr. 220 lbs. cif.	18	17,75	22,90	20.30	—	—
Deutsch-land	Hamburg, Altona Stettin Danzig Königsberg Lübeck	Fm 20 „ 80 „ 70 „ 70 „ 60	Rm 10.— per 100 kg cif.	14.—	12,40	17,40	14,90	377,148	79,696
Frank-reich	Havre Marseille	„ 1,50 „ 2,70	Frcs.13.—	22	13.—	22.—	17,50	—	70.472
Ungarn	von Budapest per Bahn und Kahn via Stettin . . von Budapest via Laube-Hamburg	„ — „ —	Km 20.— „ 19.—	27.— 26.—	24,80 23,60	33,50 23.25	29,15 27.90	— —	— —
Schweden Norwegen Dänemark England Belgien								893 5 000 73 —	724 5 515 8 170 648
								989,743	393,435

Der grösste Theil des von Deutschland eingeführten Quantums von rund 80,000 M.-Ctrn. Weizenmehl ist auch hier amerikanisches Product, welches bei der Umladung in Hamburg Deutschland nur berührt hat. Auch die Einfuhren von Schweden, Norwegen, Dänemark, England und Belgien mit zusammen 20,000 M.-Ctr. sind ausschliesslich amerikanische

Provenienz, sodass wohl hieraus, nicht aber aus den obigen amtlichen statistischen Angaben das hervorragende Geschäft erhellt, welches die amerikanischen Mühlen im Norden und speciell in Finnland jährlich abschliessen. Von Oesterreich-Ungarn ist in den letzten Jahren infolge des hohen Preises überhaupt kein Mehl angebracht worden. Während Russland und theilweise Amerika die besseren und besten Weizenmehle und Frankreich die mittleren hierher liefern, begnügt sich Deutschland im Allgemeinen mit der Einführung von mittleren und geringsten Qualitäten. Die finländischen Berichte heben hervor, dass die russischen Mehle trotz ihres starken Verbrauches namentlich in den Grenzdistricten des Landes immer noch zu verbreiteten Klagen über Unreinheit Anlass geben; sie geben jedoch gleichwohl den besten russischen Marken das Zeugniss, dass sie den höchsten ungarischen Marken an Qualität sehr nahe und theilweise sogar gleich kommen.

Åbo.

Ungarische, sowie englische Weizenmehle gehen hier garnicht, inländische auch nur wenig. Das beliebteste amerikanische Product wurde hierher von Minneapolis zum billigen Preise verfrachtet. Das finnländische Mehl notirte im Herbste 1896 19—20 Fm.

Björneborg.

In Björneborg wird nur russisches von St. Petersburg bezogenes russisches Mehl gekauft, dessen Primaqualität mit Rub. 8,50 per Sack von 5 Pud frei an Bord bezahlt wurde.

*

Der Gesammteindruck des Vorstehenden ist, dass der Norden wohl einer Aufnahme von 2—2½ Millionen M.-Ctrn. fremden Mehles fähig ist, dieses Bedürfniss aber hauptsächlich von Amerika und Frankreich und erst in zweiter Linie von Deutschland und Russland gedeckt wird. Ungarische Mehle finden im Norden ihres hohen Preises wegen zur Zeit nur eine geringe Nachfrage. Die Frage, ob sie bei einem billigeren Wassertransporte durch Oesterreich einen grösseren Absatz gewinnen würden, hängt von dem Maasse der zu erwartenden Kostenminderung ab. Gegenwärtig berechnet sich die Fracht von 1 Tonne (20 Ctr.) in Wagenladungsmengen wie folgt:

a. Im Umschlage in Laube via Hamburg.

Eisenbahnfracht von Budapest nach Laube	23,50 Mk.
Umschlag daselbst	2,00 „
elbwärts auf Hamburg 674 km. 0,75 Pfg., per 1 tkm.	5,06 „
Umschlag in Hamburg	2,00 „
Fracht von Hamburg nach Christiania 5 Kronen = 5,60 Mk. per Tonne	5,60 „
	38,16 Mk.

b. über Fiume seewärts nach Christiania.

Von Budapest nach Fiume 100 kg. 53 Kr. = 5,30 fl. per Tonne .	9,01 Mk.
Umschlag in Fiume u. andere Spesen	1,50 — 2,00 „
Seefracht von Fiume nach Christiania[1]) anzunehmen mit etwa	28,00 „
Seeassekuranz ³⁄₄%	1,58 „

Zus.: 40,09—40,59 Mk.

c. per Elbe-Moldau-Donau-Kanal.

	Hamburg	Lübeck
Von Budapest nach Hamburg oder Lübeck 1532 km. u. 1553 km. 1 Pfg. per 1 tkm. .	15,32 Mk.	15,53 Mk.
Abgabe im Donau-Moldau-Elbe-Kanal[2]) . 6,00 — 8,42 „	6,00 — 8,42 „	
Abgabe im Elbe-Trave-Kanal . .	— „	0,34 „
Assekuranz 1¼%	0,53 „	0,53 „
Umschlag u. andere Spesen in Hamburg oder Lübeck	2,00 „	1,50 „
Seefracht nach Christiania . .	5,60 „	5,60 „
Seeassekuranz ³⁄₄%[3]) . . .	1,58 „	1,58 „

Zus.: 31,03—33,45 Mk.   31,08—33,50 Mk.

Diese vergleichende Frachtberechnung erweist im Vergleiche zum Bahn-
und Seewege für die Benutzung einer von Budapest nach Hamburg und Lübeck
reichenden Verfrachtung zu Wasser eine Ersparniss von ca. 5—6 Mk. per t., die
allerdings, wie in dem Berichte einer Helsingforser Firma gesagt wird, nicht
ausreichen würde, die zwischen den Preisen der ungarischen und der russischen
bezw. amerikanischen Mehle bestehende Preisdifferenz von 5—6 Mk. auszu-
gleichen. Trotzdem ist sie erheblich genug, dass von ihr ein fühlbarer
Eingriff in das Absatzgebiet des deutschen Mehles auch im Norden befürchtet werden muss. Der nachfolgenden Zusammenstellung der Mehl-
preise in Christiania, Bergen, Drontheim, Stockholm, Helsingborg, Kopenhagen, Helsingfors und Åbo während der Herbstmonate des Jahres 1896
zufolge zeichnen sich die amerikanischen, französischen und deutschen
Mehle gegen die ungarischen allerdings durch erheblich billigere Preise
aus. Immerhin kommen auch die besten amerikanischen und französischen
Sorten den ungarischen im Preise nahe und wesentlich im Bereiche des Consums besserer amerikanischer und deutscher Marken würde somit unter der
Einwirkung einer Frachtverminderung von 5—6 Mk. per Tonne eine
Ausbreitung der Ungarmehle jedenfalls Platz greifen. Darauf allerdings
würde sich die Wirkung der Kanalstrasse beschränken.

---

[1]) Die Verfrachtung über Fiume seewärts nach Christiania kommt thatsächlich
nicht in Betracht, da eine directe Schiffsverbindung keine Grundlage in einem
regelmässigen Güterverkehr hat. Es könnte sich bei diesem Seewege somit nur
um eine Verladung ab Fiume über Hamburg oder Hull etc. nach dem Norden
handeln. Im Durchschnitt 1694—1896 war für die Fracht von Fiume nach
Christiania niedrigster Satz 27 sh. 6 d., höchster Satz 30 sh. Gef. Mitthlg. der
Hdk. zu Fiume.

[2]) Siehe Abschnitt IV.

[3]) Siehe Abschnitt IV.

Preise der Mehle im Herbste 1896:

	in Norwegen.					in Schweden.			in Dänemark.				in Finnland.		
	Christiania		Bergen		Drontheim		Stockholm	Helsingborg				Helsingfors		Åbo	
	von Mk.	bis Mk.	von Mk.	bis Mk.	von Mk.	bis Mk.	von Mk.	bis Mk.	von Mk.	bis Mk.	von Mk.	bis Mk.	von Mk.	bis Mk.	von Mk.	bis Mk.
1. ungarisch. Weizenmehl.	20	25	No. 0-20½ 26[1] / „ 1-20 25¼ / „ 2-19½ 24½ / „ 3-18¾ 23¾ / „ 4-71¾ 21¾		21½	23[2]							20.09 27.13[3] / 19,28 26.12[4]			
2. amerikan. Weizenmehl.	16	23	17,72 24[5] / 15,72 18[6]		14	21[7]			24.75[9] / 35,62[8]				14,38 18.55[10]		17,82 21.06[11]	
3. deutsches Weizenmehl.	14.40	16	11,60	14.75[12]	14.34	19.97[13]							10.04 14.09[14]		19,14	
4. französ. Weizenmehl.	14.40	18.40			14.40	16[15]							10,53 17,82[16]		17.82	21.06

[1]) incl. Fracht, Spesen und Assekuranz ohne Zoll.
[2]) f. a. B. Budapest.
[3]) von Budapest per Bahn und Kahn via Stettin.
[4]) „ „ via Laube und Hamburg.
[5]) beste Sorte } incl. Fracht, Spesen und Assekuranz ohne Zoll.
[6]) II. Sorte }
[7]) f. a. B. New-York.
[8]) ohne Zoll, incl. Spesen und Assekuranz.
[9]) incl. Fracht, Spesen und Assekuranz.
[10]) dto.   dto.   dto.
[11]) incl. Fracht, Spesen und Assekuranz ohne Zoll.
[12]) f. a. B. New-York.
[13]) incl. Fracht, Spesen und Assekuranz.
[14]) f. a. B. Antwerpen.
[15]) incl. Fracht, Spesen und Assekuranz.

Frachten:

	Mk.
Von Minneapolis. Baltimore und St. Louis via Hamburg oder London	4.05
von Hamburg-Altona n.Helsingfors	1.04
„ Stettin	0.65
„ Danzig	0.57
„ Königsberg	0.57
„ Lübeck	0.49
„ Havre	1.21
„ Marseille	2.19
„ St. Petersburg ..	0.49
„ Reval „	0.41

per 100 kg.

Frachten:

	Mk.
von Liebau nach Helsingfors .	0,61
„ Odessa „ „	2.02
„ Hamburg—Bergen .	0,90
„ Amerika— . .	2,54
„ Kiel— „ . . .	0.60
„ Minneapolis nach Åbo .	0,81
„ Lübeck nach Åbo . . .	0,65
„ Marseille nach Åbo . . .	2.05
„ Kiel—Drontheim .	1,35
„ Bergen—Drontheim . .	0,34
„ Antwerpen—Drontheim . .	0,80

per 100 kg.

Im Transit nach England würde der Kanal mit den billigen ungarischen Special-Ausfuhrtarifen für Verladungen über Fiume von 53 Kr. per 100 kg. zu concurriren haben. Diese Verladungen erfordern:

an Bahnfracht von Budapest nach Fiume per Tonne Mk. 9,01   9,01 Mk.
Umschlag u. andere Spesen in Fiume   .   . „ 1,50 bis 2,00 „
Seefracht nach London .   .   .   . ca. „ 16,00 „ 16,00 „
Assecuranz $^{3}{}_{4}{}^{0}{}_{0}$.   .   .   . „ 1,58 „ 1,58 „

Zusammen Mk. 28,09 bis 28,59 Mk.

während sich der Transport über Hamburg oder Lübeck wie folgt berechnen wird:

Budapest-Hamburg oder Lübeck	Hamburg:	Lübeck:
1532 u. 1553 km. 1 Pfg. per tkm.	15,32 Mk.	15,53 Mk.
Assekuranz $^{1}{}_{4}{}^{0}{}_{0}$ . . .	0,53 „	0,53 „
Abgabe im Elbe-Moldau-Donau-Kanal	6—8,42 „	6—8,42 „
Abgabe im Elbe-Trave-Kanal .	— „	0,34 „
Umschlag u. andere Spesen in Hamb. u. Lübeck	2.00 „	1,50 „
Seefracht nach London . .	ca. 6,00 „	6,00 „
Assekuranz $^{3}{}_{4}{}^{0}{}_{0}$ . . .	1,58 „	1,58 „
	31,43—33,85 Mk.	31.48—33,90 Mk.

Die Ausfuhren der ungarischen Mehlproducte von Fiume aus seewärts nach England sind erheblich; sie umfassen Mengen von 5—700,000 M.-Ctrn.; im J. 1894 vertheilte sich die Ausfuhr über Fiume im Betrage von 514,000 M.-Ctrn.

auf London mit 147,416 M.-Ctrn.
„ Liverpool „ 173,000 „
„ Glasgow „ 139,124 „
„ Hull „ 14,273 „
„ Leith „ 32,302 „
„ Grimsby „ 806 „
„ Bristol „ 1,613 „

Die Aussichten, von diesen seewärtigen Verladungen einen grösseren Bruchtheil für unseren continentalen Transitweg zu gewinnen, sind nicht gross; dennoch ist anzunehmen, dass der Binnenstrasse bei hohem Seefrachtenstande ein Theil derselben zufallen wird.

4. Kleie.

Im Zusammenhange mit der starken Getreide- und Mehlgewinnung der Donauländer steht die Production von Kleie. Es liegt auf der Hand, dass dieselbe den Binnenbedarf der Erzeugungsstaaten bedeutend übersteigt und deshalb in grossen Mengen zum Export gelangt. Rumänien führte 1896 insgesammt 96,000 M.-Ctr. aus. Von dieser Ausfuhr nahm Oesterreich-Ungarn den allergrössten Theil, nämlich 68,000 M.-Ctr. auf, während nur

1895:	8.100 M.-Ctr.	nach Deutschland
1896:	3.640 „	
1895:	12.160 „	nach Belgien
1896:	1.260 „	
1895:	26.800 „	nach England
1896:	4.634 „	
1895:	7.440 „	nach Holland
1896:	300 „	

gingen. Bulgarien ist bisher noch wenig auf diesem Gebiete hervorgetreten.

8*

	1894:	1895:	1896:
Es exportirte insgesammt: . . .	9.900 M.-Ctr.	11,600 M.-Ctr.	12,457 M.-Ctr.
hiervon nach Oesterreich-Ungarn:	4,700 „	5,700 „	6,631 „
nach der Türkei: . . .	5,200 „	5,900 „	5.361 „
„ nach Deutschland . . .	— „	— „	— „
„ nach Skandinavien . . .	— „	— „	— „

Am stärksten ist die Ausfuhr Oesterreich-Ungarns, das die Zufuhren aus Rumänien, Bulgarien und Russland zum Export benutzt; seine Ein- und Ausfuhr betrug im Specialhandel:

		Deutschland	Italien	Russland	Schweiz	Rumänien	Serbien	Griechenland	Türkei	Frankreich	Insgesammt
Einfuhr aus	1895:	33,200	28,500	156,800	11,000	67,400	2,000	44,400	66,500	—	412,400
	1896:	19,600	29.200	135,800	9,500	64.100	3,100	22,000	40,500	—	324,800
Ausfuhr nach	1895:	348,000	26.500	1,800	4,900	1,300	—	—	—	1,000	384,600
	1896:	1.205,000	18.500	—	10,795	—	—	—	—	—	1,237,000

Ungarns Ausfuhr allein werthete 1896 auf 1 610 872 M.-Ctr. mit vorherrschendem Absatze in Oesterreich und in Deutschland, welch letzteres im Jahre 1896 632 000 M.-Ctr. aufnahm, sodass die in der obigen Tabelle enthaltene Gesammt-Ausfuhr Oesterreich-Ungarns überwiegend der ungarischen Mühlen-Industrie entstammt.[1])

Deutschlands Einfuhr und Ausfuhr war in den Jahren 1895 und 1896 die folgende[2]):

		Einfuhr in Deutschland. M.-Ctr.	Ausfuhr Deutschlands. M.-Ctr.
Freihafen Hamburg	1895:	56.400	8,100
	1896:	77,400	11,700
Belgien	1895:	212,000	—
	1896:	382,300	400
Dänemark	1895:	14,300	143,800
	1896:	10,700	95,700
Frankreich	1895:	103,500	2,400
	1896:	149,700	1,700

		zu Lande M.-Ctr.	zur See M.-Ctr.
[1]) Triest versandte			
nach Oesterreich-Ungarn	1895:	122,800	41.300
	1896:		—
„ Italien	1895:	700	
	1896:		
„ Deutschland . . .	1895:	19,800	—
	1896:		
Insgesammt	1895:	135,300	42.200
	1896:		

Fiumes Export seewärts ist noch unbedeutender,
[2]) Statistik des Deutschen Reiches, Neue Folge, Bd. 31, I. Theil.

		Einfuhr in Deutschland: M.-Ctr.	Ausfuhr aus Deutschland nach: M.-Ctr.
Grossbritannien . .	1895:	31,800	—
	1896:	110.000	6.470
Italien	1895:	6,500	—
	1896:	39.700	—
Niederlande . .	1895:	399.700	17,100
	1896:	478.700	5.600
Norwegen .	1895:	105,000	5,600
	1896:	113.000	700
Oesterreich-Ungarn	1895:	408,400	37,400
	1896:	1,240,800	26,300
Rumänien	1895:	3,700	—
	1896:		
Russland	1895:	2,395.800	—
	1896:	2,889.000	—
Schweden . .	1895:	12.300	34.000
	1896:	5.900	22.600
Argentinien . .	1895:	57,000	—
	1896:	247.000	—
Vereinigte Staaten	1895:	16,300	—
von Nord-Amerika	1896:	84,800	—
Schweiz .	1895:	48.800	—
	1896:	44,700	4,600
Brit. Ostindien . .	1895:	77,400	—
	1896:	133.000	
		M.-Ctr.	M.-Ctr.
Insgesammt	1895:	3.949,000	248,400
	1896:	6,006,700	175,770

Wie ersichtlich, behauptet Russland mit Lieferungen, die den Import aus Oesterreich-Ungarn wesentlich übertreffen, auf dem deutschen Markte ein grosses Uebergewicht, wenn auch anzunehmen ist, dass von den beträchtlichen Einfuhrmengen aus Belgien und den Niederlanden ein Theil den Donauländern entstammt, dessen Verfrachtung später dem directen Donau-Elbewege zufallen wird. Die Kleiebezüge aus Ungarn erfolgen zur Zeit vorherrschend auf dem Landwege, entweder mit durchgehender Bahnverfrachtung oder im Umschlage in Breslau. Ueber Breslau und durch den Oder-Spree-Kanal wird beispielsweise viel ungarische Kleie von Magdeburger und Oschersleber Händlern bezogen. Nach Norden verwehrt der theure Bahntransport einen schärferen Mitbewerb mit dem polnischen und russischen Product, sodass zur Zeit von Königsberg und Danzig die Versorgung Dänemarks und Südschwedens allein mit russischer Waare erfolgt. Dänemark ist als Molkereiland nicht in der Lage, das Vieh mit seinen Weiden ausreichend zu ernähren und bedarf deshalb der Zufuhr fremder Futtermittel. Wenngleich Königsberg jährlich ca. 50—100,000 M.-Ctr. und Danzig 50—300,000 M.-Ctr. polnischer und russischer Kleie nach

Dänemark und Schweden ausführen[1]), und Russland von den Schwarzmeerhäfen aus alljährlich grössere Sendungen nach Kopenhagen dirigirt[2]),
so werden doch die Qualität der ungarischen und rumänischen Kleie
und die Wohlfeilheit des Kanal-Transportes Lübeck und Hamburg
in den Stand setzen, mit Bezügen von Budapest und anderen Donau-
stationen im Norden erfolgreich dem russischen Producte zu begegnen.

5. Bohnen und andere Hülsenfrüchte.

Ein weiteres Bodenprodukt, das in nicht unbeträchtlichen Mengen
dem Donau-Elbe-Kanale zufallen wird, sind Hülsenfrüchte, namentlich
Bohnen.

Deutschland bezieht jährlich vom Auslande über eine halbe Million
M.-Ctr. Bohnen, von welcher Menge etwa ein Drittel aus Oesterreich-
Ungarn zu uns gelangt:[3])

	1894. M.-Ctr.	1895. M.-Ctr.	1896. M.-Ctr.
aus Serbien	—	1.800	150
„ Italien	—	1,000	4.000
„ Belgien	1,100	1,800	2.100
„ Frankreich	2,100	1,300	1,600
„ Grossbritannien	5.300	3,200	4,000
„ Holland	40,800	49,200	42,000
„ Oesterreich-Ungarn	185.500	245,300	232,000[4])
„ Rumänien	4.400	4.700	600
„ Russland	251.600	220.300	204.000
„ Türkei	50,200	5.100	1,400
„ Ver. Staaten von Nord-Amerika	300	—	378
	M.-Ctr. 541,300	M.-Ctr. 534,000	M.-Ctr. 492,228

Als Hauptbezugsländer kommen hiernach für Deutschland Russland
und Oesterreich-Ungarn in Betracht, die mehr als $\frac{3}{4}$ unseres gesammten Aus-
land-Bedarfes liefern. Von Russland erfolgt die Einfuhr vornehmlich über
die Ostseehäfen oder über die östliche Landgrenze per Bahn ins Inland.
Der Import aus Oesterreich-Ungarn und seinen östlichen Hinterländern
vollzieht sich entweder mit den Bahnen oder im Umschlage über Breslau
und Laube-Tetschen, alsdann oder- und elbwärts nach den Haupt-

---

[1]) Stettin, Hamburg und Lübeck sind zur Zeit an diesem Verkehr nach dem
Norden erklärlicherweise nicht betheiligt.

[2]) Der Jahresbericht des Vorsteheramtes der Kaufmannschaft in Danzig
1895 u. 1896 hebt (S. 53 u. 48) hervor, dass die russische Kleie über die südrussischen
Häfen mittelst grosser Dampfer nach Kopenhagen verfrachtet wird, von wo aus die
Vertheilung über Skandinavien erfolgt.

[3]) Statistik des deutschen Reiches, auswärtiger Handel des deutschen Zollgebietes. I. Theil, der auswärtige Handel etc. und der Verkehr mit den einzelnen
Ländern. 1894—1896.

[4]) Ohne Durchfuhr.

consumtionsgebieten: Königreich Sachsen, Provinz Sachsen, unteres Elbgebiet, Hannover und Rheinland-Westfalen. Die Einfuhren dienen entweder dem deutschen Eigenbedarfe oder sie haben weitere Ausfuhrbe-
stimmung via Stettin, Lübeck und Hamburg nach dem Norden. Wenn
Hamburg im Jahre 1895 59,000 M.-Ctr. und im Jahre 1896 36,000
M.-Ctr. einführte, die es grösstentheils nach Frankreich, Grossbritannien
und Schweden exportirte und Stettin ähnliche Quantitäten seewärts absetzte,
so beruht dieser Export eben zu einem Theile auf den Zufuhren des guten
österreichisch-ungarischen Products. Allerdings werden in Hamburg auch
Bohnen aus Marokko und Smyrna importirt[1]). In Bremen wurden 1894:
41,000M.-Ctr., 1895: 45,000 M.-Ctr., 1896: 21,703 M.-Ctr. aus Preussen
und Oesterreich-Ungarn eingeführt[2]). In Lübeck und Stettin kommen
gleichwie in Bremen theils preussische, theils russische, letztere entweder
direkten Bezuges oder in Umladung von Königsberg und Danzig, in den
Handel. Der Verbrauch von ungarischen Bohnen zur Versorgung des
dem Lübecker Productenhandel gehörigen Umlandgebietes in Schleswig-
Holstein und Mecklenburg wird in Lübeck auf 6—7000 M.-Ctr. geschätzt.

Die Wahrscheinlichkeit, dass der Donau-Elbe-Kanal sich dieses
Artikels bemächtigen und die Handelsplätze des Elbgebietes Halberstadt,
Halle a. S., Magdeburg, Hamburg und Lübeck zu grösseren Bezügen
anregen wird, legt die Beliebtheit des ungarischen Products und die
Verbilligung des Transportes nach Hamburg und Lübeck um rund 10—13
Mk.[3]) nahe. Die Aussichten für eine Erweiterung des Absatzes nach Norden
erscheinen nicht gering. Norwegen führte 1896 an Bohnen, Erbsen und
Linsen etc. insgesammt 39,393 M.-Ctr., hierunter 37,000 M.-Ctr. aus
Deutschland ein. Die Einfuhren Schwedens und Dänemarks sind nicht
gross, denn sie schwanken nur zwischen 12—15,000 M.-Ctr., und
die Finnland's sind noch kleiner. Bedeutender sind die Bedürfnisse
Grossbritanniens, dass seinen Bohnenbedarf allerdings überwiegend in
Aegypten und in der Türkei deckt.[4])

Neben Bohnen spielen Linsen und Erbsen in den Bezügen aus
Oesterreich-Ungarn eine geringere Rolle, da beide Früchte vorzugsweise
von Russland geliefert werden:

[1]) Jahresbericht des „K. K. österreichisch-ungarischen Generalconsulats in
Hamburg 1894 enthalten im „Handelsmuseum" Jahrgang 1895, S. 611.

[2]) Jahrbücher für Bremische Statistik 1895 u. 1896. S. 38.

[3]) Die Fracht von Budapest nach Lübeck beträgt für 1 t. in Wagenladungen
46.30 Mk., per Elbe-Donau-Kanal und elbwärts incl. Assekuranz und Kanalabgaben
33 Mk.

[4]) Gesammteinfuhr in Cwts:

		davon aus Aegypten:	Türkei:	Deutschland:	Portugal:	Marocco:
1893:	3.899.000	1,973.000	578,000	237,000	149.000	?
1896:	3.079,000	1,227,000	933,000	317,000	99,000	314,000

(Annual Statement of the trade of the united Kingdom with foreign countries etc.)

		Erbsen M.-Ctr.	Linsen M.-Ctr.	Lupinen M.-Ctr.
von Russland	1895:	879.742	211.322	46.788
	1896:	758.171	102,051	58.032
„ Oesterreich-Ungarn	1895:	11.963	18,322	1
	1896:	20,025	39,853	2,855
deutsche Einfuhr überhaupt	1895:	945.688	234.169	46.966
	1896:	837.014	148.516	61.560

6. Kleesaat.

Unter den Sämereien spielen Klee- und Hanfsaat, Runkel- und Esparsettesamen die grösste Rolle. Für Kleesamen ist neben Amerika Oesterreich-Ungarn das Hauptbezugsgebiet. Die Unterschiede in der Qualität des Samens aus genannten Ländern sind jedoch so gross, dass österreichisch-ungarische Kleesaaten im allgemeinen Durchschnitte mit 5—10 Mk. und mehr per M.-Ctr. höher bezahlt werden, weshalb denn auch die Landwirthe Ungarns von Jahr zu Jahr grössere Bodenflächen auf ihren Anbau verwenden. Die Ausfuhr von Oesterreich-Ungarn 1893—96 vertheilte sich auf ihre Absatzländer wie folgt (Specialhandel):

		1893	1894	1895	1896
nach Deutschland	M.-Ctr.	91,900	100,637	87,632	136,094
„ Grossbritannien	„	100	283	62	808
„ Frankreich	„	2.800	1,796	359	475
Italien	„	300	42	1,483	94
Russland	„	300	353	196	169
Schweiz	„	4,100	3.627	2.062	4.710
Rumänien	„	40	177	511	609
Serbien	„	200	240	298	57
Hamburg	„	4.600	4.516	5.046	9,140
Schweden	„	200			71
Dänemark	„	100	508	100	304
„ Niederlande	„	100	716	819	700
„ Belgien	„	1,600	2,086	2,023	1.100
Insgesammt:	M.-Ctr.	106.000	115.000	101,000	154,000

Deutschland bezog somit im Durchschnitte der letzten Jahre ca. 119,000 M.-Ctr. aus Oesterreich-Ungarn, von welchem Quantum Ungarn allein, vorwiegend Rothsaaten, mehr als die Hälfte lieferte:

1893: 39.000 M.-Ctr.
1894: 61.000 „
1895: 47.000 „
1896: 67,081 „

Die Vereinigten Staaten von Nord-Amerika sind das mit Ungarn auf dem deutschen Markte am meisten concurrirende Land, worauf Russland (ca. 40—50.000 M.Ctr.), Italien, Frankreich und die Niederlande folgen. Die seewärtige Zufuhr Hamburgs, Lübecks, Bremens und Stettins aus Schweden, Amerika, Russland, Italien, Holland, England etc. war in den Jahren 1895 und 1896 die folgende:

		Bremen:	Hamburg:	Lübeck:	Stettin:
seewärts	{ 1895:	4.112 M.-Ctr.	29,483 M.-Ctr.	622 M.-Ctr.	18,506 M.-Ctr.
	{ 1896:	2.357 „	39.671 „	864 „	19,763 „
bahnwärts	{ 1895:	— [1] „	34.703	24.989 „	? „
	{ 1896:	— „	47.303	23.289 „	21,740 „ [2]

sodass diese vier deutschen Seeplätze insgesammt 1896 eine Zufuhr von 94.000 M.-Ctrn. aufzuweisen haben. Es wird hiernach ein begehrenswerthes Ziel des ungarischen Kleesaathandels sein, den von ausgebreiteten landwirth-schaftlichen Gebieten umgebenen Elbe- und Oder-Seeplätzen Hamburg und Lübeck mittelst einer Kostenminderung des Transportes von 15—20 Mk. per t. näher zu rücken, wofür die Aussichten besonders deshalb günstig sind, weil die hauptsächlichsten Einkaufsmärkte, Budapest und Klausen-burg i. S., heute für ihre Lieferungen nach der Unterelbe auf den Umschlag in Breslau und Laube-Tetschen oder den durchgehenden Bahntransport angewiesen sind. Von Hamburg wird ein lebhaftes Klee-saat-Exportgeschäft nach England betrieben. Von Lübeck wird die un-garische Kleesaat nach Schweden und Finnland verhandelt.

Die Fracht von Budapest und Klausenburg i. S. bis franko Lübeck kostet gegenwärtig:

ab Budapest	ab Klausenburg
in Ladungen von 5000 kg. 5,18 Mk. pr. 100 kg.	7,36 Mk. per 100 kg.
„ „ „ 10000 „ 5.66 „ „ „ „	6.87 „ „ 100 „„

während sich der Wassertransport von Budapest, wie folgt, berechnet:
von Budapest bis Hamburg und Lübeck 1532 u. 1553 km.

à 1,5 Pfg per 1 tkm.	22,98 Mk. —	23,29 Mk.
Abgabe auf dem Elbe-Moldau-Donau-Kanal	6—8,42 „ —	6—8,50 „
„ „ „ Elbe-Trave-Kanal	— „	0.34 „
Assecuranz ¼ °/₀ vom Werthe	2.00 „	2,00 „
Zusammen	33,98—33,40 Mk. —	31,63—34,13 Mk.

Mithin obige Ersparniss von ca. 15—20 Mk. per 1 Tonne.

7. Getrocknetes und frisches Obst.

Ein weiterer Artikel, der Gegenstand eines lebhaften Handels Oesterreich-Ungarns nach Deutschland ist, sind Gartenfrüchte und besonders getrocknete Pflaumen, die Bosnien und in noch grösseren Mengen Serbien für den Export liefern. Aus Rumänien gelangten 1896 11,450 M.-Ctr. frischer Früchte aller Art und 19,000 M.-Ctr. getrockneter Früchte nach Oester-reich-Ungarn. Die geringe rumänische Ausfuhr nach anderen westlichen Ländern hat für den Elbe-Moldau-Donau-Kanal schon deshalb kein grosses Interesse, weil die wichtigsten rumänischen Erntedistricte nicht die Donau-gelände, sondern die am Westrande des schwarzen Meeres um die Donau-Mündung sich ausbreitenden Moldau- und Dobrudscha-Landschaften sind,

---

[1] Die bahnwärtige Zufuhr ist in der Ziffer des seewärtigen Einganges enthalten.
[2] Die bahnwärtige Zufuhr Stettins von 21,740 M.-Ctrn. 1896 kam allein von Oesterreich-Ungarn. Mittheilung des Secretariats der Stettiner Kaufmannschaft.

für welche der Seeweg Braila-Hamburg der vortheilhaftere Ausfuhrweg bleiben wird.

In Serbien, wo die Gartencultur die intensivste Pflege findet, und wo schon im Jahre 1870 51,000 Hectare mit Obst und 7000 Hectare mit Gartengemüsen besetzt waren, vertheuert eine lange Bahnfracht die Ausfuhr über Saloniki. Der Versandt serbischer Pflaumen nach West- und Nordeuropa erfolgt im grossen Umfange auf diesem umständlichen Wege, sodass die serbischen Pflanzer unsere Wasserstrasse als eine äusserst werthvolle Unterstützung ihres Gewerbes begrüssen werden, zumal die ertragreichsten Erntebezirke Kragujewac, Budnik, Drina, Uzice, Cacak und der Donaukreis nicht im Süden und im Südosten des Landes liegen. Die Pflaume ist in Serbien gleichwie die Korinthe in Griechenland eines der erster Landesproducte. Ihre Ernte liefert deshalb, wie jene dort, einen wesentlichen Maasstab für die Kaufkraft des Landes. Die Ausfuhr schwankt zwischen 300,000—500,000 M.-Ctrn., von denen der deutsche Markt im directen Handel nach den amtlichen deutschen Ausweisen 100,000 bis 150,000 M.-Ctr. aufnimmt. Hierzu kommen noch beträchtliche Quantitäten von Pflaumenmus (Leckwar), der von ausländischen Aufkäufern aus den Pflaumen an Ort und Stelle bereitet wird, eine Industrie, welche nach ihrem rapiden Wachsthume zu schliessen, beträchtliche Gewinne abwerfen muss. Im Jahre 1888 wurde der Leckwar (marmelade de prunes confites) für 131,000 Frcs., im Jahre 1889 für 592,000, und im Jahre 1895 für 2,201,930 und im Jahre 1896 für 1,700,000 Frcs. (54,000 M.-Ctr.) exportirt.

In Oesterreich-Ungarn sind Bosnien und Slavonien die Haupternte-gebiete, mit einer Erzeugung[1], die ungefähr $1/_5$ bis $1/_6$ der serbischen Ernte ausmacht. Oesterreich-Ungarns Handel zeigt in frischen und gedörrten Früchten das folgende Bild:

	Einfuhr 1895 insgesammt M.-Ctr.	Hiervon aus:					
		Deutsch-land. M.-Ctr.	Italien. M. Ctr.	Russ-land. M.-Ctr.	Serbien. M.-Ctr.	Ru-mänien. M.-Ctr.	Schweiz. M.-Ctr.
Frisches Obst.	185,000	19,000	33,000	2000	79,000	1000	19,000
Getrocknete Pflaumen.	13,000	—	—	—	13,000	—	—
Davon serbische getrocknete Pflaumen.	13,000	—	—	—	13,000	—	—
Obstmus.	32,000			—	32,000	—	—
Davon serbisches Pflaumenmus.	32,000	—	—	—	32,000	—	—
Sonstiges getrocknetes Obst oder Obstmus.	235	87	26	2	8	2	21

[1] In deutschen Händlerkreisen ist in den letzten Jahren über die unzulängliche Dörrung der bosnischen und serbischen Pflaumen viel geklagt worden, so-

	Ausfuhr 1895 insgesammt M.-Ctr.	Hiervon nach:							
		Deutschland. M.-Ctr.	Hamburg. M.-Ctr.	Grossbritannien. M.-Ctr.	den Niederlanden. M.-Ctr.	Belgien. M.-Ctr.	Dänemark. M.-Ctr.	Schweden. M.-Ctr.	Norwegen. M.-Ctr.
Frisches Obst.	537,000	523000	72	15	12	—	81	6	—
Getrocknete Pflaumen. Davon serbische getrocknete Pflaumen.	100,000	69000	3425	6014	903	2029	201	237	104
Obstmus. Davon serbisches Pflaumenmus.	6000	5222	—	714	—	—	—	—	—
Sonstiges getrocknetes Obst oder Obstmus.	27,000	17000	3218	583	243	301	151	—	38

Es geht hieraus hervor, wie ausschlaggebend für den österreichisch-ungarischen Fruchtexport der Verbrauch des deutschen Reiches geworden ist, das ihn nahezu vollständig aufnimmt.

Ausser Oesterreich-Ungarn und Serbien sind Frankreich und neuerdings für getrocknete Pflaumen auch Californien Versorgungsstätten des deutschen Importes. In Zukunft wird mit einer Vergrösserung der amerikanischen Einfuhr zu rechnen sein, da der deutsche Markt schon im letzten Jahre (1896) abgesehen von den im Zwischenhandel über Belgien, Holland und England eingeführten Sendungen mehr als 84,000 M.-Ctr. im Werthe von 9 bis 10 Millionen Mark, vorwiegend Dampfäpfel, aufgenommen hat.

Welche Bedeutung der Elbe-Moldau-Donau-Kanal[1]) für den österreichisch-ungarischen und serbischen Fruchtverkehr erlangen wird, geht daraus hervor, dass schon jetzt im Umschlage über Breslau oderwärts

dass hierauf die Zunahme der Einfuhr der californischen Frucht zurückgeführt wird. Unlängst kamen diese Klagen in einem von 165 deutschen Grosshändlern an das Aeltesten-Collegium der Berliner Kaufmannschaft gerichteten Eingabe zum Ausdruck. Auf eine Eingabe der Aeltesten der Kaufmannschaft zu Magdeburg, die an den Rat der Budapester Waaren- und Effectenbörse, sowie an die Behörden in Bosnien und Serbien mit der Bitte gerichtet war, dahin zu wirken, dass für die Folge das Dörren der bosnischen und serbischen Pflaumen in besserer Weise wie bisher geschehe, wurde von diesen Stellen und besonders von der bosnischen Landesregierung sofort eine Mahnung erlassen, nach der künftighin nur genügend getrocknete Pflaumen in den Handel kommen sollten. Mit Genugthuung ist anzuerkennen, sagt der hierüber berichtende Jahresbericht der Magdeburger Aeltesten für 1896, dass schon im Berichtsjahre die günstigen Folgen jener Verfügung zu beobachten gewesen seien.

¹) Für den Export Bosniens würde sich der Donau-Save-Kanal als förderlich erweisen. Dieser Kanal soll in erster Linie dem bosnischen Handel zu Gute kommen und die Donau bei Vukovar mit der Save bei Rhamat verbinden.

und von Böhmen her auf der Elbe stromaufwärts erhebliche Mengen von Grün- und Backobst eingeführt werden.

Bei Schandau passirten stromabwärts die deutsche Grenze 1893—1896:

1 8 9 3.	1 8 9 4.	1 8 9 5.	1 8 9 6.
142,500 M.-Ctr.	157,000 M.-Ctr.	91,300 M.-Ctr.	109,900 M.-Ctr.

Die Bahnverladung der getrockneten Pflaumen von Budapest kostet in Wagenladungen

nach Magdeburg 46,10 Mk. per Tonne
„ Hamburg 44.40 „ „ „
„ Lübeck 44.00 „ „ „

Demgegenüber werden diese Kosten für die Eil-Verfrachtung zu Wasser um ein Drittel billiger werden,[1]) sodass eine solche Fracht-ersparniss genügen würde, um den Donau-Producten durch Hamburgs und Lübecks Handel zugleich im Norden und in England einen grösseren Absatz zu erschliessen. Nach den skandinavischen Ländern findet schon gegenwärtig eine nicht unerhebliche Ausfuhr statt. Diese Länder könnten jedoch mit ihrer späteren Fruchtreife und ihrem qualitativ geringeren Eigenproducte aufnahmfähiger gemacht werden. Dasselbe gilt von dem baltischen Russland und Finnland, wo sich die Gartenfrüchte der Krim[2]) zum Nachtheile der deutschen und österreichischen Erzeugnisse in neuerer Zeit ein werthvolles Absatzgebiet erworben haben. Finnland würde im Elbwege erfolgreich über Lübeck beschickt werden können. Des Weiteren könnte die erhebliche Transportverbilligung zu einer wirksamen Bekämpfung

---

[1]) Der Centralmarkt für den Handel von frischem Obst und Gemüse in Russland ist St. Petersburg, wohin die Producte des Inlandes und Auslandes aus grossen Entfernungen gebracht werden. Die Zufuhren finden im Herbste statt. Von Mitte August bis November gelangen täglich durchschnittlich 20 Waggon-ladungen Aepfel nach St. Petersburg. Die Gesammtmenge der Zufuhr beträgt ca. 150,000 M.-Ctr.

[2]) Gegenwärtig kostet die Fracht von Budapest nach Lübeck 4.40 Mk. pr. 100 kg. in Wagenladungen. Die Fracht nach Hamburg ist ungefähr dieselbe, 4,44 Mk. Die Fracht von Budapest nach Magdeburg beträgt 4,61 Mk. Die Ver-frachtung durch den Elbe-Donau-Kanal würde sich, wie folgt, calculiren:

Von Belgrad nach Magdeburg 1742 km. 1 Pf. per 1 t.= 17,42 Mk.
„   „   Lübeck 2060 „ „ „   20,60 „
„   „   Hamburg 2041 „ „ „   20,41 „
Von Budapest „ Magdeburg 1234 „ „ „   12.34 „
„   „   „ Lübeck 1553 „ „ „ „   15,53 „
„   „   „ Hamburg 1532 „ „ „ „   15,32 „

Hierzu die Abgabe im Elbe-Moldau-Donau-Kanale 6—8.42 Mk. Abgabe im Elbe-Trave-Kanal 0.34 Mk. (Siehe Abschnitt IV.) Im Umschlag in Laube kostet die Fracht nach Hamburg per Eilschiff 5.10 Mk. per 100 kg.

der starken amerikanischen Concurrenz[1]) in England, Russland und im Norden ein Mittel darbieten. In England gewährt die ausserordentliche Consumkraft und die Abneigung der englischen Producenten, Obst im frischen Zustande zu lagern und zu trocknen, selbst in den Jahren der reichsten Ernte der Einfuhr ein grosses Feld. Im Jahre 1894 betrug der Import 1,789,000 hl. Aepfel und 472,000 hl. Birnen. Selbst im Jahre 1895 wurden trotz der grossen Eigenerträge 1,185,000 hl. Aepfel i. W. von 20 Millionen Gulden ö. W. und 147,000 hl. Birnen im Werthe von 2 Millionen Gulden eingeführt.[2]) Hamburg allein führte 1896 nach England 45000 M.-Ctr. frisches Obst aus; Grossbritannien importirte aber zugleich 1,800,000 Bushel Aepfel und Birnen aus den Vereinigten Staaten von Nordamerika. Im directen Handel seewärts sind die Lieferungen Oesterreich-Ungarns bisher gering gewesen.

Der Import des Nordens zeigte im Jahre 1896 das folgende Bild:

(M.-Ctr.)

		aus Deutschland:	aus Grossbritannien:	aus Frankreich:	aus Portugal:	aus den Vereinigten Staaten von Nordamerika:	aus Dänemark:
Nor-wegen[3])	frisch. Obst	450	1411	77	—	1190	179
	getr. Obst	7780	120	195	—	—	147
Schwe-den[4])	frisch Obst	4505	1885	507	152	—	1267
	getr. Obst	4182	194	3676	—	16	1102
Däne-mark[5])	frisch. Obst*	—	—	—	—	—	—
	getr. Obst	16100	144	889	—	—	—
Finn-land[6])	fr. Obst (Aepfel)	2015	1206	—	--	—	—
	getr. Pflaumen	1869	—	436	—	—	—

---

[1]) Die Production von Pflaumen in Californien hat sich in den letzten Jahren derart entwickelt, dass dieses Land nicht allein im Stande ist, den ansehnlichen Bedarf Nordamerikas, das vordem vorwiegend Pflaumen aus Slavonien und Bosnien bezog, zu decken, sondern es werden jetzt von Amerika nach Europa und zwar vorzugsweise nach England bedeutende Mengen exportirt. Die californischen Pflaumen sind im Durchschnitte grösser als die bosnischen, man lobt ihren aromatischen Geschmack, und sie sollen auch, was Zartheit der Haut der besseren Sorten betrifft, hinter den bosnischen nicht zurückstehen.

[2]) Nach den Berichten der österreichischen Consulate in England haben nur die besten Sorten Aussicht auf lohnenden Absatz.

[3]) Norges officielle Statistik.

[4]) Bidrag till Sveriges officiella Statistik, utrikes Handel och Sjöfart, 1895.

[5]) Danmarks Statistik i. Aret 1895.

*) Aepfel. Birnen und ausser Orangen und Weintrauben „alle anderen Früchte" (Danmarks Statistik, 1896 S. 96.)

[6]) Bidrag till Finnland officielle Statistik, I, Handel och Sjöfart, 1895.

Die vorstehenden Bezüge aus Deutschland ergeben sich grösstentheils aus dem Zwischenhandel Hamburgs, Lübecks und Stettins.

Ist es dem wohlfeilen und guten ungarischen Obste in neuerer Zeit
ohnehin gelungen, seinen Ruf in Deutschland zu verbreiten, so wird sein
verbilligter Bezug auch zur Erweiterung des Verbrauches in Deutschland
im Wettbewerbe mit den Producten Frankreichs und der Vereinigten
Staaten beitragen. Nach einer New-Yorker Statistik berechnete sich die
1896er Ausfuhr von frischen Aepfeln aus Amerika auf 1,720,803 Barrels,
während der gesammte Jahresdurchschnitt in den vorhergehenden zehn
Jahren ungefähr 897,000 Barrels betrug. Zum ersten Male wurden
amerikanische Aepfel in so beträchtlichen Mengen nach Hamburg und
Bremen[1]) exportirt, dass hier die deutschen Aepfel zeitweise verdrängt
wurden. Voraussichtlich wird sich diese Einfuhr des frischen amerikanischen Obstes in den nächsten Jahren bedeutend steigern, da die Fracht
auf Hamburg und Bremen eine mässige ist. Mit dem gedörrten Obste
zusammengenommen stellen die amerikanischen Zufuhren im Werthe von
37 Mill. Mk. bereits den vierten Theil des deutschen Gesammtimportes
dar.[2]) Man sieht, dass auch in diesen Artikeln die Verbilligung des
Transportes von der Donau her den Wettbewerb mit Amerika begünstigen
würde.

8. Eier.

Ihre Bedeutung für den Handel Oesterreich-Ungarns bezeichnet
die Menge der jährlichen Ausfuhr von rund 1 Mill. M.-Ctrn. Die
Ausfuhr Italiens ist von den östlichen Ländern längst überflügelt
worden, sodass ein gefährlicher Rivale Ungarns und Galiziens nur noch
Russland ist, dessen jährlicher Export von 11,000 Waggons auf 25 Millionen
Rubel werthet. Die russischen Eier, die einen kleinen Dotter haben und
vorzugsweise von Zuckerbäckereien und ähnlichen Gewerbebetrieben
verbraucht werden, werden in präparirtem Zustande ohne Schale in Blech-
kisten versandt.

Nach den Aufstellungen des „Board of Trade" betrug die Einfuhr
Grossbritanniens aus:

---

[1]) Die deutsche Einfuhr aus Amerika betrug

1894: 4.166 M.-Ctr.
1895: 6,192 „   „
1896: 78,901 „   „

[2]) Es betrug ohne Berücksichtigung des Zwischenhandels Belgiens, Hollands
und Englands die directe Einfuhr:

	Frisches Obst.	Getrocknetes Obst.
	Metercentner	
1894	4.166	21.339
1895	6,192	52.624
1896	78.901	84.121

	1893	1894	1895
		Tausend Stück.	
Frankreich und Italien . .	458,000	293.000	328,000
Oesterreich-Ungarn und Deutschland	225.000	403,000	409,000
Belgien	245.000	355.000	283,000
Russland	181.000	164,000	268,000
Dänemark . . .	131.000	151,000	154,000
Canada	25.000	31.000	52,000
den Vereinigten Staaten von Amerika	4.000	7,000	2,000
Portugal . .	6.000	5.000	5.000
Schweden .	3.000	3,000	4.000
Spanien	5.000	3,000	4.000
den Niederlanden . .	4.000	4,000	3,000
Marokko . . .	1.000	3.000	7.000

Zusammen einschliesslich der Ein- fuhr aus anderen Ländern	1,232,000	1,425,000	1,527.000
i. W. von engl. Pfund:	3,876,000	3,786,000	4,003,000

Der Eier-Versand aus Oesterreich-Ungarn nach Deutschland und durch Deutschland bewegt sich hauptsächlich auf der böhmischen und der Hamburg—Berliner Bahn, soweit die Verfrachtung seewärts über Hamburg in Betracht kommt.   Hamburg empfing und exportirte:

	1895	1896
von russischen Ostseehäfen	21,000 M.-Ctr.	16,353 M.-Ctr.
nach Grossbritannien	231,000 „	199,000 „
	i. W. von 18,000,000 M.	i. W. von 15,000,000 M.
von russisch. Häfen über Lübeck	45,000 M.-Ctr.	72,000 M.-Ctr.
per Berlin—Hambg. Eisenbahn	237,000 „	202,000 „
		insgesammt seewärts ca. 200,000 M.-Ctr.
von der Oberelbe	20,000 „	13.000 „

Da Stettin eine Ausfuhr nicht aufweist, Lübeck, wie vorstehend zu ersehen ist, seine Ausfuhr russischer Eier[1]) über Hamburg leitet, so erscheint zur Zeit Hamburg als der eigentliche Seeausfuhrplatz des österreich-ungarischen Eierhandels, der in seiner späteren Stellung als Mündung der vereinigten Elbe-Moldau-Donauwasserstrasse seine Anziehung steigern wird.

9. Wein.

Unter den Donauländern ist als Weinland bisher Ungarn allein hervorgetreten.   Seine Ausfuhren betrugen:

	1893	1894	1895	1896
insgesammt	711,300 M.-Ctr.	683.300 M.-Ctr.	781,000 M.-Ctr	791.000 M.-Ctr.
nach Deutschland	46,400 „	37.100 „	36.000 „	33.000
nach Oesterreich	596,000 „	580,000 „	580,000	714.000

---

[1]) Von der russischen Ausfuhr geht ein erheblicher Theil über österreichischungarisches Gebiet nach Deutschland, Dänemark und Holland und den Vereinigten Staaten. Die obige öster.-ung. Ausfuhrmenge von 1 Mill. M.-Ctrn. schliesst etwa 3—400.000 M.-Ctr. russischer Eier in sich.

Da Oesterreich selbst nur wenig Wein produzirt, ist es sicher, dass die grossen aus Ungarn nach Oesterreich eingeführten Mengen in die Hände österreichischer Zwischenhändler gelangen, woraus sich die folgenden Ziffern des Jahres 1896 erklären:

Oesterreich-Ungarns Weinausfuhr betrug 1896 M.-Ctr.	Ins-gesammt	Deutsch-land	Gross-britan-nien	Schweiz	Triest (Frei-gebiet)	Ham-burg (Frei-hafen	Bremen (Frei-hafen)	Nieder-lande	Belgien	Brit. Indien	Ver-einigte Staaten v. Nord-amerika	Fiume (Frei-gebiet)
Wein in Fässern	161912	76615	443	48811	344	1042	39	1037	831	192	446	725
Wein in Flaschen	2752	944	269	103	12	242	13	149	18	65	342	—
Weinmost in Fässern und Flaschen	34459	640	—	33807	—	—	—	—	—	—	—	—
Weinmaische und Wein-trauben zur Weinbereitg.	20419	11561	—	8250	—	—	—	—	—	—	—	—

Auch bezüglich des Weines ist Deutschland der wichtigste Kunde seines Nachbarreiches. Die Sendungen, welche bisher elbwärts ihren Weg nach Deutschland genommen haben, sind sehr gering (1—2000 M.-Ctr.). Theilweise wird der Seeweg, überwiegend jedoch namentlich bei den grossen Verladungen nach den östlichen Provinzen Schlesien, Posen und Berlin der Bahnweg benutzt.

Die unteren Donauländer sind nicht arm an Bedingungen für einen leistungsfähigen Weinbau, dem man sich in Bulgarien wie in Rumänien mit Unterstützung der Regierung mehr und mehr zuwendet. Die Production Rumäniens, welche noch in den 60er Jahren nur 1—1½ Millionen Hectoliter betrug, ist in den letzten Jahren auf 3—4 Millionen Hectoliter gestiegen.[1]) Zur Ausfuhr gelangten 1896 35,000 M.-Ctr. im ungefähren Werthe von 1 Mill. Mk. Klima wie Boden sind dem Anbau der Rebe überall sehr günstig, wenn auch zur Zeit die Bezirke Putna, Rimnicu—Sarat, Tecuciu, Dolj und Bucëu die hauptsächlichsten Productionsstätten sind, die ziemlich nördlich an den Abhängen der transzylvanischen Alpen und in der Moldau liegen. Im Thale gedeihen die weniger guten Qualitäten. Die rothen Moldau-Weine sollen mit den in Norddeutschland verbreiteten Bordeauxweinen zu vergleichen sein. Andere Sorten ähneln dem Tokaier, den Bourzogner Weinen und den besseren Rheinweinen.

Auch in Serbien bildet die Rebenzucht einen ansehnlichen Zweig des Erwerbslebens. Die Gebiete, auf denen hier der Weinstock Pflege und Gedeihen findet, sind vorzugsweise die kalk- und kreidereichen Thäler und Thalränder des Turok, der Nichava, der Joglitza, der Morava;

---

[1]) Etwa ¹⁄₆ der Production ist Rothwein.

ausserdem die Gaumadia, die Gegend von Possava-Koloubara, von Yelitza, von Toupa und Uranja. Von den Verwüstungen durch die Phyloxera hat sich jedoch das Land heute noch nicht erholt. Die Weinbaubezirke sind meist Bergrücken mit sanften Abdachungen und Ebenen im Süden und Südosten des Landes. Die Wärme ist daher überall eine ausreichende. In einzelnen Gegenden hat man auch felsige Anhöhen mit Reben besetzt. Ungeachtet der gering entwickelten Technik sollen die klimatischen Verhältnisse, sowie die Beschaffenheit des Bodens so günstig auf die Traubenbildung einwirken, dass sich die rothen Weine Serbiens den guten französischen Rothweinen ebenbürtig an die Seite stellen, da sie mit diesen eine grosse Milde und den Taningehalt gemeinsam haben.

Dass diesen günstigen Bedingungen des serbischen Weinbaues entsprechend der Handel erhebliche Quantitäten des heimischen Products auf den Markt bringt, geht aus den folgenden Zahlen des serbischen Exportes hervor:[1]

Serbiens Weinexport in Hectolitern.	1886	1887	1888	1889	1890	1896
davon nach Oester-reich-Ungarn . . .	7700	1900	6500	21,900	20,200	5358
nach Bosnien .	100	200	300	200	300	?
nach Bulgarien . .	—	—	200	200	200	2
nach Deutschland .	700	1100	3200	1400	200	—
Insgesammt	36,300	24,400	65,700	78,000	34,000	

Wenn auch der Wein des unteren Donauthales bisher für Westeuropa noch keine grosse Bedeutung erlangt hat, so wird doch die Wasserverbindung der Elbe mit der Donau die deutschen Importeure zur grösseren Pflege des Bezuges rother Weine von Serbien, Rumänien und Bulgarien für den directen Consum und zu Verschnittzwecken anregen.

10. Russisches und rumänisches Petroleum.

Auf den Absatz dieses im harten Concurrenzkampfe mit den Vereinigten Staaten liegenden Productes wird der neue Binnenwasserweg aller Voraussicht nach eine belangreiche Einwirkung dadurch ausüben, dass er dem rumänischen Petroleum den Weg nach Oesterreich und Deutschland hinein erschliessen wird. Gegenwärtig beherrscht das amerikanische Petroleum den deutschen Markt, wie es sich aus dem folgenden Zahlenbilde ergiebt:[2]

---

[1] Wilh. Cohn, Serbien in geographischer und volkswirthschaftlicher Hinsicht etc. S. 109.
[2] Auswärtiger Handel des deutschen Zollgebietes im Jahre 1896. Herausgegeben vom Kaiserlichen Statistischen Amt.

Einfuhr in den Jahren 1894—1896 (M.-Ctr.)			
	Vereinigte Staaten von Nord-Amerika	Russland	Oesterr.-Ungarn (Galizien)	Insgesammt
1894	8,046.900	231,623	22,000	8,366.000
1895	7.318,000	530,000	62,700	8.200,000
1896	7,696,000	312,768	149,349	8.300.000

Die grossen Bezüge der deutschen Seehäfen sind überwiegend amerikanischen Ursprungs. Nur in Lübeck, wo sich eine Niederlage der deutsch-russischen Naphta-Import-Gesellschaft befindet, vollzieht sich in wechselnden Mengen von:

$$13.000 \text{ M.-Ctrn. i. J. } 1897$$
$$31,000 \text{ „ „ } 1895$$
$$24,000 \text{ „ „ } 1894$$
$$93,000 \text{ „ „ } 1890$$
$$3,000 \text{ „ „ } 1885$$

eine regelmässige Einfuhr des Kaukasuspetroleums.

Die deutschen Hauptmärkte des Petroleums sind Bremen und Hamburg. Letzteres führte 1896 aus den Vereinigten Staaten 1,382,000 M.-Ctr. im Werthe von 15.632,000 Mk. ein, hatte also an der obigen deutschen Gesammteinfuhr einen erheblichen Antheil. Da auch auf der Elbe, trotz der grossen Anstrengungen, die die galizische Erdölproduction macht, um das heimische Absatzgebiet vom ausländischen Markt unabhängig zu stellen, noch jährlich 90—100,000 M.-Ctr. amerikanischen Petroleums nach Oesterreich transitiren, so wird hauptsächlich die Elbe das Terrain sein, auf dem sich ein neuer Concurrenzkampf zwischen dem amerikanischen und dem von der Donau her hinzutretenden Naphta-producten entwickeln wird. Dass sich das rumänische Erdöl bisher nur einen bescheidenen Namen auf dem Weltmarkte erworben hat, erklärt die von dem Verfasser befragte Etoile Roumaine vorwiegend aus der bisher geübten primitiven Art seiner Gewinnung. In letzter Zeit habe sich der Ausbeutung der Quellen das inländische und ausländische Gross-kapital zugewandt, wodurch neue Grundlagen für die nationale Petroleum-industrie gewonnen seien. Vor allem seien die Raffinerien in Campina, Bukarest, Moinesci und Monteoru vergrössert und verbessert worden, sodass das Product nicht mehr ausschliesslich im rohen Zustande exportirt zu werden braucht. Noch im Jahre 1896 bezog sich diese Ausfuhr nach Oesterreich-Ungarn lediglich auf rohes, schweres Petroleum (159,000 M.-Ctr.)[1], während sich der Export von raffinierter Waare auf 5.287 M.-Ctr. nach Bulgarien und der Türkei beschränkte.[2]

Rumänien besitzt ergiebige Naphtalagerstätten, die sich von Verciorova

[1] Commerce extérieur de la Roumaine en 1896, S. 695.
[2] Ebenda. S. 695.

durch die Walachei bis in die Moldau hinein erstrecken und sich theilweise in den Thälern der transsylvanischen Alpen vorfinden. Die hauptsächlichsten Fundstätten sind: Prahova, (Campina, Bustenari, Baicoi), Buzëu (Montcoru, Maruntisi, Coltzi), Bacau (Moinesti, Magiresti, Solontz, Tazlau), Dambowitza. (Draganeasa, Glodeni, Colibasi). Die Production stieg von 140,000 M.-Ctrn. im Jahre 1872 auf 350,000 M.-Ctr. im Jahre 1894 und von 671,000 M.-Ctrn. im Jahre 1895 auf 1,200,000 M.-Ctr. im Jahre 1896. Diese erhebliche Steigerung der Production erklärt sich vornehmlich aus dem erweiterten Absatze im Auslande, der Türkei etc. Die Etoile Roumaine hat in Constantza für den Export seewärts und in Galatz und in Giurgevo für den Versandt donauwärts grössere Stationen eingerichtet, die in den Augen ihrer Unternehmer und nach dem Zeugnisse der rumänischen Presse vielversprechende Anlagen sein sollen.

Nach dem Gutachten der Etoile Roumaine soll das rumänische Rohpetroleum von besserer Qualität als das russische sein, weil es durchschnittlich eine Ausbeute von $58-60^0/_0$ Leuchtoel mit einem specifischen Gewichte von ca. 0,810—0,820 ergebe, während die Ausbeute bei dem russischen Rohpetroleum nur $30-35^0/_0$, beim Baku-Oel im specifischen Gewichte von 0,824 rund $20-25^0/_0$ betrage; ausserdem enthalte es[1]) 1 bis $3^0/_0$ Paraffin und $10-15^0/_0$ Benzin (Naphta); seine Farbe bei den Producten erster Qualität, die beinahe geruchlos und auf $21^0/_0$ Abel getestet sind, sei wasserhell. Auf diese seine Eigenschaften gründen sich die Hoffnungen, dass der Elbe-Moldau-Donau-Kanal der rumänischen Petroleumindustrie in Concurrenz mit dem amerikanischen und russischen Oele im Gebiete der oberen und mittleren Elbe ein neues wichtiges Absatzgebiet erschliessen werde.

Von Giurgevo aus, wohin das Petroleum in die dortigen Bassins durch Cisternenwaggons übergeführt wird, sollen die oberen Gebiete der Donau schon in nächster Zeit mit Schlepp-Tankbarken bedient werden.

Die Frachtkosten würden sich nach den Angaben der Etoile Roumaine für Verladungen nach der deutschen Elbe, wie folgt, berechnen lassen:

1. Bahnfracht Bukarest-Giurgevo	per 1 t. frcs.	2.94
Umschlag in Giurgevo	„	—.26
2. Fracht per Donau höchstens		16.80
3. Kanalabgabe, Assekuranz und Lekage von Wien nach Dresden durch den Donau-Moldau-Elbe-Kanal	„ „ „	10.00

zusammen: frcs. 30.00 oder 26,20 Mk.

Die Verfrachtungen des russischen Petroleums von Baku über Batum donauwärts oder seewärts oder auf dem Landwege und über Lübeck elbaufwärts erfordern nach der unten vermerkten Nachweisung einen Transport-

---

[1]) Die Firma hat diese ihre Angaben einer wiederholten Prüfung unterzogen.

satz von rund 58 Mk.[1]) Jedenfalls würde hiernach das rumänische Product
vor dem russischen im Bereiche der Donau und der oberen Elbe einen
belangreichen Vorsprung behaupten können. Die Verfrachtung nach
Magdeburg würde sich nur um ein Geringes höher stellen.

Nach den Grundsätzen unserer bisherigen Berechnungen würden
sich die Transporte ab Giurgevo in Uebereinstimmung mit dieser Berechnung der Etoile Roumaine, wie folgt, berechnen:

Bahnfracht Bukarest-Giurgevo und Umschlag daselbst per t.	2,64 Mk.
Giurgevo-Dresden 2121 km. à 0,5 Pfg. per t.	10,61 „
Lekage und Assekuranz rund	2.20 „
Abgabe im Elbe-Moldau-Donau-Kanal	6— 8,42 „
zusammen:	21,45—23,87 Mk.

Der Seeweg Constantza-Hamburg würde mit dem Donauwasserwege
ab Giurgevo nicht concurriren können, da ihn hierzu die Bahnfracht
von Bukarest nach Constantza zu sehr belastet.

Da anzunehmen ist, dass die Tankschiffe mit Einrichtungen für
Deck-Rückfrachten versehen werden könnten. dürfte sich der Satz von
0.5 Pfg. per tkm. noch ermässigen, zumal bei Einrichtung von Schleppzügen
die Tageskosten des einzelnen Schiffes eine erhebliche Herabminderung
erfahren würden.

Es erhellt, dass diese Verbilligung der Fracht an sich unzweideutig
die Annahme begünstigt, dass das rumänische Petroleum in der That ein
hervorragender Frachtartikel im Elbe-Donau-Wasserwege werden könnte,
sofern diese Erwartung durch die Qualität des rumänischen Petroleums
gerechtfertigt würde.

---

¹)   a) Landweg durch Russland und die Ostsee
über Lübeck nach Magdeburg.

Von Baku über das kaspische Meer, von Astrachan Wolga aufwärts nach Zaritzin: von hier per Bahn nach St. Petersburg (1600 km. Bahn): von St. Petersburg seewärts nach Lübeck	54.54 Mk.
Spesen in Lübeck	1,50 „
Elb-Trave-Kanalgebühr	—,34 „
Fracht von Lübeck elbaufwärts nach Magdeburg	1.58 „
	57,96 Mk.

b) Donauweg von Baku über Batum nach Reni,
von dort donauaufwärts durch den Donau-Moldau-Elbe-Kanal
nach Magdeburg.

Von Baku per Bahn nach Batum (820 km.) einschl. Hafen-abgaben und Reservoirkosten	27.80 Mk.
Von Batum nach Reni a. d. Donaumündung	9,29 „
Donaufracht von Reni bis Korneuburg etc. 2000 km.. per 1 tkm. à 0.5 Pfg.	10,00 „
Binnenwasserfracht von Korneuburg durch den Donau-Elbe-Kanal bis Magdeburg ca. 860 km.	4,30 „
Abgabe im Elbe-Moldau-Donau-Kanale	6— 8,42 „
zusammen:	57,39—59,81 Mk.

11. Andere Waaren.

Absolute Vollständigkeit kann nicht das Ziel unserer Betrachtung sein; immerhin sind noch einige andere typische Producte zu erwähnen, die zur Ausfuhr nach Deutschland Vortheile von unserer Wasserstrasse zu erwarten haben. Es gehören hierzu die von Triest aus nach Süd- und Mitteldeutschland verhandelten Saisonfrüchte, Orangen, Citronen etc., die ebenfalls von Triest von den sächsischen Spinnereien bezogene ostindische Baumwolle und Jute, ferner Kartoffeln, Gemüse, Bast, Schilf, Stroh und Heu, Kalbfelle, Lammfelle, und die zu Ballen gepressten Bettfedern. Die letzteren sind ein namhafter Exportartikel Ungarns, das sie im Jahre 1896 im Werthe von 4 Mill. fl. nach Deutschland exportirte.[1]) Es gehören des Weiteren hierher die ungarischen

---

[1]) Die Haupt-Erzproduktion Ungarns ist in den folgenden 4 Montanbezirken konzentrirt: Selmeczbánya (Schemnitz), Szepesgömör (Zipsgömör), Nagybánya (Grossbergwerk) und Erdélyrész (Siebenbürgertheil). Die einzelnen Erzarten kommen zwar in den genannten vier Gebieten gemischt vor; dennoch besteht der Unterschied, dass während in Selmecz, Szepes uud grösstentheils in Nagybánya überwiegend Silber, Blei und Kupfer gefunden wird, das Produkt in Erdélyrész hauptsächlich Gold ist. Die Förderung von Quecksilber, Antimon, Kobalt und Nickel hingegen beschränkt sich auf den Montanbezirk Szepesgömör. Gold wurde im Jahre 1895 in Ungarn produzirt in Mengen von 3187,274 kg. im Werthe von 4,869,959 fl., wovon der grösste Theil, 2274,4 kg., auf Erdélyrész entfällt. Die Gewinnung von Silber entfällt mit 2,357,3 kg. auf den Bezirk Gömör, mit 5,151,0 kg. auf den Bezirk Nagybánya und mit 1,548,1 kg. auf den Bezirk Erdélyrész. Die Silbererze werden je nach der Lage der Bergwerke an folgenden Stellen aufgearbeitet: in der Schatzkammerhütte Selmeczbánya, in der den Namen „Kluknó István" führenden Privathütte, in der bei Nagybánya liegenden „Fernezely", und, was den Bergbau „Erdélyrész" betrifft, in der „Zolatna" der schatzkammerlichen Hütte. An Kupfer wurden produzirt 2865,5 q im Werthe von 144,219 fl. 70 kr. Von dieser Gewinnung entfielen auf den Bergbezirk Selmeczbánya 1368,0 q, auf den von Szepesgömör 843,5 q, auf den von Nagybánya 275,1 und auf den des Erdélyrész 378,9 q. An Blei wurden produzirt 22,766,3 q im Werthe von 323.174 fl. 20 kr. davon entfallen auf den Bergbezirk Selmeczbánya 9292,1 q auf den von Nagybánya 9292,6 q und auf den des Erdélyrész 4181,6. An Bleiglätte wurden gewonnen 6154,0 q im Werthe von 119,591 fl. 80 kr. Hiervon entfallen auf Selmeczbánya 2677 q auf Nagybánya 2677 q und auf Erdélyrész 800 q. Kupfer und Blei werden in denselben Hütten aufgearbeitet, in denen das Silber dargestellt wird. Die Production von Quecksilber betrug 11,29 q im Werthe von 2330 fl. im Bergbezirke Szepesgömör. Das Quecksilber wird theils in der den Namen „Kluknó István" führenden und theils in der im Comitate Gömör befindlichen, mit dem Namen „h. Dreieinigkeit" bezeichneten Hütte aufgearbeitet. Roh-Antimon und Antimonglanz wurden 4653,7 q im Werthe von 141,921 fl. produzirt. Diese Mengen wurden dargestellt in der der Wiener Firma J. M. Miller gehörigen, im Eisenburger Comitate befindlichen Hütte und in der „Lehota" Hütte (Com. Liptau). Nach dem Auslande wurden ausserdem importirt 12.396,6 q Antimonerz im Werthe von 66.330 fl., Kobalt und Nickelmischung wurden in Mengen von 180,9 q im Werthe von 542 q fl. u. z. in der im Comitate Szepes befindlichen Hütte „György" erzeugt. Nach dem Auslande wurden an Kobalt und Nickelerz 548,71 q befördert, im Werthe von 21,182 fl.

Mineralwasser, Hausteine, Bleierze, Galmei- und Zinkerze, Kobalt- und andere Erze, Graphit (40.000 M.-Ctr.) und Porcellanerde, Cement, mineralische Schmieröle und Benzin, Glas und Thonwaaren, Flachs, Flachswerg, Hanf, Hanfwerg, Schafwolle, Düngemittel, Holzzellstoff, Schwefelsäure, Leimleder und mannigfache in starken Ladungen auftretenden Endfabrikate.

Der Reichthum Ungarns an Erzen hat bisher zu einer grösseren Verwerthung derselben in den Hüttenwerken Mittel- und Westdeutschlands nicht geführt. Abgesehen von den erheblichen Ausfuhren zerbröckelten Eisenerzes aus dem Bergbezirke Szepes-Gömör auf der Kaschau-Oderberger Eisenbahn nach preussisch Schlesien (1896: 3½ Mill. M.-Ctr.) treten zwar im Verkehr mit Deutschland einige Versendungen von Antimon-Kobalt- und Nickelerzen auf; diese Bewegungen sind jedoch bisher geringe gewesen, sodass sich bessere Aussichten für die Ausfuhr dieser Erze wohl erst durch die Benutzung des Wasserweges erschliessen werden. Ueber die Verbreitung der Erzlagerstätten in Ungarn und ihre z itige Förderung orientirt die unten vermerkte auf amtlichen Ausweisen beruhende Darstellung. Die Erz-Ausfuhr der österreichischen und ungarischen Kronländer zusammen genommen betrug im Jahre 1896:

	insgesammt	hiervon nach Deutschland
	M.-Ctr.	M.-Ctr.
Bleierz	30,759	30,703
Galmei und andere Zinkerze	94.526	80,191
Kobalt- und Nickelerze	1,131	940
Schwefelkies	3.411	3,394
Chromerz	1,421	1,420

Es ergiebt sich hieraus, dass die Erz-Ausfuhr Oesterreich-Ungarns überwiegend österreichischen Ursprungs ist.[1]

Horgany (?) und Chromerz wurden in den letzten Jahren in Ungarn nicht produzirt. Die Produktion und der Export von Maganerz betrugen 28,812 q im Werthe von 4409 fl.

[1] Die österreichische Produktion von Goldschliechen von Mileschau in Böhmen, sw. von Prag und von Rathhausberg bei Gastein geht zur Verhüttung nach Freiberg. Manche dieser österreichischen Schliechen erscheinen, wie dem Verfasser von dem Bergingenieur L. St. Rainer in Wien geschrieben wurde, in der Wiener amtlichen Statistik als Eisen- und Arsenikkiese, sodass sich hieraus die Abweichung der Statistik von dem thatsächlichen Befunde erklärt. Ebenso geht die Bleisilberproduction von Mies, w. von Prag, zur Verhüttung nach Deutschland. Prag liefert nach Freiberg Goldkrätzen. Wien ist an derselben Lieferung mit jährlich 1200 M.-Ctr. betheiligt. In der Bleierzgewinnung nimmt Kärnthen den hervorragendsten Platz in Oesterreich ein mit einer Förderung von 77,296 M.-Ctrn. woraus mehr als ⅔ metallisches Blei gewonnen werden. Nächst ihm ist Pribam in Böhmen zu nennen. Drucksilbererze erzeugt hauptsächlich Idria in Krain mit rund 800,000 M.-Ctrn. Die Production von Drucksilber beträgt 5—5,500 M.-Ctr. Kobalt und Nickel werden in Oesterreich nur als Nebenprodukte in geringer Menge gewonnen und im Inlande abgesetzt. Zinkerze producirt in erheblichen Quantitäten Kärnthen und liefert sie an die oberschlesischen Zinkhütten; es mögen 30,000 Tonnen sein. Chrom- und Manganerze werden von der inländischen

11. Die Ausfuhr nach Oesterreich und den Donauländern durch den Elbe-Moldau-Donau-Kanal.

So ausserordentlich reich wie der Ausfuhrhandel Oesterreichs in der Richtung der Elbe an voluminösen Gegenständen ist, ebenso spärlich treten die concentrirten Frachtmengen in der umgekehrten Richtung auf, sodass sich hieraus das im Verkehr zu Berg und Thal an der Schandauer Zollgrenze bestehende Verhältniss beider Verkehre wie 10 : 1 erklärt. Im Jahre 1896 umfasste der Stromverkehr zu Berg an der Shandauer Zollgrenze: 3,542,080 M.-Ctr.;

von diesen entfielen auf Roheisen	607,020	M.-Ctr.
„ Düngemittel aller Art	407,600	„
Erze (ohne Eisenerz)	319,960	„
„ Roggen	195,790	„
„ fette Oele u. Fette	223,210	„
„ Rohe Baumwolle	171,270	„
„ Theer, Pech, Harze aller Art, Asphalt	139.170	
Reis	125,340	
Flachs, Hanf, Heede, Werg	121.970	
„ Petroleum u. andere Mineralöle	91,290	„
„ Salz	88.220	„
	2,490,840	M.-Ctr.
„ alle übrigen Waaren	1.051.240	„
zusammen	3.542,080	M.-Ctr.

Zu diesem Wasserverkehr von $3^1/_2$ Mill. M.-Ctrn. tritt ein Bahnversandt aus dem Elbgebiete von rund 3,1 Mill. M.-Ctrn. (S. 25), sodass das deutsche Elbgebiet eine Gesammtausfuhr von rund 6,2 Mill. M.-Ctrn. aufweist.

In diesem Betrage ist der Seetransit Hamburgs enthalten; nicht darin enthalten sind jedoch die Ausfuhren der übrigen linkselbischen Gebiete, nämlich der Rheinprovinz rechts und links des Rheines, der Provinz Westfahlen, des rheinischen und westfälischen Ruhrreviers etc.

Grade für die Bedürfnisse dieser westdeutschen Exportgebiete wird unserer Wasserstrasse, sofern der Bau des Mittellandkanals zur That werden sollte, eine grosse Bedeutung zufallen, indem die Elbe den jetzt seewärts über Hamburg, über Rotterdam und Antwerpen strebenden Verkehr, verstärkt durch die Ablenkungen vom Schienenwege, stromaufwärts der Moldau und Donau zuführen wird. Der directe bahnwärtige Ausfuhr-

Eisenproduction consumirt und kommen als Frachten für den projektirten Canal nicht in Frage. Goldsilbererze und Zinkerze werden jedenfalls diejenigen beiden Montanproducte Oesterreichs sein, die für unsere Wasserstrasse mit grösseren Transporten in Betracht kommen werden. In Böhmen, Kärnthen und Tyrol werden Zinkerze in Mengen von rund 60,000 M.-Ctrn. gefördert.

verkehr der westlichen Provinzen nach Oesterreich-Ungarn umfasst zur Zeit 1.500,000 t.

Wir sondern in der nachfolgenden Darstellung der Ausfuhr des Elb- gebietes den seewärtigenTransit Hamburgs, Bremens und Lübecks von der Eigenerzeugung des Elbgebietes und betrachten schliesslich die Aus- fuhr Westdeutschlands als einen Verkehr für sich.

1. Hamburgische und Bremische Ausfuhrwaaren.
a. Baumwolle.

Es gehören hierzu in erster Linie die Gegenstände des Hamburgischen Eigenhandels, zu deren wichtigsten Baumwolle, Kaffee, Reis und andere Colonialwaaren, Farbhölzer, Salpeter, Häute, tropische Harze, Oele etc. zählen. Im Handel mit diesen Importen steht Hamburg gleichwie Bremen im Wettbewerbe mit Triest und den grossen westlichen See- märkten London, Antwerpen, Havre, Marseille, sodass dem Hamburgischen und Bremischen Geschäfte die Benutzung einer durchgehenden Binnen- wasserstrasse ebenso willkommen sein würde, wie der sie befahrenden Schiffahrt die Gewinnung dieser Stapelartikel als werthvolles Frachtgut. Nach der deutschen Eisenbahnstatistik betrug im Jahre 1896 der Ver- sandt von roher Baumwolle und von Baumwollabfällen[1]) mittelst der Eisenbahn:

nach Böhmen	359,110	M.-Ctr.
„ dem übrigen Oesterreich	166,670	
„ Ungarn mit Transit nach Rumänien.		
Serbien etc.	5,230	„
nach Galizien	1,330	„
zusammen	532,340	M.-Ctr.
dazu die Transporte seewärts ab Bremen	9,991	M.-Ctr.
seewärts ab Hamburg	—	„
elbwärts ab Hamburg	117,270[2])	„
zusammen	659.601	M.-Ctr.

Hiernach ist Böhmen das grösste Bezugsgebiet; aber auch die Ver- brauchsdistricte im übrigen Oesterreich liegen südlich genug, dass die Ablenkung eines Theils jener Bahnverladungen auf den Elbe-Moldau- Donau-Kanal zu erwarten ist.

b. Reis und Reismehl.

Reis und Reismehl wurden auf dem Bahnwege im Jahre 1896 ver- sandt nach:[3])

---

[1]) Statistik der Güterbewegung auf den deutschen Eisenbahnen für das Jahr 1896. S. 396.

[2]) Diese Ziffer bezeichnet die bei Spandau im Elbwege über die Grenze tretende Menge, die vorherrschend Hamburgischen Ursprungs sein dürfte.

[3]) Statistik der Güterbewegung auf den deutschen Eisenbahnen für das Jahr 1896. S. 396—404.

Böhmen	6,390 M.-Ctr.
dem übrigen Oesterreich	13,200 „
Ungarn etc.	1,720 „
Galizien etc.	7,890 „
zusammen	29,200 M.-Ctr.
hierzu die Verladungen elbaufwärts ab Hamburg	125,340 M.-Ctr.[1]
seewärts nach Triest und Fiume von Hamburg	19,076[2] „
von Bremen	127,776[3] „
seewärts nach Rumänien und Bulgarien von Hamburg	3,706[4] „
von Bremen	1,626[5] „
zusammen	576,724 M.-Ctr.

mithin Verfrachtungen, die für den Kanalweg ebenfalls belangreich ins Gewicht fallen.

c. Oele, Fette, Thran und Gespinnststoffe.

Aehnlich liegt es mit der Ausfuhr von Fetten, Oelen, Thran und Talg. Insgesammt und überwiegend aus dem Elbgebiete wurden 1896 auf der Eisenbahn verfrachtet:[6]

	Oele. Fette. Thran. Talg.	Jute.	Flachs. Hanf. Werg, Heede.
nach Böhmen	23,650 M.-Ctr.	29,250 M.-Ctr.	53.370 M.-Ctr.
„ dem übrigen Oesterreich	73,600 „	2,820 „	7,540 „
„ Ungarn und den Donauländern	5,920 „	10 „	400 „
„ Galizien etc.	15,140 „	200 „	420 „
	118,310 M.-Ctr.	32,280 M.-Ctr.	61,730 M.-Ctr.
Hierzu:			
elbwärts von Hamburg	223,210 M.-Ctr.	— M.-Ctr.	121.970 M.-Ctr.
seewärts nach Triest u. Fiume			
von Hamburg	1,173 „	— „	— „
von Bremen	47 „	288 „	— „
seewärts nach Rumänien, Bulgarien			
von Hamburg	2,964 „	— „	— „
von Bremen	— „	— „	— „
zusammen	345.704 M.-Ctr.	32.568 M.-Ctr.	183.800 M.-Ctr.

d. Chilisalpeter.

Von der gegenwärtig 400,000 M.-Ctr. betragenden Ausfuhr dürfte der grössere Theil ein Gewinn des Elbe-Moldau-Donau-Kanales werden.

---

[1] S. Anm. 2. S. 136.
[2] Tabellarische Uebersichten des Hamburgischen Handels für das Jahr 1896.
[3] Jahrbuch für Bremische Statistik, 1896; 1. Heft, S. 241.
[4] Tabellarische Uebersichten etc.
[5] Jahrbuch für Bremische Statistik, 1896: 1. Heft, S. 257.
[6] Anm. 1.

Man schätzt in Fachkreisen die jährliche Gebrauchssteigerung Oesterreich-Ungarns auf etwa 20—25,000 M.-Ctr. An wachsenden Bezügen von Chilisalpeter und Chlorkalium wird sich am regsten Böhmen mit seinem ausgedehnten Zuckerrübenbau betheiligen, schon weil es heute fast allein Bezieher jenes bedeutenden Importes ist. Neben Böhmen kommen Mähren[1]), Ober- und Niederösterreich[2]), in gewissem Maasse sogar Galizien und Ungarn in Betracht. Speciell auf die beiden Oesterreich, welche den Wasserweg unmittelbar ausnutzen können, wird die billige Verfrachtung zu Wasser anregend wirken, weil hier infolge der längeren Strecke für den Bahntransport erheblich grössere Spesen verauslagt werden, als in Böhmen. Voraussichtlich wird die Kostenminderung der Bezüge die Anwendung des Chilisalpeters nicht ferner, wie es gegenwärtig der Fall ist, auf den Rübenbau beschränken, sondern dem Chilisalpeter das grössere Feld der bäuerlichen Wirthschaften mit der Cultur von Hackfrüchten aller Art erschliessen. Diese Gesichtspunkte treffen insbesondere auf die Verhältnisse Oesterreichisch-Schlesiens zu. In Galizien ist gegenwärtig kein nennenswerther Bedarf an Chilisalpeter vorhanden; jedoch glaubt man, dass der Rübenbau auch hier eine gewisse Ausdehnung erfahren und hierdurch grössere Bezüge des genannten Düngemittels erforderlich machen werde, die voraussichtlich dem Kanal zugute kommen werden. Für Ungarn und Slavonien kann der Transport von Chilisalpeter auf dem Kanalwege, obwohl Ungarn schon jetzt verhältnismässig grosse Mengen bezieht und steigenden Bedarf äussert, deshalb wenig in Frage kommen, weil die Einfuhr über Fiume sich dauernd billiger stellen wird. Für Steiermark, Kärnten, Salzburg, Voralberg und Tirol[3]) erscheinen die Aussichten für den Verbrauch des Chilisalpeters ungünstiger als für den der sächsischen Kalisalze (S. 144), weil ein Bedarf für Salpeterdüngung nicht vorhanden ist. Nur hier und da kommt über Fiume eingeführter Salpeter zur Verwendung. Insgesammt ist eine Vermehrung des Consums dieses Artikels zu erwarten und der Elbe-Moldau-Donau-Kanal wird zweifellos ein Mittel sein, die Nachfrage zu vermehren.

2. Speciellere Transitartikel.

Nicht alle Producte, die über Triest und Fiume nach Oesterreich-Ungarn eingeführt werden, erfahren ihre Bewegung durch den österreichischen oder ungarischen Handel. Beispielsweise liegt die Einfuhr von Kupfer und Blei zu einem grossen Theile in den Händen deutscher Inland-Metallfirmen. Dass

---

[1]) In Mähren betrug der Verbrauch
       im Jahre 1893 4488 t.
       „   „   1894 4702 „
       „   „   1895 4066 „

[2]) In Niederösterreich werden derzeit 70—80 Waggon pro Jahr bezogen, in Oberösterreich im Jahre 1894: 350 kg., 1895: 600 kg., 1896: 950 kg.

[3]) Salzburg bezieht etwa 1 Waggon pro Jahr. Deutsch-Tirol bezog 1895 200 M.-Ctr. Ital.-Tirol bezog etwa 100 M-Ctr.

für solche und ähnliche Güterbewegungen nach Herstellung des Elbe-Moldau-Donau-Kanals der Transit über Hamburg nach Wien vortheilhafter als über Triest sein wird, ergiebt die folgende vergleichende Berechnung:[1)]

Hiogo-Wien.

1. Seefracht Hiogo-Triest, Fracht per Tonne 20 sch. oder   20,50 Mk.
2. Umschlag in Triest, Bahnfracht und Bahnfracht Triest
     Wien   .   . . .   22,70 „

Hingegen: zusammen   43,20 Mk.

1. Hiogo-Hamburg per Tonne 10 sch. oder   . . . 10,50 Mk.
2. Umschlag u. andere Spesen in Hamburg   . . 2,00 „
3. Hamburg Wien 1241 km. 0,75 Pfg per tkm . . . 9,31 „
4. Abgabe im Elbe-Moldau-Donau-Kanale . . . 6—8,42 „

                  zusammen   27,81—30,23 Mk.

New-York-Wien.

1. New-York-Hamburg ca. 6500 km., Seefracht per Tonne   8,50 Mk.
2. Umschlag in Hamburg und Bahnfracht Hamburg-Wien   26,00 „

                  zusammen   34,50 Mk.

1. Seefracht New-York-Triest per Tonne . . . 20,00 Mk.
2. Seeassekuranz $5_{8}^{0}/_{0}$ . . . . 6,20 „
3. Umschlag in Triest und Bahnfracht Triest-Wien . . 18,70 „

Dagegen: zusammen   44,90 Mk.

1. New-York-Hamburg Seefracht per Tonne   . . . 8,50 Mk.
2. Umschlag in Hamburg ca. . . . . . 2,00 „
3. Wasserfracht Hamburg-Wien 1241 km., 0,75 Pfg. per tkm. 9,31 „
4. Abgabe im Elbe-Moldau Donau Kanal . . . 6 8,12 „

                  zusammen   25,81—28,23 Mk.

3. Lübeckische Ausfuhrgüter.

Lübecks directe Ausfuhr nach Oesterreich-Ungarn hat sich bisher in bescheidenen Grenzen gehalten. Sie hat sich auf kleinere Partien von Erzeugnissen der Lübeckischen Industrie, Blechemballagen, Blechgeschirre, Holzwaaren, Maschinen und Maschinentheilen, ferner auf die Ausfuhr von Weinen und Spirituosen, sowie von einigen nordischen Producten, schwedischem Holzkohlenstabeisen, von Fellen, präservirten und frischen Fischen, von Bau- und Nutzholz, Papier und Pappe etc. beschränkt. Nach Herstellung des Elbe-Trave-Kanals wird sich diese Sachlage ändern, indem Lübeck alsdann nicht nur dem nordischen, sondern wie dem überseeischen, so auch dem westeuropäischen Transit Anreiz zu Verladungen über seine Häfen elbaufwärts in Concurrenz mit Hamburg bieten wird. Zur Zeit bewegt sich die Verladung holländischer und belgischer Transitgüter, Drogen, Kalbfelle, Leinöle, Schafwolle, Glas und Glaswaaren, Eisenwaaren, Kaffee, Taback, Farbhölzer, Spirituosen etc., im Seewege ganz überwiegend über Hamburg elbaufwärts nach den Moldauumschlagsplätzen. Da jedoch Lübeck mit den niederländischen und preussischen Rheinhäfen in einen regelmässigen Dampfschiffsverkehr eingetreten ist, so wird ihm seine Kanalverbindung mit der Elbe ein brauchbares Mittel

---

[1)] Gef. Angaben der Firma Aaron Hirsch u. Sohn in Halberstadt.

zur Ablenkung eines Theiles dieses westeuropäischen Transits nach der Oberelbe und den Moldauplätzen liefern. Dasselbe gilt von dem grossen Umschlagsverkehr Hamburgs mit den englischen Seehäfen, soweit sein Gegenstand die Spedition der österreich-ungarischen Güter schlechthin ist.

Lübeck ist von Natur der Vorrang im Verkehr Mitteldeutschlands mit den nordischen Reichen zugewiesen, und wenn sein bisher geringer Einfluss auf den Schiffahrtsbetrieb der Elbe die Ursache der bemerkbar gewordenen erheblichen Fortschritte Hamburgs in diesem Verkehr geworden ist, so soll und wird insbesondere in dieser Richtug der Elbe-Trave-Kanal eine belangreiche Entwickelung seines Transitgeschäftes hervorrufen.

Eine Uebersicht der zwischen dem Norden und Oesterreich-Ungarn sich vollziehenden Waarenbewegung gewährt nach Art und Umfang die folgende auf den Ausweisen der amtlichen Wiener Statistik beruhende Zusammenstellung: (M.-Ctr.)

Waarengattungen.	Einfuhr Oesterreich-Ungarns von dem Norden.								
	Schweden.			Norwegen.			Dänemark.		
	1894	1895	1896	1894	1895	1896	1894	1895	1896
Südfrüchte	—	—	—	—	—	—	—	—	—
Getreide, Hülsenfrüchte, Mahlproducte etc.	—	—	—	—	—	—	10	13	85
Zucker	—	—	—	—	—	—	—	—	—
Gemüse, Obst. Pflanzen etc.	—	—	—	—	—	—	243	64	344
Taback	—	—	—	—	—	—	—	—	—
Schlacht- und Zugvieh	—	—	—	—	—	—	—	—	81
AndereThiere,insbes.frische Meerfische	—	—	125	2	65	6	12	15	13
Kalbfelle.Rindsbäute.Schaffelle etc.	137	25	116	333	15	1	680	554	495
Fischthran, Knochenfett. miner. Fette etc.	1287	1205	618	25709	18924	15417	4847	6475	8411
Getränke, Bier, Wein etc.	—	—	—	—	—	—	—	—	—
Fleisch, zubereitetes	—	—	—	—	—	—	—	—	—
Flechtweiden, Werkholz, Fassdauben	8	47	—	—	—	—	—	—	—
Erze. Steine, Porcellanerde	469134	806950	610670	2862	10251	972	224	479	1196
Gerbstoffe	—	—	—	—	—	—	—	—	—
Gummi und Harze	9	1550	320	2	420	5	—	—	—
Baumwolle. Garne	5	—	214	—	—	—	—	—	—
Flachs, Hanf.Jute u. Waaren daraus	680	528	894	—	—	—	—	—	—
Wolle und Wollwaaren	—	—	60	—	—	55	—	101	—
Kleidung.Wäsche u. Putzw.	—	—	—	—	—	—	—	—	—
Papier und Parpierwaaren	289	189	262	1	—	408	—	—	—
Kautschuck. Guttapercha u. Waaren daraus	—	—	—	—	—	—	—	—	—
Leder und Lederwaaren	—	—	—	—	—	—	—	—	—
Holz- und Leinwaaren	631	617	1040	—	—	—	—	—	—
Glas- und Glaswaaren	—	—	—	—	—	—	—	—	—
Steinwaaren	—	—	—	—	—	—	—	—	—
Thonwaaren	—	—	—	—	—	—	—	—	—
Eisen- und Eisenwaaren	15293	21802	25451	54	—	225	120	120	3754
Unedle Metalle, Blei etc. und Waaren daraus	3	4	254	300	—	101	—	—	—
Maschinen und Apparate	144	310	296	—	—	—	67	26	216
Instrumente, Uhren u. Kurz-Waaren	4	1	3	—	—	—	—	—	—
Chemische Producte	45	176	11	—	—	—	—	—	—
Zundwaaren	104	290	636	—	—	—	—	—	—
Abfälle u. Dünger	114	125	—	805	1	32	2049	2008	—
Zusammen:	494845	845840	654525	72703	71724	47692	8662	10179	15348

	Ausfuhr Oesterreich-Ungarns nach dem Norden.								
Waarengattungen.	Schweden.			Norwegen.			Dänemark.		
	1894	1895	1896	1894	1895	1896	1894	1895	1896
Südfrüchte	83	8	36	—	—	—	8	105	—
Getreide, Hülsenfrüchte, Mahlproducte etc.	706	610	4997	18757	23678	12995	—	—	—
Zucker	3873	818	450	—	—	—	—	—	—
Gemüse, Obst, Pflanzen etc.	570	606	658	145	320	20	1723	943	805
Taback	—	—	—	—	—	—	309	—	—
Schlacht- und Zugvieh	—	—	—	—	—	—	—	—	—
Andere Thiere, insbes. frische Meerfische	—	—	—	—	—	—	—	—	—
Kalbfelle, Rindshäute, Schaffelle, Pferdehaare etc.	237	216	182	27	21	17	49	63	82
Fischthran, Knochenfett, miner. Fette etc.	118	2	131	—	309	—	51	1	419
Getränke, Bier, Wein etc.	224	282	296	82	109	65	243	67	58
Fleisch, zubereitetes	—	—	—	—	—	—	12	1	71
Flechtweiden, Werkholz, Fassdauben	1	219	479	—	3	209	104	313	1515
Erze, Steine, Porcellanerde	479	523	5	—	—	—	437	308	119
Gerbstoffe	1	45	104	—	50	—	188	270	250
Gummi und Harze	58	99	61	—	—	—	72	22	63
Baumwolle, Garne	41	93	93	—	—	—	37	68	148
Flachs, Hanf, Jute u. Waaren daraus	251	350	328	84	165	99	208	280	249
Wolle und Wollwaaren	179	222	294	20	30	62	77	66	165
Kleidung, Wäsche u. Putzw.	31	17	16	10	32	21	50	58	59
Papier- und Papierwaaren	796	534	281	236	221	116	739	425	582
Kautschuck, Guttapercha u. Waaren daraus	19	20	18	2	2	1	38	62	81
Leder und Lederwaaren	462	800	482	48	40	39	290	235	288
Holz- und Leinwaaren	624	491	416	287	313	265	982	891	1070
Glas und Glaswaaren	1204	3130	4007	—	—	—	1966	1625	1863
Steinwaaren	127	347	145	96	209	85	15	76	33
Thonwaaren	574	434	998	—	—	—	377	293	813
Eisen und Eisenwaaren	359	160	693	487	683	103	171	102	687
Unedle Metalle, Blei etc. und Waaren daraus	2220	2856	2919	99	115	226	243	515	421
Maschinen und Apparate	393	46	3003	—	47	—	20	33	21
Instrumente, Uhren und Kurzwaaren	167	135	153	471	430	565	121	138	155
Chemische Producte	1013	270	1351	118	509	55	259	121	171
Zündwaaren	637	613	807	—	—	—	—	—	—
Abfälle und Dunger	—	—	—	—	—	—	—	—	—
Zusammen:	16053	15200	23771	20868	27238	14856	36008	37416	48862

Wie ersichtlich, sind diese Einfuhrmengen zur Zeit nicht gross. Es ist aber zu erwarten, dass aus der Kostenminderung ihres Transportes, soweit derselbe für die Elbe in Betracht kommt, eine Stärkung der Handelsbeziehungen der beiderseitigen Wirthschaftsgebiete hervorgehen wird.

Der dem Gewichte nach bedeutendste Ausfuhrartikel des Nordens sind die Grängesberg- und Gellivare-Erze, die über Oexelesund und Lulea im Jahre 1897 nach Stettin in Mengen von 200,000 t und nach Neufahrwasser in Mengen von 60,000 t verschifft worden sind. Von Stettin und Danzig aus erfolgt ihre Versendung auf Grund eines sehr ermässigten Bahntarifes[1]) nach oberschlesischen und grenznachbarlichen mährischen Werken. Bisher hat sich eine Einfuhr der Erze über Lübeck

----

[1]) 79,60 Mk. per Wagenladung für Verfrachtungen nach Oderberg und 72 bis 75 Mk. per Wagenladung nach oberschlesischen Hochofen-Stationen (ab Stettin)

in das österreichische Elbgebiet als unthunlich erwiesen, weil mit der fehlenden Wasserstrasse zur Elbe die erforderliche Wohlfeilheit des Transportes gefehlt hat. Durch Benutzung des Elbe-Trave-Kanals wird es möglich werden, die Erze ebenfalls der Elbe und der kanalisirten Moldau zuzuführen, sodass zu den jetzigen deutschen Binnenstationen des Elbgebietes, den Eisenwerken in Peine, Vienenburg, Blankenburg a. H., Schmalkalden, Cainsdorf i. S., Amberg i. B., deren Verbrauch sich jedoch heute auf 5000 t beschränkt, die böhmischen Eisenwerke Kladno, Königshof, Jinec, Obecnic, Dobriv, Holoubkau und Rokycan als Empfänger hinzutreten werden. Unter diesen werden hauptsächlich die sw. von Prag belegenen, der Böhmischen Montangesellschaft in Wien gehörigen Hochofenwerke Königshof bei Beraun, die Werke in Rokycan und die der Prager Eisen-Industrie-Gesellschaft gehörigen Hochöfen in Kladno mit einem grösseren Bedarf an phosphorarmen und phosphorreichen Erzen hervortreten.[1] Die Hochofenwerke in Königshof erzeugen aus den hochphosphorhaltigen Nücitzer Erzen hauptsächlich Thomasroheisen und nur 20,000 t Puddelroheisen, welches aus Erzen von Steiermark und aus der Schweissschlacke des eigenen Raffinirwerkes hergestellt wird. Dasselbe trifft zu auf die vorzugsweise aus Thomasroheisen bestehende Production der Hochofenwerke der Prager Eisen- und Industrie-Gesellschaft, die das grosse Nücitzer Vorkommen gemeinsam mit den Königshofer Werken im Besitze hat, wie auch die Friedrichshütte Schoeller & Co. in Rokycan vorzugsweise das graue Giesserei-Roheisen herstellt. Mit Rücksicht auf den eigenen Reichthum Böhmens an phosphorreichen Erzen, die die Grundlage der Hütteindustrie bei Prag, in Königshof und Rokycan bilden, würden bei Bezügen aus Schweden hauptsächlich die phosphorärmeren Erze in Betracht kommen, deren Verarbeitung die Concurrenz des alpinen Pudelroheisens, respective der alpinen Erze aus dem Felde zu schlagen hätte.

Die Möglichkeit der Verhüttung schwedischer Erze ist von den befragten böhmischen Werken bejaht worden; dieselben haben aber ebenso häufig die Schwierigkeiten der Erlangung eines im Preise concurrenzfähigen Eisenproductes dargethan.

Die phosphorärmeren Gellivare-Erze mit ca. 0,4 % P. sind den böhmischen Werken ab Stettin zum Preise von 13.50 Mk. die Tonne offerirt worden. Da zu diesem Preise die Bahnfracht von Stettin nach Kladno mit 11 Mk. und nach Rokycan mit ca. 12,50 Mk. hinzutritt, so stellten sich die Erze loco Werke auf 24,50—26 Mk. per Tonne, ein

---

[1] Die nachfolgende Darstellung beruht auf Angaben der genannten Werke, sowie auf Mittheilungen der Firma L. Possehl & Co. in Lübeck, in deren Händen der continentale Debit der Gellivare-Erze liegt.

Preis, zu dem ihre Verhüttung im grösseren Maassstabe nicht möglich ist, weil die einheimischen phosphorarmen Erze, so sehr sie bezüglich des Eisengehaltes hinter den schwedischen zurückstehen, doch zu einem um ca. 3—4 Mk. geringeren Preis loco Werk geliefert werden können.

Nach Fertigstellung des Elbe-Trave-Kanals und der in den nächsten Jahren zu erwartenden Vollendung der Moldau-Kanalisirung, die den Moldaustrom bis nach Prag für schwere Massengüter schiffbar machen wird, wird sich diese Sachlage erheblich verändern, indem der Transport der Erze alsdann, wie folgt, zu calculiren sein wird:

von Lübeck nach Kladno:

1. Preis der Erze in Lübeck per Tonne	14.00 Mk.
2. Fracht von Lübeck nach Kralup 804 km. p. tkm.	
0,4—0,5 Pfge.	3.21 bzw. 4,02 „
3. Abgabe im Elbe-Trave-Kanal p. Tonne 0,5 Pf. p. tkm.	—,34 „
4. Umschlag in Kralup	—,45 „
5. Bahnfracht von Kralup nach Kladno 28 km. 2 Pfge.	
p. tkm. u. 70 Pfge. Abfertigungsgebühr	1.26 „
6. Abgabe in der kanalisirten Moldau 23 km. 0,5 Pfg.	
per 1 tkm.	0,12 „
	zusammen 19.38 bzw. 20,19 Mk.

Lübeck-Königshof.

1. Preis der Erze in Lübeck	14,00 Mk.
2. Fracht von Lübeck nach Prag 838 km. per 1 tkm	
0,4—0,5 Pfg.	3.35 bzw. 4.19
3. Abgabe im Elbe-Trave-Kanal per Tonne 0,5 Pfg.	
per tkm.	—,34 „
4. Umschlag in Prag	—,45 „
5. Bahnfracht von Prag nach Königshof-Beraun 42 km.	
2 Pfg. per tkm. u. 70 Pfge. Abfertigungsgebühr	1.54 „
6. Abgabe in der kanalisirten Moldau 57 km. 0,5 Pfg.	
per 1 tkm.	0.29 „
	zusammen 19.97 bzw. 20,71 Mk.

Die schwedischen Erze würden somit auf Basis eines sich dergestalt zusammensetzenden Transportes loco Werk zum Preise von ca. 20 Mk. zu liefern sein, wodurch der Absatz in Böhmen und dadurch auch ihr Transit über Lübeck gesichert erscheint.

Was die Aufnahmefähigkeit Böhmens betrifft, so ist dieselbe für den Anfang auf 100,000 t zu schätzen. Die Hochofenwerke der böhmischen Montangesellschaft in Königshof haben ihren Bedarf an schwedischen Erzen mit 35—40,000 t. angegeben; auf 50,000 t. hat die Prager Eisen-Industrie-Gesellschaft den Bedarf für ihre Hochöfen in Kladno geschätzt, während die restirenden 10—15,000 t. auf Rokycan und die anderen Werke zu vertheilen sind. Bei dem grossen Eisengehalt der schwedischen Erze (65 bis 70 %) ist ihre Weiterverfrachtung über Prag hinaus nach Stationen des eigentlichen Elbe-Moldau-Donau-Kanals und in die Donau hinein keineswegs ausgeschlossen, zumal auf Grund so erheblicher Trans-

portersparnisse mit der Möglichkeit der Entstehung neuer Eisenwerke in
Böhmen und am Kanal wird gerechnet werden können.

Lübeck seinerseits wird Werth darauf zu legen haben, dass sich in
seinem Hafen der Umschlag dieses wichtigen Stapelgutes vom Seeschiff
in den Kahn billig vollzieht.

4. Producte des mittleren und oberen Elbgebiets.
a. Kaliproducte.

Innerhalb der Industrie des mittleren Elbgebietes ist das Interesse
des Kali-Bergbaues an der Elbe-Donau-Strasse eins der wichtigsten. Die
Kalitransporte, welche für den Verkehr zwischen Deutschland und
Oesterreich überhaupt in Betracht kommen, gehen ausnahmslos von dem
Halberstadt-Magdeburger-Becken aus, sodass der geplante Kanalweg die
sächsischen Kalisalze am direktesten und reichlichsten dahin zu führen,
imstande sein wird, wo man ihrer in stets wachsendem Maasse bedarf.
Gegenwärtig freilich sind die Bezüge der österreichisch-ungarischen Landwirthschaft noch verhältnissmässig sehr geringe. Am meisten haben die
unteren Donaustaaten bisher auf künstliche Nachhilfe in ihrer Bodenkultur
verzichtet. Deutschland allein verbraucht 52 mal mehr Kalidünger als
jene Länder zusammen.[1] Wenn die Statistik zeigt, dass jährlich bei
Schandau etwa 400.000 M.-Ctr. deutsche „Düngemittel aller Art“
nach Oesterreich transportirt werden, ausser 300,000 M.-Ctr. „Salz“, so
handelt es sich hierbei nicht um Kalisalze, sondern um das schon erwähnte hamburgische Einfuhrproduct Chili-Salpeter und um sächsisches
Steinsalz. Gleichwohl gehen auch heute schon Kalisalze nach Oesterreich, allerdings per Bahn. Zur Erklärung hierfür sind uns zwei Gründe
angegeben worden: die Eile der Bestellungen und der Charakter der Bestellungen als Versuche zur Einbürgerung der Kaliprodukte. Die österreichischen Landwirthe pflegen erst kurz vor dem Gebrauche ihren Bedarf an Kalidünger zu bestellen, sodass alsdann eine schnelle Beförderung
unerlässlich ist, zumal der Kainit bei längerem Transporte sich leicht zu-
sammenballt und erhärtet. Um diese Frachten dem Elbe-Donau-Kanal
zuzuführen, würde es möglich sein, die Salze in geschlossenen Kähnen
zu transportieren, und an verschiedenen Stellen der Elbe und Donau
Niederlagen zu errichten, von denen aus die Versendung an die Konsum-
tionsorte erfolgen könnte. Denn es ist klar, dass von dem Augenblicke
an, wo die österreichische Landwirthschaft die Nothwendigkeit verstärkter
Anwendung von Kalisalzen erkannt haben wird, eine grössere Nachfrage
auch an die Stassfurter Industrie herantreten und der seit kurzer Zeit
nach Herabminderung der zollamtlichen Schwierigkeiten ziemlich regelmässig gewordene Absatz von Kalisalzen sich schnell und sehr bedeutend
erhöhen wird. Ausser den Kali-Rohsalzen, besonders den Kainiten, wer-

---

[1] Im Jahre 1895 verbrauchte Deutschland Kaïnit 434,624 t., Oesterreich-
Ungarn und die Balkanländer verbrauchten 8319 t.

den von Stassfurt auch sogen. konzentrierte Salze nach Oesterreich-Ungarn ausgeführt, welche zu bestimmten Fabrikationszwecken verwendet werden.[1]) Für Chlorkalium findet dorthin ein seit Jahren bestehender Absatz statt. Dieses Produkt wird mit Chilisalpeter in Kalisalpeter konvertiert; es gehen aber auch bestimmte Mengen des Chilisalpeters direkt zu Düngerzwecken von Hamburg nach Oesterreich hinein.[2]) Es steht nichts im Wege, dass auch diese Sendungen auf dem Fluss- resp. Kanalwege befördern werden, sobald ein geregelter Schiffsverkehr täglich Gelegenheit zum Verladen auch kleinerer Mengen bietet. Im Einzelnen ist nach dem Ergebnisse einer bei den österreichisch-ungarischen Handels-kammern und landwirthschaftlichen Vertretungskörpern gehaltenen Um-frage das Folgende festzustellen.

Böhmen.

In Böhmen erstreckt sich der Konsum von Kainit zur Felddüngung hauptsächlich auf die Rübenbaugebiete, zum Theil auch auf die Flachs-baudistrikte in Nord-, Nordost- und Westböhmen.[3]) Der geringste Ver-brauch findet in den mehr getreidebauenden Gegenden Südböhmens statt. Es wird die Erwartung gehegt, dass nach Verbilligung des Transportes auf dem Elbe-Donau-Kanale auch der Bezug von Kainit wesentlich steigen wird. Speciell für die in Südböhmen, sowie in Ober- und Nieder-österreich vorkommenden mitunter erheblichen Komplexe von sandigen Böden und Moorböden dürften sich die Vortheile der Kalidüngung — wie es die Vorbilder Schwedens lehren[4]) — geradezu aufdrängen. Es ist des-halb auch allseitig der Erwartung Ausdruck gegeben worden, dass die Transporterleichterung das Kali-Bestreichungsgebiet der Wasserstrasse nach Osten und Westen wesentlich ausdehnen werde. Die beim Anwachsen des Kalibedarfs zu erwartende Konkurrenz, die sich aus der Ausnützung industrieller Abfallprodukte und der galizischen Kalisalzlager ergeben würde, dürfte hierbei dem Stassfurter Export kaum gefährlich werden, da die Entwickelung der Land-wirthschaft in Böhmen voraussichtlich zu einer starken Verwendung des Kali-düngers führen und der Wasserweg besonders den unbequemen Eisen-bahnweg von Galizien her leicht schlagen wird. Ausserdem ist der auf letzterem Wege in Betracht kommende Kaluszer Kainit nicht so kalihal-

---

[1]) An konzentrierten Salzen gingen 1895 von Stassfurt nach Oesterreich-Ungarn 3100 t.

[2]) Im Jahre 1895 gingen ab Hamburg nach Oesterreich-Ungarn 10,212 t Chilisalpeter, 1896 aus Deutschland, also zumeist aus Hamburg 17,000 t.

[3]) Im Jahre 1895 wurden an Kainit von den Landwirthen im Rayon des Landeskulturraths bezogen 18,000 M.-Ctr. Ueber Eger wurden in demselben Jahre eingeführt 3300 M.-Ctr. für Landwirthe und 2090 M.-Ctr. für Düngerhändler, im Jahre 1894 war die Gesammteinfuhr 5500 M. Ctr.

[4]) Siewert, der deutsche Handel nach den nordischen Reichen mit besonderer Berücksichtigung des Ausfuhrhandels der deutschen Elbgebiete und seiner Förderung durch den Elbe-Trave-Kanal. S. 43. Anm. 4.

tig wie das Product des Halberstadt-Magdeburger Beckens. Die Ermittelungen haben im Allgemeinen festgestellt, dass der mögliche Bedarf an Kalidünger bedeutend grösser ist, als der thatsächliche Verbrauch, was besonders für Südböhmen (das Budweiser Gebiet) zutrifft, wo bedeutende Bodenmeliorationen durchzuführen sein werden. Der Vorstand der technischen Kanzlei des Landeskulturraths für das Königreich Böhmen berechnet den muthmasslich ersten späteren Bedarf an Kainit für Oesterreich-Ungarn auf 80,000 t. Davon sollen nach der Ansicht derselben Instanz entfallen auf die

        Leitmeritzer Gegend (Nordböhmen) 7000 t.
        Prager   „   (Mittelböhmen) 5000 „
        Budweiser „   (Südböhmen) 25000 „

Gegenwärtig stehen nach Angabe des erwähnten Landeskulturraths im Ganzen 42,630 ha Meliorationen in Arbeit, wovon etwa 10,000 ha auf Wiesen entfallen, während sich 522,000 ha Wiesen in Böhmen befinden. Von diesen werden ca. 300,000 ha Meliorationsanlagen nöthig machen, wovon ca. 200,000 ha des Kainites bedürftig sein werden. Der in höherem Maasse gepflegte Getreidebau beginnt in diesen Gegenden einer intensiveren Wiesenwirthschaft Raum zu geben, weil hier steigend Gewicht auf die Viehzucht gelegt wird. Da die südböhmischen Wiesen infolge des gebirgsartigen Characters des Landes in besonderem Maasse die Kainitdüngung verlangen, so würde es sich empfehlen, dass im Anschlusse an die in Leitmeritz, Prag und Budweis zu errichtenden kulturtechnischen Exposituren der technischen Kanzlei des Landeskulturraths für das Königreich Böhmen Lagerhäuser für Kalidünger errichtet würden. In Hinblick auf die in Böhmen ohnehin bevorstehende Kanalisirung einer Anzahl kleinerer Zuflussgebiete würde dadurch eine geregelte Bedienung eines sehr vergrösserten Verbrauchsgebietes erreicht werden.[1]

Mähren.

Für Mähren werden sich die Verhältnisse ähnlich wie für Böhmen gestalten. Wenn auch behauptet wird, dass das Bedürfniss für Kalidüngung infolge des in Mähren vielleicht in reicherem Maasse vertretenen kalienthaltenden Bodens ein verhältnissmässig nicht so umfangreiches ist, so wird doch andererseits nicht geleugnet, dass es Böden von grosser Ausdehnung giebt, auf welchen heute schon die Düngung mit Kainit lohnend wäre. Es herrscht deshalb seit 3 Jahren eine wachsende Nachfrage nach Kalisalzen. Mähren hat bei einer landwirthschaftlichen Kulturfläche von über 15 Mill. ha verbraucht:

        im Jahre 1893 1473 t Kainit,
        „   1894 3322 „
        „   1895 3440 „ „

---

[1] Als Lagerplätze werden zu diesem Zwecke empfohlen:
    Kolin (kulturtechn. Exp.) muthmassl. Bedarf 8000 t,
    Pardubitz „   „   „   „   10000 t,
    Königgrätz „   „   „   „   10000 t,
    Pilsen (50.000 ha Wiesen).
    Saaz (60.000 „   „).

Oesterreich.

In Oesterreich ist der Konsum und Bedarf an Kalidünger noch sehr unbedeutend,[1]) da hier die künstliche Düngung überhaupt noch wenig Boden gefunden hat. In der Hauptsache werden Phosphate benutzt, welche aus dem dort billigen Knochenmaterial hergestellt werden, wobei gleichwohl noch Knochen zum Export gelangen. Es unterliegt jedoch nach den von landwirthschaftlichen Kreisen ertheilten Auskünften keinem Zweifel, dass theils durch eine mehr und mehr um sich greifende Propaganda für Kalidüngung und die wachsende Erkenntniss ihrer Vorzüge, theils durch die zu erstrebende Ermässigung der Frachtkosten eine bedeutende Steigerung des Kalikonsums zu erzielen wäre, besonders auf den gebirgigen und auf den sandigen Böden Nieder-Oesterreichs.

Schlesien.

In österreichisch Schlesien wird zwar auch eine Vermehrung des Kalibedarfs von der Herstellung unserer Wasserstrasse erwartet; dieselbe wird jedoch als keine voraussichtlich grosse bezeichnet, da die kalibedürftigen Bodenflächen in Schlesien durch weite Waldbestände und ungünstige Lagenverhältnisse wesentlich reduziert erscheinen.

Galizien.

Für Galizien sind die Aussichten des Kaliabsatzes deshalb nicht so günstig, weil die Kaluszer Bergwerke, zu denen voraussichtlich noch neue galizische Läger hinzutreten werden, vom Staate energisch gefördert, einen immer grösseren Aufschwung nehmen und es den Stassfurter Kalisalzen schwer machen werden, in Galizien Fuss zu fassen. Es würden immerhin Bezüge zu erwarten sein, da sich ein grösseres Bedürfniss nach landwirthschaftlichen Meliorationen bemerkbar gemacht hat.[2])

Ungarn.

In Ungarn ist der Konsum von Kalidünger zur Zeit ein sehr geringer, da der landwirthschaftliche Boden fast durchweg kalihaltig ist. Ueberall da, wo man des Kainitdüngers bedürfen würde, glaubt man, dass dem Bezuge von Kaluszer Kali der Vorzug gegeben würde. Es scheint, dass der letztere Einwand gegenüber der grossen Verbilligung des Transportes der sächsischen Kaliprodukte schwerlich seine Geltung behalten würde, da die Kaluszer Salze, was Qualität und Preise betrifft, mit den Stassfurter Kainiten jedenfalls nicht in den agricol höchststehenden nordwestlichen und südlichen Gebieten Ungarns mit Erfolg würden konkurrieren können.

Kroatien—Slavonien.

In Kroatien—Slavonien ist gegenwärtig das Bedürfniss für

---

[1]) In Nieder-Oesterreich werden gegenwärtig etwa 300—400 t Kainit pro Jahr bezogen, in Ober-Oesterreich im Jahre 1894: 71 t, 1895: 76 t, 1896: 131 t.

[2]) Als besonders erwünscht und speziell den obengenannten Zwecken förderlich wird es bezeichnet, wenn im Anschluss an den Donau-Elbe-Kanal der Oder-Weichsel und San-Dniestr-Kanal geschaffen würde.

künstlichen Dünger nur ein sehr geringes. Den Hauptbetrieb der Landwirthschaft bildet die Viehzucht, welche auch den erforderlichen Naturdünger in genügender Menge liefert. Es besteht gleichwohl die Annahme,
das mit dem bereits bemerkbaren Umsichgreifen einer intensiveren Bewirthschaftung des Bodens und begünstigt durch die billigeren Kanaltransporte auch hier ein regelrechter Kalibedarf eintreten würde, welcher
vorläufig durch die hohen Bahnfrachten unmöglich gemacht wird.

Steiermark, Kärnten etc.

Für Steiermark, Kärnten, Salzburg und Voralberg gilt bezüglich eines - - den Bedürfnissen der dortigen Landwirthschaft durchaus
entsprechend — vermehrten Kalidüngerbezuges gleichmässig die Bedingung, dass der Elbe-Donau-Kanal die Frachten erheblich herabsetzen
müsste. Gegenwärtig sind die Kalitransporte nach den genannten Ländern
sehr gering, jedoch lediglich infolge der äusserst hohen Bahnfrachten.[1]

Tirol.

In Tirol würde der Wasserweg bezüglich des Kalibedarfs zum Theil
eine günstige Wirkung zu verzeichnen haben. Die meisten Erwartungen
werden von dem dadurch voraussichtlich herbeigeführten billigeren Transporte in Nordtirol gehegt, wo der Bezug von Kalidünger wie auch im
übrigen Tirol bisher ein geringer ist. Kainit hat sich schon bisher im
Verein mit Thomasmehl als vorzüglich geeignet für die moorigen Wiesen
der Niederungen erwiesen ebenso für zahlreiche kalibedürftige Flächen
Kalk und Dolomitböden.[2]

b. Zucker.

Geringer sind die sich der sächsischen Zuckerindustrie darbietenden
Aussichten. Die österreichische Zuckerindustrie zeichnet sich wie die
deutsche durch ein starkes Expansionsbedürfniss aus. Dem entsprechend
sind die Verschiffungen des österreichischen und mährischen Zuckers ins
Ausland sehr bedeutend.[3]

	im Jahre 1896:
nach Grossbritannien	1,896.000 M.-Ctr.
nach den Ver. Staaten von Nord-Amerika	195,000 „
nach Hamburg zur Ausfuhr in unbestimmter Richtung	516,938 „

Die vorstehenden Ausfuhren nach Grossbritannien und Amerika
nehmen zum überwiegend grösseren Theile ihren Weg nicht über Triest
und Fiume, sondern über Hamburg, sodass die elbwärts und bahnwärts
das reichsdeutsche Elbgebiet durchziehenden Ausfuhren annähernd 3 Mill.
M.-Ctr. erreicht haben.[4]

---

[1] Der Bedarf für Salzburg wird auf etwa 30 Waggons geschätzt.

[2] Deutschtirol bezog im J. 1895 500 M.-Ctr. Kainit.

[3] Statistische Uebersichten betreffend den Ausw. Handel des öster.-ung.
Zollgebietes im J. 1896. S. 116 u. 117.

Fiume verschiffte 1896 insgesammt: 529,865 M.-Ctr.

hiervon nach England: 47,536 „

„   „   Amerika S.-U.: 248,605 „

Die Hauptproductionsgebiete sind Böhmen und Mähren. Ungarns Nachfrage entzieht sich dem deutschen Handel, da die österreichische Production sie befriedigt.[1]) Die Fortschritte der ungarischen Rübenzuckerindustrie sind aber so erheblich, dass anzunehmen ist, dass auch diese in nicht zu langer Zeit als grösserer Mittbewerber auf dem europäischen Markte erscheinen wird. Die unten vermerkten Ausfuhren von Fiume sind vorwiegend ungarischer Rohzucker. Die Ausfuhr ungarischer Raffinade betrug in der Campagne 1896/97 88,000 M.-Ctr.

Die Aufnahmefähigkeit Rumäniens, Bulgariens und Serbiens ist an sich nicht unerheblich; ihr Import an Raffinaden war 1896 (M.-Ctr.):

	Rumänien[2])	Bulgarien[3])	Serbien[4])
aus Oesterreich-Ungarn	131,493	85,654	44,408
„ Belgien	80, 40	128	—
„ England	934	4	—
„ Frankreich	8,144	20	—
„ Russland	403	937	—
„ Deutschland	1,131	1,480	—
insgesammt:	150,682	88,703	39,969

Oesterreich-Ungarn behauptet in den unteren Donauländern so erfolgreich seinen Vorrang, dass an eine Erschütterung seiner Stellung durch den deutschen Handel nicht mehr zu denken ist. Ausserdem beschränkt die Aussichten für eine grosse Steigerung des deutschen Exportes der Umstand, dass in Rumänien wie in Bulgarien seltens der dortigen Regierungen der Hebung der heimischen Zuckerindustrie viel Interesse zugewandt wird[5]), sodass mit einer Zeit gerechnet werden muss, in der sich beide Länder von den westlichen Märkten unabhängig gemacht haben werden.

Triest verschiffte 1896 insgesammt: 804,715 M.-Ctr.
hiervon nach England: —,— „
„ „ Amerika S.-U.: 315 „
(Navigazione e commercio di Trieste nel 1896 und Relazione sulla situazione economica di Fiume nel 1896. S. 192 bzw. S. 54).

[1]) Im Jahre 1896 Einfuhr aus Oesterreich: 315,430 M.-Ctr. — Auswärtiger Handel der Länder der ungarischen Krone. Herausgegeben vom K. Statistichen Amt in Budapest.

[2]) Commerce extérieur de la Roumaine, en 1896. S. 556.

[3]) Statistique du commerce de la Principauté de Bulgarie avec les pays étrangers. 1896. S. 92.

[4]) Statistique du commerce extérieur du royaume de Serbie pour l'année 1896. S. 21.

[5]) In Rumänien ist das Gesetz zur Förderung der Zuckerindustrie vom J. 1882 erneuert worden. Nach dessen Bestimmungen haben alle Fabriken auf eine Fabrikationsprämie von ca. 15 Centimes für 1 kg. Anspruch; ausserdem sind alle erforderlichen Rohstoffe von Zoll und Steuern befreit; dagegen ist der fremde Zucker mit einem Zoll von 25 Centimes per kg. belastet. Zwei grosse Fabriken in den Distrikten Teleorman und Maraschesti sind im Bau; an beiden ist deutsches Capital betheiligt.

Trotzalledem soll nicht übersehen werden, dass sich in Rumänien und Bulgarien gegenwärtig für den Absatz deutscher Raffinaden immerhin noch ein Feld vorfindet, das mit Hilfe der Elbe-Donaustrasse nutzbarer gemacht werden könnte. Bei normalen Frachten auf der Elbe stellt sich der Transport von einer Tonne Zucker ab Schönebeck nach Galatz oder Braila incl. Assekuranz auf 21,19 Mk.[1]) In Zeiten geschlossener Flussschifffahrt berechnet sich diese Fracht incl. Assekuranz auf 27,50 bis 29,00 Mk. je nach den etwaigen Eis-Kosten etc. im Hamburger Hafen. Soweit die Bestimmung der Donau-Seehäfen allein in Betracht kommt, wird der Seeweg seine Concurrenzfähigkeit behaupten können. Sobald es sich jedoch um Verladungen nach Belgrad, Bukarest und anderen Inland-Stationen handelt, wird sich die Elbe und die Donau wenigstens theilweise als der wohlfeilere Transportweg erweisen. Angenommen, dass die sächsischen Raffinaden zu einem Frachtsatze von 1 Pfg. per tkm. befördert würden, so würde sich die Fracht von Schönebeck a. E. nach Belgrad auf 24—27 Mk.[2]) und von Schönebeck nach Bukarest auf 41—44 Mk. stellen[3]); sie würde also um ca. 6—9 Mk. und —,— Mk. billiger als die Verladung seewärts sein, da der Umschlag in Braila und die Fracht für die Donaustrecke von 994 km (Belgrad) mit ca. 10 Mk. hinzutreten. Für Bulgarien ist das Donaugebiet Vidin und Lom billiger im Binnenwasserwege zu erreichen, während sich dieser Vortheil für Verladungen nach Ruscuk und Tirnowa schon vermindert.

Die im Vergleiche zum Bahnwege durch unsere Wasserstrasse zu bewirkende Kostenminderung erhellt aus den folgenden Eisenbahnfrachtraten per t. in 10,000 Kg.-Ladungen:

von Tangermünde nach Bukarest 71,00 Mk.   (Umkartirung Berlin Anhalter Bahnhof)

„   „   „   Sofia   63,20 „   (Umkartirung in Berlin und Simony)

„   „   „   Belgrad 43,50 „   (Umkartirung in Berlin und Simony)

---

[1]) Schönebeck—Hamburg 313 km. 1 Pfg. per tkm.   3,13 Mk.
         Assekuranz   80 „
         Abfertigungsgebühr   80 „
         Seefracht Hamburg—Braila   15,00 „
         Assekuranz $5\frac{1}{8}$ %   1,50 „
                                                      ――――――――
                                                     21,23 Mk.
[2]) Schönebeck—Belgrad 1757 km. 1 Pfg. per tkm.   17,57 Mk.
     Abgabe im Elbe-Moldau-Donau-Kanal   6— 8,42 „
     Assekuranz   1,00 „
                                         zusammen 24,42—26,99 Mk.
[3]) Schönebeck—Giurgevo 2398 km. 1 Pfg. per tkm.   23,98 Mk.
     Abgabe im Elbe-Moldau-Donau-Kanal   6— 8,42 „
     Umschlag in Giurgevo   2,00 „
     Bahntransport Giurgevo—Bukarest per 1 t.   9,12 „
                                                  ――――――――――――
                                                  41,10—43,52 Mk.

c. Erze, Metalle und Werksteine.

Der Versandt von Erzen und Rohmetallen beschränkt sich im Allgemeinen auf die Producte des Harzes und des Freiberger und Alten-
berger Bergbaugebietes des Königreiches Sachsen. Es gehören hierzu
hauptsächlich Kupfer, Blei und andere Erze und Verhüttungsproducte
ausser Eisenerz, deren Gesammtausfuhr im Jahre 1896 elb- und bahnwärts ca. 632,000 M.-Ctr. betrug. Die durch die Wasserverfrachtung zu
erwartende Frachtersparniss beträgt in der Relation Jlsenburg—Belgrad
ca. 6 Mk. per Tonne.[1]) Andere Gegenstände der sächsischen Urproduction
die ihr Absatzgebiet in Oesterreich-Ungarn unter der gleichen Einwirkung
erweitern werden, sind u. a. Schiefer, Quarzsand die Elbsandsteine, andere
Bau- und Hausteine etc.

d. Andere Produkte.

Im Uebrigen erschliesst sich der vielgestaltigen Industrie des mittleren
und oberen Elbgebietes die Aussicht auf eine nutzbringende Verwerthung
der Wasserstrasse für die Ausweitung ihrer umfangreichen Handelsbeziehungen. Der namentlich für sperrige Güter zu erwartende Preis-
nachlass wird bei manchen Fabrikanten zu einer Verstärkung des deutschen
Angebots gegenüber dem Wettbewerbe Belgiens, der Schweiz und Frankreichs etc. führen können. Desgleichen wird er der prohibitiven Wirkung
der hohen österreichischen Zölle wenigstens etwas entgegenzuwirken, geeignet sein. Unter den hohen Zöllen hat die Ausfuhr von Eisen, Stahl
und Façoneisen, von Maschinen und Apparaten aller Art, insbesondere
landwirthschaftlichen Maschinen und Geräthen, bei deren Ausfuhr der Zoll von
7,50 fl. Gold für 100 kg. zusammen mit den hohen Landfrachten[2]) den Nutzen
auf ein sehr geringes Maass beschränkt hat,[3]) empfindlich zu leiden. Dieselben Erfahrungen hat der Export unserer Eisengusswaaren, die Ausfuhr
von Einrichtungen für Mälzereien und Bierbrauereien (Chemnitz),[4]) Special-
maschinen zur Instandhaltung von Werkzeugen, für das Textil- Müllerei-
und Fleischereigewerbe, der Eisenmöbel und anderer Eisenindustrieartikel zu

---

[1]) Kupfer (per Tonne)
a. per Bahn von Jlsenburg nach Belgrad   73,50 Mk.
b. per Elbe-Donau-Kanal:
    Jlsenburg—Magdeburg   7,00 Mk.
    Magdeburg—Belgrad 1742 km. à 0,75 Pfg. per tkm   13,07 „
    Abgabe im Elbe-Moldau-Donau-Kanal   6—8,42 „
                                  26,07—28,49 Mk.
c. per Levante=Linie:
    Jlsenburg—Braila nach dem Levante-Tarif   22,40 Mk.
    Braila—Belgrad incl. Umschlag   10—12,00 „
                                    32,40—34,40 Mk.
[2]) Jahresbericht der Handelskammer zu Chemnitz für das Jahr 1896. S. 66.
[3]) Jahresbericht der Handelskammer zu Leipzig für das Jahr 1896. S. 168.
[4]) Jahresbericht der Handelskammer zu Chemnitz für 1896. S. 57.

verzeichnen, weshalb jeder, auch der kleinste Vortheil unseren Exporteuren willkommen sein muss.

Weitere Producte, die hinsichtlich der Regelmässigkeit und des Umfanges ihrer Ausfuhr nach Oesterreich-Ungarn und den unteren Donaustaaten für die Nutzung der Wasserstrasse in Betracht kommen, sind die keramischen Erzeugnisse des Halberstädter Handelskammerbezirkes, die Thonwaaren des Halleschen Bezirkes, Sämereien aller Art, Felle und Leder, Braunkohlentheer, Paraffin, Wolle und zahlreiche Industrieproducte des mittleren und oberen Elbgebietes, die auch in der Stückgutverfrachtung die Wasserstrasse mit Nutzen aufsuchen werden.

5. Westdeutsche Ausfuhrartikel.

Entscheidend fällt im Verkehr Westdeutschlands mit Oesterreich und den Donauländern die Ausfuhr der Produkte der rheinisch-westfälischen Montanindustrie ins Gewicht, die 1896 bahnwärts 1,250,000 M.-Ctr. betrug,[1]) den grössten Antheil haben daran die westfälischen Schmelzcokes die

nach Böhmen mit   683,000 M.-Ctrn.
„ dem übrigen Oesterreich mit 547,000   „
„ Ungarn mit   18,000   „

verladen wurden. Dieser grosser Versandt nach Böhmen erklärt sich aus den Bedürfnissen der dortigen Eisenschmelzwerke. Nach Kralup kostet die Fracht für eine Wagenladung Cokes 158 Mk. und nach Königshof 130 Mk. Nach Herstellung des Mittellandkanals und Vollendung der Moldau-Kanalisirung wird sich diese Frachtrate bis auf die Hälfte ermässigen, sodass sich hierdurch den westfälischen Hochofenwerken in Böhmen und Oesterreich eine erheblich grössere Nachfrage eröffnen wird. Die Hochofenwerke in Kladno consumiren jährlich 180,000 bis 200,000 M.-Ctr. Cokes, die zur Hälfte aus Westfalen bezogen werden.[2]) Die Hochöfenwerke in Königshof haben einen jährlichen wesentlich grösseren Bedarf, der theils in Nieder-Schlesien, theils in Westfalen gedeckt wird. Die erhebliche Kostenminderung des Transportes wird nicht minder auch die westfälische Steinkohle zu einer regen Concurrenz gegen die schlesische Kohle in Böhmen befähigen, sodass in dieser Beziehung die Darlegungen einer Denkschrift der Halberstädter Handelskammer, betreffend den Bau des Rhein-Weser-Elbe-Kanals besonderer Beachtung werth erscheinen.

Wie erheblich im Uebrigen die rheinisch-westfälische Industrie mit der Ausfuhr ihrer Producte und namentlich ihrer Eisenhüttenerzeugnisse an unserer Wasserstrasse interessirt ist, erklärt die folgende Uebersicht der Vertheilung der bahnwärtigen Sendungen im Jahre 1896:

	nach Böhmen	Uebrig. Oesterr.	Ungarn etc.	Galizien etc.
Eisen roh. Stahlbruch				
alte Schienen	101,860 M.-Ctr.	46,770 M.-Ctr.	6,270 M.-Ctr.	— M.-Ctr.
Eisen u. Stahl. Stab-				
u. Façoneisen	16,120	42,400	32,810	22,550 „

[1]) Der Güterverkehr auf den deutschen Eisenbahnverwaltungen. 1896.

[2]) Gef. Angabe der Prager Eisen-Industrie-Gesellschaft.

	nach Böhmen	Uebrig. Oesterr.	Ungarn etc.	Galizien etc.
Eisenbahnschienen etc.	9.200 M.-Ctr.	4.360 M.-Ctr.	4,330 M.-Ctr.	6.020 M.-Ctr.
Achsen, Räder etc.	350 „	4,020 „	5.370 „	17,450 „
Dampfkessel, Reservoirs	1.760 „	3.810 „	6,190 „	5,740 „
Röhren und Säulen	850 „	2,460 „	4.870 „	1.930 „
Eisen- und Stahldraht	„	„	„	„
Eisenwaaren, andere	2,180 „	5,060 „	4,100 „	7.240 „
Zus.:	132,320 M.-Ctr.	108,880 M.-Ctr.	63.940 M.-Ctr.	60,930 M.-Ctr

Die Verladungen Westdeutschlands über Antwerpen und Rotterdam entziehen sich einer genaueren Feststellung. Der Umstand jedoch, dass nach den Nachweisen der amtlichen Statistik Rumäniens, Bulgariens und Serbiens die seewärtige Einfuhr von Eisen und Maschinen aus Deutschland eine verhältnissmässig grosse ist, lässt erkennen, einen wie geringen Antheil die Eisenbahnen an dem thatsächlichen Ausfuhrverkehr Rheinland-Westfalens nach den unteren Donaustaaten haben und welche Bedeutung der weg- und kostensparende Kanalweg deshalb für diese Producte unserer westlichen Montan- und Eisenindustrie gewinnen wird. Deutschlands Ausfuhr nach den Balkanstaaten weist eine erfreuliche Entwickelung auf; sie beträgt im Verkehr mit Rumänien im Durchschnitt der letzten Jahre 400,000 M.-Ctr.[1]); das Hauptprodukt ist schmiedbares Stabeisen. Die Concurrenz Englands ist jedoch trotz aller erreichten Erfolge in einzelnen Artikeln noch sehr fühlbar, sodass jeder Vortheil, der durch Spesenersparnisse erreicht wird, ins Gewicht fällt. Es betrug beispielsweise die Ausfuhr Grossbritanniens in der Gruppe der amtlichen rumänischen Statistik: „reines Eisen, verzinnte und verkupferte Eisenplatten" 1896: 46,477 M.-Ctr., die Ausfuhr dieser Artikel Deutschlands hingegen nur 4,375 M.-Ctr.. Ueber Deutschlands Stellung im internationalen Handel auf dem Markte Rumäniens, Bulgariens und Serbiens ist schon im ersten Abschnitte dieses Buches berichtet worden. Näheres ist den Anlagen 3, 4 und 5 zu entnehmen.

---

[1]) Auswärtiger Handel des deutschen Zollgebietes nach Herkunfts- und Bestimmungsländern in den Jahren 1880—1896. Herausgegeben im Reichsamt des Inneren. Rumänien-Serbien: Berlin 1897.

IV.
Der zu erwartende Gesammtverkehr.
Gebührentarif. Frachtenstand. Schiffahrtsbetrieb auf der Donau, Moldau und Elbe. Schlussergebniss.

I. Der auf dem Elbe-Moldau-Donau-Kanale zu erwartende Gesammtverkehr auf Grund des bisher aufgestellten Gebührentarifes.

Die bisherigen Untersuchungen lassen keinen Zweifel darüber, dass der Elbe-Moldau-Donau-Kanal eingreifende Neuordnungen im Verkehrsleben der Donau- und Elbeländer hervorrufen wird. Trotzdem erschwert der Mangel eines einigermassen fixirten Abgabentarifes die Beantwortung der sich ergebenden letzten Frage: wie gross der von der Kanalstrasse aufzunehmende Gesammtverkehr voraussichtlich sein wird, beziehungsweise, ob erwartet werden darf, dass sich ihre Lastenbewegung umfangreicher gestalten wird, als dieses bisher angenommen worden ist?

1. Der Gebührentarif.

Die Höhe der für die Unterhaltung und den Betrieb des Kanals zu fordernden Abgabe steht mit der Verkehrsfrequenz im engen Zusammenhange, und vorweg mag bemerkt werden, dass der auf die bisherigen Verkehrsschätzungen basirte Tarif ein ausserordentlich hoher ist. Endgültig ziffernmässig wird sich diese Frage freilich erst auf Grund der Ergebnisse der Specialenquête beantworten lassen, mit deren Ausführung der statistische Ausschuss des Elbe-Moldau-Donau-Kanal-Comité's beschäftigt ist, sodass sich diese Untersuchungen auf die Denkschriften des Ausschusses des österreichischen Abgeordnetenhauses, insbesondere auf die Ergebnisse der Expertise der Herren Ingenieure J. Deutsch, Professor Oelwein und Oberingenieur Georg Ptak vom Jahre 1882/85 angewiesen sehen.[1] Von den genannten Experten hat Herr Deutsch die Ziffer der Verkehrsmenge aus den einzelnen Artikeln des zeitigen Verkehrs entwickelt und eine Transportmenge von 1,8 Mill. Tons mit einer mittleren Transportdistanz von 375 km., somit mit einem kilometrischen Verkehr von 1,43 Mill. Tonnen ermittelt, während die Herren Oelwein und Ptak zu dem gleichen Resultate vom Standpunkte des Tarifes gelangt sind. Auch die österreichische

---

[1] 951 der Beilagen zu den stenographischen Protokollen des Abgeordnetenhauses. — IX. Session 1—139.

Regierung hat sich in ihrer dem Wasserstrassenausschusse abgegebenen Darstellung diesem Befunde angeschlossen. Gestützt hierauf haben die offiziellen Denkschriften einen Tarif von 3 Klassen aufgestellt, und den auf jede derselben entfallenden Verkehrsmengen-Antheil, wie folgt, berechnet:

$10^0/_0$ des Gesammtverkehrs der   I. Kl. = 1,75 Kr. oder 3 Pfg. per tkm.
$20^0/_0$ „   „   II. Kl. = 1,312 „   „ 2,2 Pfg. „   „
$70^0/_0$ „   „   III. Kl. = 0.875 „   1,5 Pfg. „   „

Der hieraus gewonnene Durchschnittstarif von 1,5 Kr. per Tonnenkilometer ergiebt, auf die Gesammtlänge des Kanals und der kanalisirten Moldau von 468 km. angewandt, den Satz, der in unseren Berechnungen mit 8,42 Mk. pro tkm. zu Grunde gelegt ist. Dieser Tarif soll zur Bestreitung der Betriebskosten dienen, die sich aus den Zugkosten und der Deckung für Amortisirung und Verzinsung des Anlagekapitals zusammensetzen. Die Experten haben hierbei die ungünstige Annahme gemacht, dass ein Viertel der Kanallänge mit dem theuren Pferdezuge betrieben werden soll, sie haben ein kilometrisches Anlagekapital von 142,000 fl. und bei einem kilometrischen Verkehr von 1,400,000 t eine 5,2 procentige Rentabilität berechnet.

Leider hat hierbei in Folge der aus allgemeinen Gesichtspunkten durchgeführten Schätzung eine Trennung des Localverkehrs im engeren und im weiteren Sinne von dem grossen durchgehenden Transitverkehr nur unvollkommen vorgenommen werden können. Immerhin lassen die Ermittelungen erkennen, dass dem Localverkehr der überwiegend grössere Antheil an der Befrachtung der Kanalstrasse zugewiesen wird, während der Transitverkehr in wesentlich bescheideneren Verhältnissen gedacht wird. „Es sei sehr wahrscheinlich", heisst es, in der zusammenfassenden Darlegung der Regierung — Anlage C. des Berichtes des Wasserstrassenausschusses a. a. O — „dass auf dem Kanal der Kohlenverkehr allein die Höhe von 800,000 t erreichen werde. Der Verkehr in Holz würde nach den Productionsmengen und dem jetzigen Verkehr mit 150,000 t sehr niedrig gegriffen sein, während die landwirthschaftlichen Producte des Inlandes, insbesondere Getreide, Runkelrüben, Raps, frisches Obst und andere Waaren, unter denen besonders mineralische Producte die höchste Ziffer erreichen werden, mit 100,000 t ebenfalls nicht zu hoch gegriffen sein würden. Hierzu würden noch von 16 resp. 8 Mill. Tons Eisenbahnverkehr wenigstens $2\frac{1}{2}$ bezw. $5^0/_0$ also 400,000 t treten. „In dieser letzteren Summe", so bemerkt das Regierungsgutachten, sei ein Theil des externen Verkehres bereits enthalten; aber es sei gestattet, besonders mit Rücksicht auf das ungarische und rumänische Getreide und das croatisch-slavonische Holz, sowie mit Rücksicht auf die Bedürfnisse der Industrie, besonders betreffs des Bezuges von Rohproducten im Ganzen noch 50,000 Tons einzustellen."

Angesichts der im dritten Abschnitte für zahlreiche Gegenstände des Transithandels ermittelten Frachtersparnisse kann es nicht zweifelhaft sein, dass die sich aus den grossen Sammelgebieten der unteren Donau und der unteren Elbe ergebenden Durchfrachtungen wesentlich grösser sein werden, als dies im Regierungsgutachten und auch bisher wohl allgemein angenommen worden ist, sodass ein zum Unterschiede von den bisherigen Ermittelungen zu erwartender erheblich grösserer Antheil des Transithandels auch das Mittel sein wird, für die Verzinsung und Amortisirung des Anlagekapitals und für Unterhaltung und Betrieb eines Kanals, der in grösseren Abmessungen gedacht werden muss, als er in dieser Bearbeitung der 80er Jahre projectirt worden ist, einen günstigeren Tarif zu ermöglichen. Mit Rücksicht darauf haben unsere vergleichenden Berechnungen, um dem voraussichtlich thatsächlichen Zustande näher zu kommen, neben dem Durchschnittssatze von 1,05 Kr. oder 1,8 Pfg. pro tkm. = 8,42 Mk. für die ganze Strecke, einen solchen in runder Schätzung von 6 Mk. oder 1,2 Pfg. per tkm. angenommen. Hierbei sind jedoch, um jeder Tendenz einer calculatorischen Begünstigung der Wasserstrasse vorzubeugen, die obigen, die Schleppkosten bereits in sich einschliessenden Tarifsätze von 3 Pfg., 2,2 Pfg. und 1,5 Pfg. per tkm auf die ganze Länge des Kanals und der kanalisirten Moldau von 468 km. neben den besonderen Frachtsätze \unverkürzt angewandt worden. Dadurch haben, indem der von der Expertise construirte Durchschnittstarif von 1.05 Kr. sich aus dem Ersatze für Amortisation, Verzinsung und Schleppung der Schiffe zusammensetzt, die Schleppkosten einen doppelten Ansatz gefunden. Trotzdem haben, wie erwähnt, unsere vergleichenden Frachtberechnungen bezüglich zahlreicher Gegenstände des Exportes aus Oesterreich-Ungarn und der Ausfuhr Deutschlands nach Oesterreich und den Donauländern die Ueberlegenheit der Binnenwasserstrasse in Vergleiche zum Bahntransporte und zur Seestrasse festgestellt.

Es ist nun jedoch als zweifellos anzusehen, dass das Concurrenz-Verhältniss zu Gunsten des Elbe-Moldau-Donau-Kanales in Wirklichkeit ein erheblich vortheilhafteres werden wird, weil ein in Abmessungen für das 600 t-Schiff gebauter Kanal im ungleich grösseren Maasse anregend auf seine Benutzung wirken wird, als der mit Abmessungen für das 400 t-Schiff projectirte Kanal der 80er Jahre (s. S. 165 ff.). Werden Maasse angenommen, die seine Benutzung von Schiffen bis zu 600 t. Tragfähigkeit zulassen, und würde hierzu ein Kostenaufwand von 120 Mill. Gulden erforderlich werden, so könnte bei einem Verkehr von 2,5 bis 3 Mill. Tonnen eine Abgabe von 0,75 Kr. ohne Selbstkosten der Traktion und von 1,00 Kr. oder 1,2 Pfg einschliesslich der letzteren für den Tonnenkilometer in Anrechnung kommen. Nach allen bisherigen Darlegungen wird jedoch in nicht zu langer Zeit ein thatsächlich grösserer Verkehr, ein solcher von 3 bis 4 Mill. Tonnen erwartet werden dürfen, sodass die wirkliche

Durchschnittsabgabe nach dem gleichen Fusse bemessen (4 Mill. t. und rund 470 Km. = 1880 Mill. tkm. = 0,37 Kr. + 0,25 Kr. Zugkosten = 0,62 Kr.) auf dieser Grundlage nur 1,1 Pfg. und, auf die Länge des Kanals angewandt, nur 4,93 Mk. sein würde.

Ein Blick in die Verwaltung der deutschen Wasserstrassen genügt, zu erkennen, dass mit Abgaben auch nur von annähernd gleicher Höhe keine Strasse belastet ist. Der Tarif des Dortmund-Emshäfen-Kanals, dessen Eröffnung unmittelbar bevorsteht, enthält drei Güterklassen mit den folgenden geringen Sätzen:

	per tkm. für die 5 ersten Jahre des Betriebes.	per tkm. für die spätere Zeit des Betriebes.
Güterklasse I	0,23 Pfg.	0,30 Pfg.
Güterklasse II	0,12 „	0,23 „
Güterklasse III	0,05 „	0,14 „

Der Tarif des Oder-Spree-Kanals und des die Verbindung der Elbe mit den märkischen Wasserstrassen und der Oder vermittelnden neuen Plauer Kanals umfasst nur 2 Klassen, doch entspricht die grosse Mehrheit der zur Güterklasse II gehörigen Güterarten denen der Güterklasse III des Dortmund-Emshäfen-Kanals. Die Sätze des Tarifs der beiden Kanäle sind:

	Plauer-Kanal 57,4km. per tkm.	Oder-Spree-Kanal 86,6 km per tkm
Güterklasse I	0,28 Pfg.	0,37 Pfg.
Güterklasse II	0,14 „	0,18 „

Für die bei Schluss dieser Schrift dem Verkehr übergebene kanalisirte Oderstrecke Cosel-Breslau ist der folgende Tarif festgesetzt worden:

Güterklasse I	0,39 Pfg. per tkm.
Güterklasse II	0,19 „ „ „ „

Der Tarif des Elbe-Trave-Kanals ist den von dem Staatsvertrage der beiden betheiligten Staaten Lübeck und Preussen aufgenommenen Grundsätzen zufolge der Raum-Tarif der märkischen Wasserstrassen. Es ist freilich zu hoffen, dass er zu einem Gewichtstarife umgestaltet werden wird, sodass alsdann seine Sätze denen des Dortmund-Emshäfen-Kanal-Tarifes ähnliche werden dürften.

Für den Rhein-Weser-Elbe-Kanal haben die bisherigen Entwürfe des Tarifes die folgenden Sätze aufgestellt:

Güterklasse I	1,0 Pfg. per tkm
„ II	0,75 „ „ „
„ III	0,5 „ „ „

Die Länge des Mittelland-Kanals beträgt einschliesslich aller Zweigkanäle 420 km, sodass, wenn die obigen Sätze auf seine kilometrische Länge angewandt werden, wobei die mittlere Länge mit 240 km. einzurechnen ist, als Ertrag aus einem mit 3,500,000 t berechneten Verkehr sich die folgenden Summen ergeben:

I. Güterklasse 1,0 Pfg. 240 km. — 2,40 Mk. Abgabe bei   350,000 t.
                              Verkehr: Ertrag   840,000 Mk.
II. Güterklasse 0,75 Pfg. 240 km. = 1,80 Mk. Abgabe bei   350,000 t.
                              Verkehr: Ertrag   630,000 Mk.
III. Güterklasse 0,5 Pfg. 240 km. = 120 Mk. Abgabe bei 2,800,000 t.
                              Verkehr: Ertrag 3.360.000 Mk.
        zusammen 3,500,000 t. Verkehr: Ertrag: 4,830,000 Mk.[1]

Wollte man, um einen directen Vergleich zu ermöglichen, von den
Sätzen des die Kosten der Schleppung einschliessenden Tarifes des Elbe-
Moldau-Donau-Kanals die Schleppkosten in Abzug bringen, indem dieselben
mit 0,28 Pfg. per tkm = 1,31 Mk. für die Kanallänge angenommen würden,
so bliebe immerhin noch ein Tarif mit Sätzen

    von 2,71 Pfg. per tkm der Güterklasse   I oder 12,63 Mk. für die Canalstrecke
    „   1,9   „   „   „   „   II „ 8,90   „   „   „   „
    „   1,2   „   „   „   „   III „ 5,62   „   „   „   „
übrig.

Bei Würdigung des zwischen den Angaben unserer Wasserstrasse und denen der genannten deutschen Kanäle bestehenden Unter-
schiedes ist freilich nicht zu übersehen, dass bei letzteren die Erhebung
der Schifffahrtsgebühren nicht zugleich den Zweck der Amortisirung und
Verzinsung des Baukapitals hat. Von der Verzinsung und Amortisirung
des Baukapitals ist bei dem Betriebe des Dortmund-Emshäfen-Kanals, der
einen Kostenaufwand von 80 Mill. Mk. erfordert hat, gänzlich abgesehen
worden, sodass die geringe Abgabe von 0,23 Pfg. in der I. Klasse von
0,12 Pfg. in der II. Klasse und von 0,05 Pfg. in der III. Klasse per
tkm nur die auf 786,900 Mk. berechneten Unterhaltungs- und Betriebskosten bestreiten soll. Ebenso sollen die Abgaben auf dem Elbe-Trave-
Canale zunächst ausschliesslich zur Deckung derselben Kosten erhoben
werden, wobei es allerdings in beiden Fällen fraglich erscheint, ob der
Ertrag in den ersten Jahren gross genug sein wird, diese Deckung
wenigstens zu einem grösseren Theile zu erreichen.

Es steht zu erwarten, dass bei einer Wasserstrasse, die ein seit so langer
Zeit empfundenes volkswirthschaftliches Bedürfniss befriedigen soll, der ihre
Verwaltung beherrschende Gesichtspunkt der staatswirthschaftliche
sein wird, der das volkswirthschaftliche und staatsfinanzielle Interesse in
sich vereinigt und hierdurch einem Tarife Geltung verschaffen wird, der
nicht einen einseitig fiscalischen Character offenbart. Von dieser Grund-
anschauung wird eine gedeihliche Lösung der Tariffrage auszugehen haben.
Denn, wenn auch der geographische Verlauf der Wasserstrasse, die wirthschaftliche Ausstattung ihres grossen centraleuropäischen Bestreichungs-
gebietes und die erheblichen Weg- und Zeitkürzungen natürliche Gunstzeichen
sind, wie sie in diesem Maasse kein anderer Wasserstrassenzug des Con-

---

[1] Fritz Geck, die Mittellandstrecke des Rhein-Weser-Elbe-Kanals. Hannover
1898. S. 21.

tinentes aufzuweisen hat, so wird immerhin der Seeverkehr in Folge der
Grösse seiner Fahrzeuge und der umfassenden Ausnützung ihrer Tragfähigkeit, der raschen und wohlfeilen Function der Verladungs- und
Löscheinrichtungen in den Seehäfen, sowie in Folge der grossen
merkantilen Potenz der Seerhedereien ein nie zu unterschätzender Mit-
bewerber bleiben. Man wird überhaupt nicht so weit gehen dürfen, zu
glauben, dass, weil die vergleichenden Frachtberechnungen in zahlreichen
typischen Vergleichsfällen die Ueberlegenheit der Kanalstrasse unzweideutig
erkennen lassen, letztere deshalb auch unter allen Umständen befähigt
sein wird, die Seeschifffahrt mit der grossen quantitativen Transportfähigkeit
ihrer Fahrzeuge ihres alten Ranges zu entsetzen. Der Elbe-Moldau-
Donau-Kanal wird, wie alle künstlichen Wasserstrassen, Zeit gebrauchen,
sich die überlieferten, bestehenden Verhältnisse unterzuordnen, und je
vorsichtiger man mit dieser Erfahrung rechnet, um so lieber wird man
geneigt sein, zuzugeben, dass die Höhe der Abgabe als ein integrirender
Bestandtheil der Transport-Gestehungskosten grade in Hinsicht auf den Mitbewerb der Seeschifffahrt das den Erfolg am meisten bestimmende Moment
sein wird.

2. Die Frachtsätze.

Die unseren vergleichenden Berechnungen zu Grunde gelegten
Frachtraten sind:

0,5—0,6 Pfg. per 1 tkm für gewöhnliche Massengüter
0,75   „   „   „   „ werthvolle Massengüter
1—1,5 „   „   „   „ allgemeine Kaufmannsgüter

Diese tonnenkilometrischen Ansätze ergeben, auf die Gesammtlänge
des Kanals und der kanalisirten Moldau (468 km) berechnet, Frachtsätze, die
in der Wirklichkeit schon den besseren Binnenwasserfrachten zuzurechnen
sind.

Geck unterscheidet bei dem Güterverkehr auf dem Mittellandkanal
drei Sätze:[1])

0,6 Pfg. per tkm für geringwerthige Massengüter mit 80% des Gesammtverkehrs
0,9 „   „   „   „ Güter von mittlerem Werthe   „ 10% „   „
1,2 „   „   „   „ werthvollere Güter   „ 10% „   „

Auch diese Ansätze sind Frachten, die als bessere Durchschnitts-
frachten anzusehen sind.

Im Mai 1896 wurden in Ruhrort für die Verfrachtung von Steinkohlen rheinaufwärts nach Mannheim — 351 km — Frachtpreise ver-
einbart,[2]) welche für Schiffsfracht, Schlepplohn, Ein- und Ausladen in
hölzernen Schiffen 0,77 Pfg. und in eisernen Schiffen 0,69 Pfg. für das
tkm ergaben. Die Raten der späteren Monate waren noch niedriger.

---

[1]) F. Geck, a. a. O. S. 21.
[2]) Gutachten des Kanalvereins für Niedersachsen über die wirthschaftliche
Bedeutung des Rhein-Weser-Elbe-Kanals 1895.

Nach dem amtlichen „Führer auf den deutschen Schifffahrtsstrassen," bearbeitet im Königl. Preussischen Ministerium der öffentlichen Arbeiten, sinken die Schiffsfrachtsätze für Massengüter

auf dem Rheine stromauf bis 0,4 Pfg.

„   „   „   stromab   „ 0,3 „

„ der Elbe   stromauf „ 0,5 „

„   „   „   stromab   „ 0,4 „ ,

auf den märkischen Wasserstrassen bis auf 0,4 Pfg. hinab. Der Schlepplohn macht bei diesen Schifffahrtskosten auf dem stark strömenden Rheine bei hölzernen Schiffen 0,37 und bei eisernen 0,24 Pfg. für das tkm aus. Es liegt auf der Hand, dass auf dem stillen Wasser des Kanals die Schlepplöhne niedriger sein müssen. Sachverständige — unter ihnen der Generaldirector Bellingrath in Dresden — haben daher die Schifffahrtskosten auf Kanalstrassen einschliesslich Unternehmergewinn, Laden, Löschen u. s. w. zu 0,45—0,75 Pfg. f. d. tkm angegeben, im Mittel werden dieselben 0,6 Pfg. f. d. tkm betragen.

Nach Gothein[1]) ergiebt sich auf der Strecke Breslau—Stettin (488 km) bei voller Ladung ein Frachtsatz von 0,52 Pfg. für das tkm, für Kosel Stettin ein solcher von 0,48 Pfg. auf das Tarif-Kilometer und Tonne (85 km sind der Strecke für 17 Schleusen zugesetzt), und von Kosel nach Berlin, von wo kaum auf Rückfracht zu rechnen sei, bestehen Sätze von 0,57—0,58 Pfg. für das Tonnentarifkilometer (24 × 5 km = 120 km für 24 Schleusen sind in Ansatz gebracht). Auf der längeren Strecke nach Magdeburg, von wo auch etwas Rückfracht — Salz, Colonialwaaren etc. zu finden sei, ergiebt sich der Satz von 0,55 Mk. alles auf das 400 t Schiff und volle Ladung berechnet. Gegenüber diesen Sätzen für das 400 t Schiff erscheint Gothein der Satz von 0,5 Pfg. für das Tonnenkilometer auf dem Wege vom Ruhrbecken bis Magdeburg bezw. Berlin bei Verwendung des 600 t-Schiffes reichlich hoch gegriffen, um so mehr, als die Schiffe von Magdeburg aus etwas Rückfracht finden dürften. Nach dem Vorgange von Sympher würde allerdings vielfach, so fügt Gothein schliesslich hinzu, ein Satz von 0,7 Pfg. in Ansatz gebracht; es werde dabei aber übersehen, dass Sympher seine Berechungen für das 350 t Schiff, nicht für das 600 t Schiff gemacht habe. Auch die thatsächliche Frachtentwickelung auf Flüssen und Kanälen spreche gegen diesen hohen Einheitssatz. Auf dem Rhein betragen die Kohlenfrachten bei allerdings wesentlich grösseren Schiffen von Ruhrort--Duisburg nach den oberrheinischen Häfen nur 0,4 bis 0,5 Pfg. pro tkm, wobei in Erwägung zu ziehen sei, dass bei der starken Strömung des Rheins auf dieser Strecke sich die Schleppkosten sehr hoch

---

[1]) Die Einwirkung eines Rhein-Weser-Elbe-Kanals auf die wirthschaftlichen Verhältnisse Schlesiens. Anlage 1 zum Jahresbericht der Handelskammer, Breslau 1894.

stellen; dieselben betragen 0,2 bis 0,25 Pfg. pro tkm. Jedenfalls sei — wenn man für das tkm beim 400 t Schiff 0,57 bezw. 0,55 Pfg. veranschlage — demgegenüber der Satz von 0,5 Pfg. für das 600 t Schiff sehr reichlich bemessen und nach Ansicht aus Rhedereikreisen thatsächlich zu hoch veranschlagt.

Die nachfolgende Zusammenstellung von Elbfrachten ist das Ergebniss einer Ermittelung der von mehreren Elbschifffahrtsrhedereien notirten effectiv verrechneten Sätze:

Magdeburg-Hamburg.   298 km.
(1897.)

Waarengattung.	Mai.		Juni.		Juli.	
	pro 1 t und ganze Strecke	pro tkm	pro 1 t und ganze Strecke	pro tkm	pro 1 t und ganze Strecke	pro tkm
	Mk.	Mk.	Mk.	Mk.	Mk.	Mk.
Zucker	2,00	0,67	2,20	0,74	2,90	0,97
Salz und ähnliche Massengüter	2,00	0,67	2.20	0,74	2.90	0,97
[Sommer 1898:	1,60	0,54	2,00	0,67	2,40	0,81]

Hamburg-Schönebeck a./E.   309 km.
(1897).

Waarengattung.	Mai.		Juni.		Juli.	
	pro 1 t und ganze Strecke.	pro tkm	pro 1 t und ganze Strecke.	pro tkm	pro 1 t und ganze Strecke.	pro tkm
	Mk.	Mk.	Mk.	Mk.	Mk.	Mk.
Düngemittel in Säcken . . .	2,50	0,81	2,00	0,65	2,80	0,91
Futtermittel in Säcken . . .	2,20	0,71	2,45	0,79	3,50	1,13
Getreide	2,25	0,73	2.00	0,65	2,83	0,92

Schönebeck-Hamburg.   309 km.
(1897).

Waarengattung.	Mai.		Juni.		Juli.	
	pro 1 t und ganze Strecke.	pro tkm	pro 1 t und ganze Strecke	pro tkm	pro 1 t und ganze Strecke	pro tkm
	Mk.	Mk.	Mk.	Mk.	Mk.	Mk.
Rohe Kalisalze. Salzfabrikate, Cement, Spath etc.	0,90	0,29	0,90	0,29	1,50	0,49

Aken-Hamburg. 350,5 km.
(1897).

Waarengattung.	Mai.		Juni.		Juli.	
	pro 1 t und ganze Strecke.	pro tkm.	pro 1 t und ganze Strecke.	pro tkm.	pro 1 t und ganze Strecke.	pro tkm.
	Mk.	Mk.	Mk.	Mk.	Mk.	Mk.
Getreide	1,00	0,29	1,10	0,39	1,50	0,43
Rohzucker	0,90	0,26	1,00	0,21	1,40	0,40
Raffinaden	0,90	0,26	1,00	0,29	1,40	0,40
Rohe Kalisalze	0,80	0,23	0,95	0,27	1,30	0,37
Soda	0,80	0,23	0,95	0,27	1,30	0,37

Hamburg-Aken. 350,5 km.
(1897.)

Waarengattung.	Mai		Juni		Juli.	
	pro 1 t und ganze Strecke.	pro tkm.	pro 1 t und ganze Strecke.	pro tkm.	pro 1 t und ganze Strecke.	pro tkm.
	Mk.	Mk.	Mk.	Mk.	Mk.	Mk.
Chilisalpeter	3,30	0,94	3,30	0,94	2,80	0,80
Getreide und Mais	2,50	0,71	2,50	0,71	2,50	0,71
Mehl	3,00	0,86	3,00	0,86	3,00	0,86
Kupfer	5,50	1,57	5,00	1,42	6,00	1,71
Thran	3,50	1,00	3,00	0,86	3,50	1,00
Petroleum	3,00	0,86	3,00	0,86	3,00	0,86
Heringe	0,60	0,71	0,60	0,71	0,60	0,71

Dresden-Hamburg. 590 km.[1])
(1897).

Waarengattung.	Mai.		Juni.		Juli.	
	pro 1 t und ganze Strecke.	pro tkm.	pro 1 t und ganze Strecke.	pro tkm.	pro 1 t und ganze Strecke.	pro tkm.
	Mk.	Mk.	Mk.	Mk.	Mk.	Mk.
Glas und Glaswaaren	6,50—7,50	1,27	6,50—7,50	1,27	6,50—7,50	1,27
Mehl u. andere Mühlenfabrikate	4,50—4,70	0,80	4,50—4,70	0,80	4,50—4,70	0,80
Bier	6,50	1,03	6,50	1,10	6,50	1,10
Granitsteine	5,00	0,85	5,00	0,85	5,00	0,85
Maschinen- u. Maschinentheile	7,00—9,00	1,53	7—9,00	1,53	7—9,00	1,53
Stückgüter	6,00—9,00	1,53	6—9,00	1,53	6—9,00	1,53

[1]) u. [2]) Bei diesen Tabellen sind nur die Höchstfrachtsätze der Berechnung pro tkm. zu Grunde gelegt worden.

Hamburg-Dresden.　590 km.[2])
(1897).

Waarengattung.	Mai.		Juni.		Juli.	
	pro 1 t und ganze Strecke.	pro tkm.	pro 1 t und ganze Strecke.	pro tkm.	pro 1 t und ganze Strecke.	pro tkm.
	Mk.	Mk.	Mk.	Mk.	Mk.	Mk.
Chilisalpeter	3,60	0,61	3,40—5,00	0.85	4,50	0,76
Roheisen	3,50—3,60	0,61	3,40—5,00	0,85	5,00—5,50	0,93
Baumwolle	5,00	0,81	5,00—6,50	1,10	5,00—7,00	1,19
Erze	3,50—4,00	0,68	3,60—4.00	0,68	5,30—5,50	0,93
Getreide	3,50—3,60	0,61	3,80—5,00	0,85	4,50	0,76
Reis	4,50	0,76	3,60—4,00	0,68	4,50—5,20	0,88
Thran	4,00	0,76	4,00—4,50	0,76	5,00	0,85
Felle, Häute	4,00	0,76	4,00—4,50	0,76	5,00	0,85
Theer	4,00	0,76	4,00—4,50	0,76	5,00	0,85

Hamburg-Laube-Tetschen.　673 km.

Waarengattung.	Juni.		Juli.	
	pro 1 t und ganze Strecke.	pro tkm.	pro 1 t und ganze Strecke.	pro tkm.
	Mk.	Mk.	Mk.	Mk.
Bulkartikel aller Art	7,00	1,04	5,00	0,74

Aus den vorstehend aufgeführten Beispielen erhellt, dass die im dritten Abschnitte dieser Schrift den vergleichenden Berechnungen zu Grunde gelegten Frachtsätze per tkm[3]) von

0,5—06 Pfg.

0,75 Pfg.

1 bis 1,5 und 1,75 Pfg.

nicht zu niedrig gewählte sind[4]), dass vielmehr die Schifffahrt zeitweise thatsächlich erheblich geringere Raten verdingt, wie es beispielsweise auch im Sommer 1898 geschehen ist.

Nach den Untersuchungen Symphers für die Verkehrskarte der deutschen Wasserstrassen ist die Durchnittsweglänge, die eine Gütertonne auf den Wasserstrassen zurücklegt, 350 km. Bellingrath hat nachgewiesen, dass ein Schiff von den 300 Betriebstagen des Jahres durchschnittlich

---

[1]) und [2]) Bei diesen Tabellen sind nur die Höchstfrachtsätze der Berechnung pro tkm. zu Grunde gelegt worden.

[3]) Den Schleusen ist ein Kilometerausgleich nicht hinzugefügt worden.

[4]) Wenn auf den S. S. 52 und 57 für die Verfrachtung von Hölzern ein tonnenkilometrischer Satz von 0,4—0,5 Pfennigen angenommen worden ist, so ist dieser Satz als ein besonders niedriger allerdings zuzugeben. Man möge jedoch, und namentlich in der Relation Elbe-Hannover (S. 57), einen höheren Frachtsatz anwenden und die Ueberlegenheit des Wassertransportes im Vergleiche zum Bahntransporte wird sich auch auf dieser Grundlage klar ergeben.

nur 75 Tage in Fahrt sei, weil es in Folge der unzureichenden Ausstattung der Binnenschifffahrtshäfen, die mit der Entwickelung der Schifffahrt nicht Schritt gehalten habe, 225 Tage mit Beladen, Entladen und Unterladungliegen zubringe. Demgegenüber gewinnt die anhaltende Frachtfahrt von mehr als 3000 km Wegelänge Hamburg—untere Donau ausserordentlich an Nutzungswerth, weil sich darin eine intensive Ausnutzung der Nutzfaktoren des Betriebes ausdrückt. Hierin würde auch ein Ausgleich gegen den etwaigen Einwand zu erblicken sein, dass die zu Berg fahrenden Schiffe häufig nur mit Theilladungen die Fahrt thalwärts zurückzulegen hätten.

Während sonst die Flussläufe ihre wirthschaftliche Ausströmung dem Meere zu richten, und dementsprechend der wohlfeilere Thalverkehr den grösseren Antheil an ihrer Gesammtlastenbewegung darstellt, nimmt bei der Donau umgekehrt der Bergverkehr diese Rolle für sich in Anspruch. Bei dem Thalverkehr fehlen heute im Gesammtverlauf der Donau von Ulm bis Sulina = 2638 km mit den Wasseranschlüssen vom Westen her reichliche durchgehende Rückfrachten, und dieser Mangel ist nicht ohne Einfluss auf den im Vergleich zu anderen Strömen hohen Frachtenstand der Donauschifffahrt geblieben. Sobald aber der Donau durch ihre Vereinigung mit der Elbe in dieser eine zweite Mündung gegeben sein wird, wird von dem belebteren Bergverkehr auch eine ausgleichende Rückwirkung ausgehen, wie ein Vorbild hierfür heute schon ihr unterer Stromlauf ist, der durch Braila und Galatz eine lebhaftere Befrachtung mit Berggütern, englischer Steinkohle, Eisen- und Stückgütern etc. empfängt und dadurch dem Getreide im Verkehr thalwärts, beispielsweise von T.-Magureli nach Braila, zeitweise Frachten bis zu Geringstsätzen von 0,10 Kr.[1]) oder 0,17 Pfg. per Tonne und Kilometer ermöglicht, was für die 763 km lange Stromstrecke gleich der von Laube—Tetschen nach Hamburg einer Fracht von 1,30 Mk. per Tonne entspricht.

3. Assekuranz.

Den bei den vergleichenden Frachtberechnungen des See- und Kanaltransportes angewandten Assekuranzsätzen sind die gefälligen Mittheilungen mehrerer Seerhederei- und Donauschifffahrtsfirmen zu Grunde gelegt worden. Die Seeassekuranz-Prämien, die für die Route Braila-Hamburg 1896 Geltung hatten, waren nach Ladungswerth-Procent berechnet in der Zeit

$$
\begin{array}{lll}
\text{vom 1. 4. bis 31. 8.} & & 1\tfrac{1}{2}\,^0\!/_0 \\
1. 9. \quad\text{„ } 10. 9. & \cdot & \tfrac{5}{9}\,^0\!/_0 \\
11. 9. \quad\text{„ } 20. 9. & \cdot\cdot & 3\tfrac{1}{4}\,^0\!/_0 \\
21. 9. \quad\text{„ } 30. 9. & \cdot\cdot\cdot & 1\,^0\!/_0 \\
1./10. \quad\text{„ } 15. 10. & \cdot\cdot\cdot\cdot & 1\tfrac{1}{8}\,^0\!/_0
\end{array}
$$

[1]) Julius Klein. Mitglied der Budapester Firma M. Heller & Co., Die bayerische Donau, deren Zukunft als Grossschifffahrtsweg. Budapest 1897.

vom 16./10. bis 31./10. . . . $1\frac{1}{2}\%$
„ 1./11. „ 15./1. . . $1\frac{3}{4}\%$
„ 16. 1. „ 31./1. . . . $1\frac{3}{4}\%$
„ 1. 2. „ 15. 2. . . $1\frac{3}{8}\%$
„ 16. 2. „ 28./2. . . . $1\frac{1}{8}\%$
„ 1. 3. „ 10. 3. . . $\frac{7}{8}\%$
„ 11./3. „ 20. 3. . . . $\frac{3}{4}\%$
„ 21. 3. „ 31. 3. . . . $\frac{5}{8}\%$

Da die Schifffahrt von Mitte December bis Mitte März gewöhnlich geschlossen ist und die Hauptverladezeit in die Frühlings- und Herbstmonate fällt, die Assekuranzgesellschaften ausserdem Rabatt gewähren, so ist die Durchschnittsprämie mit etwa $\frac{3}{4}\%$ zu bezeichnen.

Diesen Sätzen gegenüber kommt für den Transport auf der Donau und Elbe jedenfalls eine erheblich geringere Assekuranz in Frage, deren Durchschnittssatz etwa $\frac{1}{4}\%$ betragen könnte.

4. Schifffahrtsbetrieb auf der Donau, Moldau und Elbe.

In Folge des wechselnden Wasserstandes und der dadurch gegebenen Ungleichheit der ausnutzbaren Fahrtiefen ist auf der Donau die Anwendung grösserer Schiffsgefässe im durchlaufenden Dienste nicht angängig. Die von Regensburg bis zur Sulinamündung befahrene Donaustrecke (2432 km.) lässt sich in sechs verschiedene Stromstrecken eintheilen:[1]

	Länge	geringste Strombreite	grösste Tiefe	geringste Fahrtiefe
1. Regensburg-Passau	153 km	80 m	7,60 m	0.80 m
2. Passau-Wien	301 „	100 „	9,00 „	1,10 „
3. Wien-Gönyö	147 „	190 „	8,20 „	1,40 „
4. Gönyö-Drencova	808 „	250 „	?	1,80 „
5. Drencova-T.-Severin	84 „	[Katarakten-Strecke u. eisernes Thor]		
6. Severin-Sulina	939 „	700 „	?	2,30 „
	2432 km			

Während die Schiffahrt auf der langen Strecke der mittleren Donau (4 u. 6), also etwa von Comorn bis zur rumänischen Grenze, bei gleichmässigen Tiefen von nie unter 1,80 m und grossen Strombreiten für den Verkehr eines Schleppdampfers mit 8 vollbeladenen 650 t Schleppen mit einer Gesammtbruttobelastung von 6880 t und 5 km Geschwindigkeit pro Fahrstunde frei und unbehindert ist, wird die Leistung desselben Dampfers auf der Strecke 2 und 3, also auf der Donau im Bereiche des Wiener Beckens, infolge der hier bestehenden Schiffshindernisse, Felskugeln, Strömungen und Wechselströmungen etc. auf ein Drittel verringert; derselbe Dampfer kann mit derselben Geschwindigkeit nur 3 vollbeladene Schleppen mit 2580 t Bruttolasten ziehen. Auf der Stromstrecke 6 der unteren Donau, jenseits des eisernen Thors, sind Schleppen von 1000 t

---

[1] Capitän O. V. Suppán-Wien, die Schiffbarkeit der Donau und ihrer Nebenflüsse, S. 7. Berlin 1897.

bis 2500 t Tragvermögen in Verwendung. Der Verkehr von Segelschiffen dehnt sich von Braila zumeist bis Silistria-Ruscuk aus, bis T.-Maguroli und hinauf weniger; über Calafat hinaus bis T.-Severin, also etwa bis zur ungarischen Grenze ist deren Fahrt selten. Auf der mittleren Donau verkehren zwar im Lokalverkehr Schleppen bis zu 1000 t Tragkraft. Da aber in Gönyö eine Umladung stattfinden muss, kommen im durchgehenden Donaubetriebe keine grösseren Abmessungen als die des 650 t Schleppes zur Anwendung, auch diese erst seit 1887. Vom Bau der versuchsweise 1887 bei der Ersten k. k. privilegirten Donau-Dampfschifffahrtsgesellschaft eingeführten 800 t Schleppe ist man wegen der ihr auf der oberen Donaustrecke begegnenden Schwierigkeiten abgegangen und der Normaltyp dieser Gesellschaft ist deshalb die 600 t Schleppe geblieben. Dieses 600 t Donauschiff ist so scharf gebaut, dass es die grossen Strömungen der oberen Donau ohne allzugrosse Schwierigkeiten überwindet; es ladet selbst bei Niedrigwasser mit 1,40 m Tauchung noch 380 t, während es auf der mittleren und unteren Donau eine Belastung von 650 t ermöglicht; das Schiff ist

58 m lang
7,97 m breit und
2,60 m hoch;

es hat eine Völligkeits-Coëfficienten im unbeladenen Zustande (Bergtiefgange) von $0.69^0/_0$, bei 420 t von $0,74^0/_0$ und mit voller Ladung von $0,80^0/_0$; sein Leertiefgang beträgt 0,40 m; das Schiff lastet bei seiner grössten zulässigen

Tauchung . . . . von 2,10 m : 650 t
bei mittleren Wasserständen bei 1,80 m : 530 t
bei Niedrigwasser also . . bei 1,40 m : 373 t
und bei Furthstockungen als
Leichter, also unter den un-
günstigsten Verhältnissen d.
i. bei einer Tauchung . . von 1.00 m : 219 t.[1])

Man sollte wünschen, dass mindestens auf den Verkehr dieses 600 t Donauschiffes die Bauwerke des Elbe-Moldau-Donau-Kanals gegründet würden, denn erst damit entspräche er den Anforderungen, die die Elbschifffahrt, die Schifffahrt im Elbe-Trave-Kanal und die Schifffahrt auf der kanalisirten Moldau an ihn stellen.

---

[1]) Die vorstehenden Notizen sind der unter Anm. 1 S. 164 erwähnten Suppán'schen Abhandlung entnommen. Zu verweisen ist des Weiteren auf die vom k. k. Hofrath Heinrich Hillinger, Vorstand des hydrotechnischen Bureaus im k. k. Handelsministerium in Wien angestellten Untersuchungen über die unbedingt nothwendigen Abmessungen, welche den die Donau mit der Oder, der Moldau bezw. Elbe und dem Main verbindenden künstlichen Wasserstrassen behufs Sicherstellung eines leistungsfähigen Gross-Schifffahrtbetriebes zu geben wären. Schriften des Deutsch.-Oestr.-Ung. Verbandes für Binnenschifffahrt, Heft Nr. XV.

Die zur Zeit grössten Elbschiffe von 1000 t Tragfähigkeit haben durchschnittlich folgende Maasse:

ca. 76,0 m lang (in der oberen Schwimmlinie)
„ 10.4 m breit (auf Spanten)
„ 2.0 m hoch
beladen 1,75 m ⎱ tauchtief
leer 0,37 m ⎰

Elbschiffe von 800 t Tragkraft haben die folgenden Dimensionen:

ca. 72 m lang (in der oberen Schwimmlinie)
„ 10,0 m breit (auf Spanten)
„ 2,0 m hoch
beladen 1,7 m ⎱ tauchtief
leer 0,36 m ⎰

Die ca. 600 t ladenden Elbkähne weisen die nachstehenden Durchschnittsmaasse auf:

Plauer
Canal-
Maass ⎰ ca. 63,5 m bis ca. 66,0 m lang (in der oberen Schwimmlinie)
„ 7,93 m „ „ 9,2 m breit (auf Spanten)
„ 1,72 m „ „ 1,55 m beladen ⎱ tauchtief.
„ 0,35 m „ „ 0,34 m leer ⎰

Da der Elbe-Trave-Kanal eine Fahrtiefe von 2 m hat, so reicht diese Fahrtiefe für seine Befahrung mit vollbeladenen 800 t Schiffen aus. Die übrigen Dimensionen des Elbe-Trave-Kanals sind die folgenden:

Sohlenbreite 22 m
Wasserspiegelbreite 32 m
Eingangsweite der Schleusen 11 m   (Oder-Spree-Kanal und Dortmund-Ems-
Kammerlänge 75 m.   häfen-Kanal 8,6 m.)

Die in der Ausführung begriffene Kanalisirung der Moldau und böhmischen Elbe von Prag bis Aussig (128 km), die mit 13 niederlegbaren Schleusen bewirkt wird, geht ebenfalls von dem Gedanken aus, dass die grösseren Elbfahrzeuge bis zu 700 und 800 t Ladungsfähigkeit die Moldau-Elbestrasse bis Aussig befahren sollen. Die Elbschifffahrt dringt zwar heute schon auf der Moldau bis Prag mit Schiffen bis zu 500 t Tragkraft vor; diese Fahrzeuge werden jedoch selten ausgenutzt, da sie meistens in Dresden, Laube oder Aussig gelöscht haben. In dem von dem ersten Sekretär der Prager Handelskammer, kaiserlichem Rathe Dr. Fort, erstatteten Berichte über die im October 1894 unternommene Stromschaufahrt Prag-Aussig wird die vom Wasserstande bei Prag (Karolinenthaler Pegel) bemessene Tragfähigkeit der Moldau- und Elbeschiffe, wie folgt, verzeichnet:[1]

----

[1] Kanalisirung der Moldau und Elbe von Prag nach Aussig. Prag 1894. S. 22.

a. Moldauschiffe mit einer Tragfähigkeit von 200—280 t bei einem Wasserstand am Karolinethaler Pegel von konnte man verladen

+ 70 cm	280 t
+ 40 cm	210 t
+ 15 cm	140 t
— 25 cm	70 t
— 65 cm	35 t

b. Elbschiffe mit einer Tragfähigkeit von 500 t bei einem Wasserstand am Karolinenthaler Pegel von: konnte man verladen

+ 80 cm	500 t
+ 55 cm	275 t
+ 30 cm	250 t
+ 5 cm	125 t

Daraus ist allerdings zu ersehen, dass man bei einem unter das Normale gesunkenen Wasserstande kleinere Moldauschiffe nur in einem so geringen Maasse beladen konnte, dass die Schifffahrt nicht mehr rentirte, während die grösseren Elbschiffe von dem Schifffahrtsverkehr überhaupt ausgeschlossen waren. Denn Elbschiffe von 400—500 t Tragfähigkeit konnten mit voller Ladung nur bei einem Wasserstande am Karolinenthaler Pegel von + 0,80 m verkehren, und ein solcher Wasserstand dauerte[1])

im Jahre 1881 . . . . 39 Tage
„   „   1892 64   „
„   „   1893 17   „

Bei der in Angriff genommenen Kanalisirung wird zwar an dem bestehenden Flussbette der Moldau und Elbe festgehalten; der Elbe- und Moldaustrom erfährt aber durch Neuanlagen (Nadelwehre) mit 30 m Schiffsdurchlässen eine solche Aufstauung, dass hierdurch die Schifffahrt auf den Stand der Elbschiffahrt mit 7—800 t Schiffen gebracht werden wird, wodurch Prag in den Stand gesetzt werden wird, in die Rolle des natürlichen Depots des böhmischen Transitverkehrs einzurücken. Zu diesem Zwecke werden Schleusenkanäle und Zugschleusen mit Oberkammern angelegt, die folgende Ausmasse erhalten:

Nutzbare Länge der Schleusenkammer .	78 m
„ „ „ Schiffszugsschleusen	147 m
lichte Weite in den Häuptern	11 m
Sohlenbreite in den Zugschleusen und Schleusenkanälen	20 m
Breite des gestauten Wasserspiegels . .	28,4 m.

Die Minimaltiefe im kanalisirten Flusse Prag-Aussig wird 2,10 m betragen[1]).

Mit der im Projecte von A. Lama und C. Vering des Elbe-Moldau-Donau-Kanals vom Jahre 1893 vorgesehenen Wassertiefe von 2,1 m ordnet sich unsere Wasserstrasse sammt dem Fahrwasser der beiden durch sie zu vereinigenden Ströme ein. Hinsichtlich der lichten Weite in den Thoren der Schleusen und der nutzbaren Länge ihrer Kammern sollte zum Mindesten an diesen Abmessungen festgehalten werden.

---

[1]) K. K. Baurath Jos. Mrasick, Die Elbe und ihre zwei grössten Nebenflüsse in Böhmen. Verbandsschriften a. a. O. Heft No. XVIII.

Der Uebersichtlichkeit halber lassen wir ein die vorstehenden Darlegungen zusammenfassendes und vergleichendes Zahlenbild folgen:

Gegenstand	Wassertiefe in freier Strecke m	Sohlenbreite in freier Richtung m	Verhältniss des eingetauchten grössten Schiffsquerschnitts zum benutzten Kanalquerschnitte. m	Schleusen			Bemerkungen
				Drempeltiefe m	Lichte Weite i. den Thoren m	Nutzb. Länge der Kammer m	
Elbe-Trave-Kanal	2	22	1 : 4 [1] bezw. [2] 1 : 3	2,5	12	80	[1] bei 9 m breiten Schiffen, [2] bei 10,4 m breiten Schiffen.
Kanalisirte Moldau-Elbe, Prag-Aussig	2,1	20		2,5	11	78	
Elbe-Moldau-Donau-Kanal (Project 1893)	2,1	18	1 : 3,63	2,5	8,6	67,00	
(Dortmund-Ems-häfen-Kanal	2,5	18	1 : 4,46 [3]	3	8,6	67	)

II. Schlussergebniss. Der Elbe-Moldau-Donau-Kanal als förderlichste Strasse des west-östlichen Handels.

In Hinsicht auf die allgemeine Förderung des Verkehrs, weil er unseren Handelsbeziehungen mit dem Donaureiche und den Pontusländern neue Anregungen geben und unserer Elbschifffahrt ein reiches Frachtmaterial zuführen wird, ist die Anlage des Elbe-Moldau-Donau-Kanals auch vom deutschen Standpunkte zu wünschen. Er wird für die rheinisch-westfälische Montan- und Maschinenindustrie, für die Textilindustrie Westdeutschlands und für die verwandten Gewerbe Hannovers, Anhalts, Braunschweigs und der beiden Sachsen eine fühlbare Stärkung ihrer Concurrenzstellung gegenüber England und Belgien zur nützlichen Folge haben; die sächsische Kaliindustrie und andere Ausfuhrhandelszweige des mittleren und oberen Elbgebietes werden durch ihn neuen Raum zur Ausdehnung ihres Exportes gewinnen, während ihn der Waarenhandel Hamburgs, Bremens und Lübecks in überseeischen, westlichen und nordischen Producten als Werkzeug einer erfolgreichen Concurrenz gegen London, Liverpool, Antwerpen und Marseille benutzen wird. Allerdings entziehen sich auf der anderen Seite einer vorurtheilsfreien Würdigung nicht die sehr empfindlichen Schädigungen, die sich aus dem Wettbewerbe mehrerer österreichischer und ungarischer Exportzweige ergeben werden; insbesondere wird es der österreichischen Holzindustrie und

[3] 600 t-Schiffe mit 1,75 m Tauchtiefe bei 5 km. Geschwindigkeit in der Stunde.

der ungarischen Mühlenindustrie gelingen, sich mit seiner Hülfe auf dem
mittel- und norddeutschen Markte einen vollen Vorrang zu sichern. In diesen
und den im dritten Abschnitte eingehend geschilderten Einwirkungen liegt
das für Oesterreich-Ungarn überwiegend grössere Nutzmaass des Elbe-
Moldau-Donau-Kanals, der als das lange entbehrte Bindeglied der beiden
getrennten Hochstrassen des continentalen Waarenverkehrs in den Händen
der Habsburgischen Länder der Schlüssel eines neu zu ordnenden mitteleuro-
päischen Handels werden wird; er wird dem österreichisch-ungarischen
Grossgewerbe, das heute mit seinem Fabrikatexporte nur mit 4,6 $^0/_0$ an
der Versorgung des Weltmarktes betheiligt ist,[1] einen billigeren Bezug der
Rohstoffe ermöglichen und ihm hierdurch zu einer concurrenzfähigeren
Stellung auf dem Weltmarkte verhelfen; er wird den Bodenindustrien des
Donauthales ein sicheres Mittel darbieten, dem scheinbar unanfechtbaren
amerikanischen und russischen Nahrungsmittelexporte nach dem deutschen
und nordischen Markte wirksam zu begegnen, und er wird dadurch Vieles
zur Beseitigung des Vorwurfes beitragen können, dass der Hauptstrom des
Landes in falscher Richtung fliesse, indem sich der Verkehr auf ihm vom
Meere zum Lande, statt vom Lande zum Meere bewege.

Die österreichischen Kronländer, in deren Erde das nationale Ver-
kehrswerk gebettet werden soll, werden die Empfänger seines Nutzens aus
erster Hand sein. Insbesondere wird Wien seine Stellung als Donauhafen
und als Sammelpunkt der productiven Thätigkeit des oberen Donaugebietes
förderlich entwickeln können. Aber neben der alten Imperiale des Donauhandels wird doch zugleich Budapest seine geographische Lage an der
continentalen Wasserscheide so wirksam zur Geltung bringen, dass dem
bisher zerstreuten, in ihr nunmehr einheitlich zusammenzufassenden west-
östlichen Verkehre hier, wo sich ohnehin die Ergebnisse der reichen
industriellen und mercantilen Entwickelung Ungarns ablagern, und die
Fäden eines viel getheilten Handels mit dem Westen und den Balkanstaaten zusammenlaufen, ein zweiter wichtiger Stützpunkt entstehen wird.
Uns scheint, dass der handelspolitische Ehrgeiz der ungarischen Capitale
die grossen Vortheile, die ihm das österreichische Nationalwerk zuführen
wird, seither ganz unzureichend gewürdigt hat.

Gelegentlich der ersten Berathung der von dem Centralverbande
der Industriellen Oesterreichs und dem Industriellen Club in Wien ver-
anstalteten Enquête im Frühjahre dieses Jahres wurde von einem
Referenten zutreffend bemerkt, es sei kein Zufall, sondern ein auf histo-
rischer Nothwendigkeit beruhendes Moment, dass die der gegenwärtigen
Axe des Welthandels zunächst liegenden Länder die Träger des Welthandels seien; seitdem der Weltverkehr ein atlantischer geworden, liege

---

[1] Gegen 17,8 $^0/_0$ des deutschen und 29,5% des englischen Exportes. Raunig,
„Oesterreich-Ungarns Export", im Handelsmuseum 1896, S. 24.

auch im atlantischen Ocean die Axe, um welche sich der Verkehr
bewege: Engländer, Deutsche, Holländer auf der einen Seite und die
ihnen blutsverwandten Amerikaner auf der anderen Seite stehen an der
Spitze der handeltreibenden Völker; Oesterreich-Ungarn aber liege von
der Axe des Welthandels zu weit entfernt und seine geographische
Lage sei deshalb der Ausgangspunkt seiner wirthschaftlichen Inferio-
rität. Vorstehendes als richtig zugegeben, so sollte immerhin dabei Eines
berücksichtigt werden. So wenig wie heute ein Seehafen das Maass seiner
wirthschaftlichen Geltung von einer glücklichen, zugänglichen Lage am
offenen Meere empfängt, so hat sich auch die neue weltwirthschaftliche
Stellung des nach drei Seiten vom Festlande umgebenen deutschen Reiches
erst auf die Entwickelung seines inneren Verkekrs gegründet. Auch
Oesterreich-Ungarn wird die Nachtheile seiner Lage mildern und wirthschaftlich der Axe des Welthandels näher rücken können, wenn es durch
die Erfüllung der natürlich gegebenen Ziele einer reich angelegten Verkehrspolitik sein Wirthschaftsleben auf neue zeitgemässe Verkehrsgrund-
lagen stellen würde. Die grossen Vortheile einer unmittelbaren Seelage
und einer meeresnahen Industrie geniesst unter den europäischen Staaten
allein Grossbritannien. Auch Deutschland hat grosse Entfernungen zu
überwinden, ehe es mit seinen Exportproducten an das Meer gelangt.
Das der See nächst belegene Norddeutschland ist sogar industriearm. Sehen
wir aber, dass das Königreich Sachsen und die gewerbefleissigen süd-
deutschen Staaten Baden, Bayern, Würtemberg etc., die innerhalb der
verkehrsgeographischen Gliederung des reichsdeutschen Gebietes eine
Inlandzone bilden, mit einer grossen Exportkraft begabt sind, so kann es
auch im Wollen und in der That Oesterreichs, dessen Grenze nur wenige Meilen
von Chemnitz beginnt, liegen, mittelst des Moldau-Donau-Kanals sich die Zuge-
hörigkeit zur gleichen wirthschaftsgeographischen Zone zu sichern. Hamburg
ist geographisch wohl der Ausfuhrplatz des Elbgebietes, er ist aber zugleich
der Exporthafen Ost- West- und Süddeutschlands; es empfängt einen
grossen Theil seiner Ausfuhr von Rheinland-Westfalen und kaum minder
grosse Zufuhren von Süddeutschland; dabei ist es bezeichnend für seine
universale Verkehrsstellung, dass sich auf den deutschen Binnenwasserstrassen,
die mit der Elbe in einem Zusammenhange stehen, die Tendenz einer Verkehrsentwickelung in der Richtung auf Hamburg unausgesetzt steigert.
Wir haben gesehen, mit welchen ausserordentlichen Wirkungen für die
Elbemetropole der Oder-Spree-Kanal dieses Bestreben zu Gunsten der
Ableitung des Oderverkehrs nach der Elbe erkennbar macht. Erst die
Verbindung der Donau mit der Elbe und Hamburg würde daher den
in die Ländermasse des Continentes eingekeilten Verkehrsinteressen
Oesterreichs und Ungarns einen Abfluss nach dem Westen verschaffen,
wodurch dem Lande neue Impulse und seinem ganzen wirthschaftlichen
Leben ein neuer innerer Schwung verliehen werden würde. Elbe und

Donau scheinen von Natur dazu bestimmt zu sein, durch Menschenhand vereinigt zu werden. „So Oesterreich-Ungarn nur will!"   Dieses Wort des ver-
storbenen Czoernig sollte das mahnende Motto des Planes des Elbe-Moldau-
Donau-Kanals bleiben, so lange er bis zur That noch nicht gereift ist.
Oesterreich hat hunderte von Millionen geopfert, um die Alpenbahnen zu
bauen, und es steht im Begriffe, der Brennerbahn eine Tauernbahn hinzu-
zufügen.   Ungarn hat Fiume ins Leben gerufen und die Sprengung des
Eisernen Thores, das die Donauschifffahrt acht Monate hindurch in Fesseln
legt, begründet eine neue Aera politischer und wirthschaftlicher Entwickelung.
Mag es deshalb ein stolzes Bekenntniss der habsburgischen Länder sein, dass
sie bisher schon durch technische Meisterwerke ersten Ranges ihre Stellung
als wirthschaftliche Grossmacht begründet haben.   Der unerreichte Grund-
gedanke des Elbe-Moldau-Donau-Kanals bleibt immerhin der: dass dem
Kaiser- und Königreiche wohl niemals die Lösung einer zweiten
Aufgabe beschieden sein wird, die so weitreichend wie diese in
ihren Zielen, so grundlegend in der Umgestaltung seines ganzen
Verkehrslebens und so vielseitig förderlich auf seine gesammte
Volkswirthschaft einwirken wird.

Druckfehler.

Anlage Nr. 1.

Tabelle a.

Getreideeinfuhr in Schweden.

Tabelle b.

Getreideeinfuhr in Norwegen.

Tabelle c.

Getreideeinfuhr in Dänemark.

Fracht einer Tonne Getreide kanalwärts und seewärts.

Donauaufwärts durch den Donau-Elbe-Kanal nach Magdeburg.

	Bahnfracht bis zur Donau	Umschlag nach der Donau	Binnenwasserfracht bis Magdeburg		Binnen-wasser-Assekuranz	Kanalgebühr		Zusammen	
			von 0,5 Pfg.	bis 0,75 Pfg.		von	bis	von	bis
	M.	M.	km	M.	M.	M.		M.	
a) von Donauhäfen									
ohne Bahnanschluss									
Braila		1,60	2948	14,74—22,11	0,18	6,00—8,42		22,82—32,61	
Jalomița		1,60	2858	14,29—21,43	0,18	6,00—8,42		22,37—31,95	
Cernavoda . . .	—	1,60	2842	14,06—21,09	0,18	6,00—8,42		22,14—31,59	
Calarasi		1,60	2742	13,71—20,56	0,18	6,00—8,42		21,79—31,06	
Silistra		1,60	2742	13,71—20,56	0,18	6,00—8,42		21,79—31,06	
Oltenitza . . .		1,60	2692	13,46—20,19	0,18	6,00—8,42		21,54—30,69	
Giurgevo		1,60	2625	13,42—19,69	0,18	6,00—8,42		21,50—30,19	
Zimnicea . . .		1,60	2507	12,53—19,25	0,18	6,00—8,42		20,91—29,75	
T.-Magurela . .		1,60	2528	12,64—18,96	0,18	6,00—8,42		20,72—29,46	
Bechet		1,60	2448	12,24—18,36	0,18	8,00—8,42		20,32—28,86	
Calafatu		1,60	2363	11,81—17,72	0,18	6,00—8,42		19,89—28,22	
T.-Severin . . .	—	1,60	2204	11,02—16,55	0,18	6,00—8,42		19,10—27,03	
Verciorova . . .		1,60	2194	10,97—16,45	0,18	6,00—8,42		19,05—26,95	
b) von Donauhäfen									
mit Bahnanschluss									
Bukarest (Giurgevo)	2,75	1,60	2625	13,42—19,69	0,18	6,00—8,42		23,95—32,94	
Pitesti (T.-Magurela)	5,75	1,60	2528	12,64—18,96	0,18	6,00—8,42		26,47—35,24	
Rusu (T.-Magurela)	3,00	1,60	2528	12,64—18,96	0,18	6,00—8,42		23,72—32,46	
Slatina (Corabia)	3,00	1,60	2485	12,42—18,64	0,18	6,00—8,42		23,50—32,14	
Craiova (Widdin) .	3,00	1,60	2363	11,81—17,72	0,18	6,00—8,42		22,89—31,22	

Auf der Bahn nach Braila, von dort seewärts nach Hamburg, von dort elbeaufwärts nach Magdeburg.

	Bahnfracht bis Braila	Umschlag in Braila	Seefracht v. Braila-Hamburg		Seeassekuranz Braila-Hamburg		Umschlag in Hamburg	Elbfracht Hamburg-Magdeburg 298 km	Fluss-assekuranz Hamburg-Magdeburg	Zusammen	
	M.	M.	von	bis	von	bis	M.	0,5 A—0,75 ₰	M.	von	bis
										M.	
von den Bahnstationen											
Bukarest . . .	6,00	1,60	12,00—18,00		0,50—1,25		2,00	1,50—2,23	0,24	23,84—31,32	
Pitesti	8,00	1,60	12,00—18,00		0,50—1,25		2,00	1,50—2,23	0,24	25,84—33,32	
Rusu	10,00	1,60	12,00—18,00		0,50—1,25		2,00	1,50—2,23	0,24	27,84—35,32	
Slatina	10,00	1,60	12,00—18,00		0,50—1,25		2,00	1,50—2,23	0,24	27,84—35,32	
Craiova	10,00	1,60	12,00—18,00		0,50—1,25		2,00	1,50—2,23	0,24	28,44—35,32	
Calafat	11,00	1,60	12,00—18,00		0,50—1,25		2,00	1,50—2,23	0,24	27,44—37,22	
Turn-Severin . .	12,00	1,60	12,00—18,00		0,50—1,25		2,00	1,50—2,23	0,24	29,84—37,32	

Flussstrecken von Galatz bis Hamburg bei Benutzung des Donau-Elbe-Kanals in Kilometern.

	Galatz	Braila	Silistria	Giurgevo	Svichtov	Widdin	Orsova	Belgrad	Budapest	Wien	Kornenburg	Budweis	Melnik	Aussig	Tetschen	Dresden	Schönebeck	Magdeburg	Hamburg
Sulina	167	187	393	510	568	802	961	1181	1689	1980	1993	2215	2461	2551	2574	2631	2908	2923	3221
Galatz	—	20	226	343	401	635	794	1014	1522	1813	1826	2048	2291	2384	2407	2464	2741	2756	3054
Braila	—	—	206	323	381	615	774	994	1502	1793	1806	2028	2274	2364	2387	2444	2721	2736	3034
Silistria	—	—	—	117	175	409	568	788	1296	1587	1600	1822	2068	2158	2181	2238	2515	2530	2828
Giurgevo	—	—	—	—	58	292	451	671	1179	1470	1483	1705	1951	2041	2064	2121	2398	2413	2711
Svichtov	—	—	—	—	—	234	393	613	1121	1412	1425	1647	1893	1983	2006	2063	2340	2355	2653
Widdin (Kalafat)	—	—	—	—	—	—	159	379	887	1178	1191	1413	1659	1749	1772	1829	2106	2121	2419
Orsova	—	—	—	—	—	—	—	220	728	1019	1032	1254	1500	1590	1613	1670	1947	1962	2260
Belgrad	—	—	—	—	—	—	—	—	508	799	812	1034	1280	1370	1393	1450	1727	1742	2040
Budapest	—	—	—	—	—	—	—	—	—	291	304	526	772	862	885	942	1219	1234	1532
Wien	—	—	—	—	—	—	—	—	—	—	13	235	481	571	594	651	928	943	1241
Kornenburg	—	—	—	—	—	—	—	—	—	—	—	222	468	558	581	638	915	930	1228
Budweis	—	—	—	—	—	—	—	—	—	—	—	—	246	336	359	416	693	708	1006
Melnik	—	—	—	—	—	—	—	—	—	—	—	—	—	90	113	170	447	462	760
Aussig	—	—	—	—	—	—	—	—	—	—	—	—	—	—	23	80	357	372	670
Tetschen	—	—	—	—	—	—	—	—	—	—	—	—	—	—	—	57	334	349	647
Dresden	—	—	—	—	—	—	—	—	—	—	—	—	—	—	—	—	277	292	590
Schönebeck	—	—	—	—	—	—	—	—	—	—	—	—	—	—	—	—	—	15	313
Magdeburg	—	—	—	—	—	—	—	—	—	—	—	—	—	—	—	—	—	—	298